丛书主编 ● 张卫光　尹丽君
　　　　　　陆云泉　王建忠

海淀教育
名校名家丛书

HAIDIAN JIAOYU MINGXIAO
MINGJIA CONGSHU

七彩教育，
快乐逐梦

郑瑞芳与中国人民
大学附属小学

郑瑞芳 等◎著

北京师范大学出版集团
BEIJING NORMAL UNIVERSITY PUBLISHING GROUP
北京师范大学出版社

图书在版编目（CIP）数据

七彩教育，快乐逐梦：郑瑞芳与中国人民大学附属小学 / 郑瑞芳等著. —北京：北京师范大学出版社，2014.5(2016.10重印)
（海淀教育名校名家丛书）
ISBN 978-7-303-17284-9

Ⅰ. ①七… Ⅱ. ①郑… Ⅲ. ①小学教育－经验－北京市 Ⅳ. ①G622.0

中国版本图书馆 CIP 数据核字（2013）第 306702 号

营 销 中 心 电 话　010-58802181　58805532
北师大出版社高等教育分社网　http://gaojiao.bnup.com
电 子 信 箱　gaojiao@bnupg.com

出版发行：北京师范大学出版社　www.bnup.com
　　　　　北京新街口外大街 19 号
　　　　　邮政编码：100875
印　　刷：保定市中画美凯印刷有限公司
经　　销：全国新华书店
开　　本：787 mm×1092 mm　1/16
印　　张：20.25
字　　数：300 千字
版　　次：2014 年 5 月第 1 版
印　　次：2016 年 10 月第 3 次印刷
定　　价：58.00 元

策划编辑：齐　琳　责任编辑：齐　琳
美术编辑：王齐云　装帧设计：焦　丽　北京轻舟教育咨询有限公司
责任校对：李　菡　责任印制：陈　涛

成长中的教育家

顾明远题

海淀教育名校名家丛书

主　　　编：张卫光　尹丽君　陆云泉　王建忠

副　主　编：乔　键　甘丽平　杜荣贞　李　航　王　方
　　　　　　张彦祥　赵建国　罗　滨

执行副主编：陈　岩

编　　　委：（按姓氏笔画排序）

于　文　王　钢　王　铮　王殿军　尹　超
田　琳　冯　华　刘　畅　刘　燕　刘可钦
刘彭芝　许培军　李希贵　杨　刚　杨宝玲
吴建民　汪志广　沈　杰　宋　清　宋继东
陈　姗　林卫民　郑佳珍　郑瑞芳　单晓梅
赵璐玫　胡剑光　郭　涵　曹雪梅　雷海环
窦桂梅

本　册　作　者：郑瑞芳　等

总 序

《国家中长期教育改革和发展规划纲要(2010-2020年)》中明确提出:"鼓励教师和校长在实践中大胆探索,创新教育思想、教育模式和教育方法,形成教学特色和办学风格,造就一批教育家,倡导教育家办学。大力表彰和宣传模范教师的先进事迹。"

为贯彻实施党的十八大精神,"办让人民满意的教育",更好总结、积淀、提升海淀区名校名家办学的先进理念,北京市海淀区教育工委、北京师范大学出版社以海淀区名校、名校长教育教学改革成果及教育管理理念为基础,精心建设海淀区"名校名家"精品文库,就是现在呈现于读者眼前的这套《海淀教育名校名家丛书》。

这些学校,有的是著名大学的附属学校,有的是从延安过来的有着光荣革命传统的学校。但学校不是有一个什么名分就能成为名校的,这些名校有着悠久的历史传统,在历任校长、师生的共同耕耘下,办出特色、办出成绩,创造了新鲜的经验,在全国乃至国际上享有良好声誉,这才成为现在的所谓名校。在创造名校的过程中,校长无疑起到不可替代的作用。作为优秀校长,他们用先进理念和管理才能,带领全校教师,为一个共同愿景而努力。本套丛书正是聚焦这样一批名校长,近距离观察他们是如何在教育海洋中破浪前进的。

这些校长个性迥异、各有经历、办学思路也不尽相同，但共同的是在各自的学校创造了一段教育的传奇。他们是所在名校的灵魂，他们的言传身教，时时刻刻引领着教师和学生的发展。这些校长共有的特质是专业知识扎实，具有深厚的人文底蕴。他们具有灼热的教育情怀和教育激情；他们富有童心并热爱儿童；他们淡泊明志、宁静致远，以教书育人来体现他们的人生价值。

这套丛书并没有展现波澜壮阔的历史、恢宏博大的叙事，也没有解读深奥莫测的理论、长篇累牍的范例，而是讲述这些名校长们在日常管理和教学方面一件件小事，通过短篇故事形式，娓娓道来，让读者去品味和欣赏。

在这套丛书里，我还看到了海淀教育趋于成形的大器，海淀教育秉承红色传统、金色品牌、绿色发展的三色理念，坚持党的教育方针，以优秀传统为基础，以现代教育观念为先导，引领时代风气之先，坚持鲜明的价值追求，增强改革创新的意识，提升可持续发展的能力，从而涌现出一批各具特色的教育品牌。

解读海淀教育，形成海淀教育大印象，让海淀基础教育名校名家载入中国教育发展的史册。

是为序。

2014 年 3 月 27 日

七彩教育，快乐逐梦
郑瑞芳与中国人民大学附属小学

第四章 七彩课程开启智慧人生 / 111 /

引　言：走进彩虹门

　　早晨的阳光洒满北京西四环旁一片开阔的绿地，一个正在与妈妈玩耍的小男孩忽然仰起头来问："妈妈，怎样才能天天见到彩虹呢？"

　　一群身穿七彩校服上学的小学生路过，争抢着告诉他："绿地那边是我们人大附小，我们的校园时刻都能见到彩虹，因为我们的校门就是彩虹……"

　　2005年，人大附小从中国人民大学院内迁入世纪城新校舍时，在师生众多的校门设计中，郑瑞芳校长选定了彩虹门。

　　人大附小的学生第一次走进彩虹门都要上这样的第一节课：教师与学生及家长一起玩扑克牌拼图游戏。老师会发给每个孩子一张扑克牌，这套扑克牌是人大附小专为新同学认识学校、熟悉校园而制作的，正面图片是校园景观，背面的图形拼起来就是一座彩虹门。全班学生及家长合作拼出一座彩虹校门，然后老师会让学生充分发挥想象诠释彩虹门的含义。

孩子们说：彩虹门的形状像汉语拼音里的"b"，预示着老师为孩子们在新校舍播种希望，播种未来；彩虹门整体外观还像美术简笔画中的小兔子，象征着孩子们在人大附小宽松和谐的校园中健康快乐地成长，活泼可爱。

家长们说：彩虹门的形状像英文单词 best（最好的）的第一个英文字母"b"，象征着人大附小师生的信念——要做就做最好；彩虹门的形状还像数字"6"，预示着老师和孩子们在新校舍学习、工作顺利；彩虹的形状由窄变宽，预示着人大附小发展前景越来越宽广。

老师们说：从大自然中看彩虹，让我们知道不经风雨见不到彩虹，这就需要我们有坚强的信念、坚韧的守候和不懈的追求；从色彩上看彩虹，七彩也是多彩的，每一个孩子都是彩虹中的一色，在老师心中孩子们都是独一无二的，都是最重要的，每个人都做最精彩的自己，只有我们每个人的灿烂才能构成集体的美好；从形状上看彩虹，拱形既是门又是桥，走进彩虹门就是一家人。我们要为孩子们建造一座座色彩斑斓的桥，建立起自身的、人与人、人与社会、人与自然、人与未来的沟通，让孩子们通过一座座彩虹桥走向人生、走向社会、走向世界、走向未来，放飞梦想。所以我们说彩虹，是一种信念、一种品格、一种美丽、一种和谐、一种协作、一种能力、一种享受、一种收获、一种不懈的追求。

是啊，人大附小的彩虹校门为孩子们编织着七彩的梦想，寄托着对孩子七彩人生的祝福和期盼。一路走来，彩虹门被不断赋予新的内涵，彩虹门的教育意义不断彰显。

彩虹校门已经深深印刻在附小人的心中。它不仅是学校的一个标志性建筑，更是附小人荣誉与精神的归属。

海淀区学校特色建设"四个十工程"评选活动中，评审专家对人大附小这一"办学理念最为深厚的学校"的评价是这样的：

这是中国的巴学园，是蓝天下最美丽的校园，也是激情燃烧的地方。

彩虹门呈现的赤、橙、黄、绿、青、蓝、紫，寓意着中国人民大学附属小学"爱校、阳光、厚德、坚韧、创新、包容、凝聚"的七彩精神。

无论是随班就读的全纳教育，还是海纳百川的七彩教育同盟，人大附小一直在传递温暖，传递感动，传递希望。

拥抱是人大附小最通用的语言。

在"创造适合于儿童发展的教育环境"的办学理念指引下，人大附小人"让课堂高效起来，让课程丰富起来，让作业可爱起来，让考试轻松起来"，七彩德育铸就幸福人生，七彩课堂点亮智慧人生。

在这里，"学习是一件好玩的事情"；在这里，孩子们"说错了也可以理直气壮"；在这里，流淌着蓬勃的正能量。前进的姿势，永远是人大附小最美丽的姿势。

让我们一起走进美丽的彩虹门，走进这令人向往的人大附小。

第一章

打开校史一扇窗　走进未来新辉煌

中国人民大学附属小学校史展

1954 —— 2012

七彩教育历经发展之路

校长心语

从我做校长的那天起，校长室墙上始终挂着历任校长的照片。我希望每一个附小人都要记住这些前辈。因为人大附小发展到今天，不是一个人的智慧与力量。

"创造适合于儿童发展的教育环境"是任慧莹校长20世纪80年代末确立的办学指导思想。半百的书香积淀成丰厚的人文底蕴，几代的追求彰显出鲜明的附小精神。

60年的发展历程中，有艰辛和磨难，更有奋进和辉煌。她深印着历届学校领导层教育创新、科学育人的探索足迹，更记载着一代代附小人洒下的心血和汗水，使之积淀了宝贵的办学经验和育人方略。在追求师生幸福成长的理想校园中，形成了自己求实创新的办学风格和七彩教育的办学特色。

在此书开篇之际，让我向附小的创业者们表示崇高的敬意！向所有为人大附小发展做出贡献及赢得荣誉的人们表示崇高的敬意！向今天依然用爱与责任践行七彩教育理念的老师们，向长期以来关心和支持附小发展的各级领导们表示深深的谢意！

我深信，七彩教育必将成就师生的七彩梦想，明天的彩虹定会更加灿烂和绚丽！

　　自1989年至今，25年来，人大附小的历任校长都在努力践行"创造适合于儿童发展的教育"的办学理念。

　　迁入世纪城校舍后，郑瑞芳校长深入挖掘彩虹门折射出的深刻教育内涵：一是诠释了人生的深刻含义——彩虹呈现的赤、橙、黄、绿、青、蓝、紫，预示着人生的酸、甜、苦、辣、咸，每个人的一生都会遇到困难、挫折、痛苦甚至绝望，希望每一个附小人都牢记"阳光总在风雨后，风雨过后见彩虹"的人生哲理；二是诠释了附小教师的育人理念——彩虹呈现的赤、橙、黄、绿、青、蓝、紫，象征我们每一个孩子都是独特的个体，都有不同的色彩，我们的教师要像喜爱彩虹一样去欣赏每一个孩子，培养出一个个与众不同的阳光少年。

在郑瑞芳校长引领下，人大附小干部、教师通过教育实践，从认识层面、实践层面和精神层面深入解读了"创造适合于儿童发展的教育环境"的意义、价值及教育规律的内涵，并将自己的智慧和思考，依托彩虹门挖掘的七彩元素和多元理论融进这一理念，日渐形成更具有时代精神与多元文化特点的七彩教育理念。

尊重个性、关注差异、多元发展、人人绽放，是七彩教育理念的实质与内涵。

在七彩教育理念的引领下，人大附小在努力创造适合每个孩子发展的教育；明确了"做可爱的附小人，做了不起的附小人，做有特质的附小人"的育人目标；确立了"创建师生幸福成长的理想校园"的办学目标；逐渐构建起"创造适合师生成长的七彩教育"，形成多元的办学理念体系。

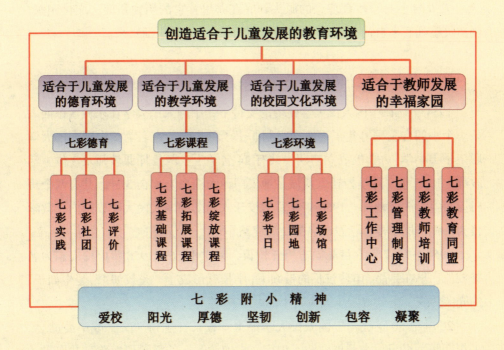

在七彩教育理念引领下，学校成立七彩工作中心，建立七彩管理制度，开展七彩教师培训，编写七彩校本教材，成立七彩教育同盟，铸就七彩附小精神。

在七彩教育理念引领下，学校打造七彩德育，铸就学生幸福人生；建构七彩课程，点亮学生智慧人生；组建七彩社团，造就学生高雅人生；创设七彩环境，成就学生快乐人生；形成七彩评价，激励学生做自信的我；创造七彩节日，引导师生做感恩的我。

在七彩教育理念引领下，学校创建了师生幸福成长的阳光校园，成就了学校素质教育的办学特色。

/一/ 七彩教育之根溯源

人大附小七彩教育理念的源头到底在哪里？它的历史积淀、文化渊源、创造灵感到底来自何方？"问渠哪得清如许，为有源头活水来。"

初具规模，集结科研硕果——艰苦创业期（1954—1967）

1954年，在中国人民大学党委的支持下，中国人民大学在东城区东四六条一个小四合院里筹建了一所寄宿制职工子弟小学，定名为"中国人民大学职工子弟小学"。学校成立初期，共有24名学生、两位任课教师及3位生活教师。1955年9月学校迁入西城区地安门西大街白米斜街3号，共有两个班58名学生、3位教师。1958年9月学校迁入西郊中国人民大学校园内，教学楼为一幢三层小楼，学校改名为"海淀路小学"。

1954—1967年，吕晶同志担任校长，其中1956—1958年申玲同志为名誉校长。早在吕晶、申玲校长的带领下，学校就形成了"爱校如家、爱生如子"的光荣传统，由此奠定了人大附小的办学基调。

20世纪50年代，中国人民大学吴玉章校长在主持"文字改革委员会"工作期间，组织附小开展"注音识字，提前读写"的教科研实验，并取得了丰硕的成果。

这一时期，校领导和老师们克服重重困难，在一个物质生活贫乏的年代，为学生营造精神文化的乐土，带领孩子们刻苦学习，不断建设和改善校园环境。

回首这一历史时期，我们不禁感慨创业维艰，为老一辈附小人爱岗敬业、艰苦朴素的优秀品质所感动、所激励。

发展起步，奠定理念基础——理念形成期（1967—1991）

20世纪80年代初期，学校的规模不断扩大，学生总数达到了600多人，在校园西部平房小院建起了三层砖混结构的教学2楼，1990年进行扩建加层改造。

粉碎"四人帮"后，中央拨乱反正，1978年中国人民大学复校，学校正式定名为"中国人民大学附属小学"。1967—1971年，任慧莹同志担任校长；1971—1979年，程志刚同志担任校长；1979—1991年，任慧莹同志担任校长。

附小如同一粒教育的种子，经历了严寒的洗礼，经历了地底的沉淀与汲养，终于迎来了蓬勃发展的春天。

在中国人民大学和各级党委的关怀下，在任慧莹校长的带领下，附小迈出了教育改革的步伐，教育教学水平大幅提高。1983年，学校被评为北京市教育系统先进单位。人大附小成为当时北京市第一批七所重点小学之一。

1987年，随着教育教学改革的不断深入，学校的教学理念也不断完善，在北京市教科所的指导下，附小在全市率先开展了"小学生质量综合评价"的研究工作，使人大附小成为素质教育改革的先行者、知名校。

1989年年底，"小学生质量综合评价"项目研究成果初现。综合质量评价体系注重开发儿童的潜能，根据不同学生的实际情况最大限度地促进每一个儿童的发展。

在这一阶段，任慧莹校长摒弃了以往为了"选拔适合于教育的儿童"的陈旧观念，提出了"创造适合于儿童发展的教育环境"的办学思想，并着力于"打好基础，发展智力，培养能力"的教学改革。全新的办学理念改变了教师的儿童观、人才观、质量观和教育观，为后来人大附小的发展，特别是为七彩教育理念的形成奠定了坚实的思想基础。

1991年学校召开了"小学生质量综合评价"现场会，面向北京市其他小学推广经验，时任北京市教育局副局长文喆等领导参加会议。

　　这项研究是在任慧莹校长倡导"不同的孩子要用不同的眼光去看"的儿童观和"以全面发展的动态过程来看待每个儿童"的教育观下进行的，也为人大附小"创造适合于儿童发展的教育环境"的办学思想埋下了深厚的伏笔。

稳步向前，确立发展目标——稳步提升期（1991—2003）

　　1991—2003年，在运秉志校长带领下，附小领导和全体教师在继承了"创造适合于儿童发展的教育环境"的办学思想的同时，不断完善"学生质量综合评价"系统。

　　1993年，运秉志校长在继承和发扬任慧莹校长办学思想的同时，提出了"四个发展"的办学目标，即全面发展、全员发展、特殊发展及和谐发展，成为人大附小办学指导思想"创造适合于儿童发展的教育环境"的进一步创新。学校举办各种读书活动和知识技能竞赛，激发学生的学习兴趣，增强学习的主动性，使学生得到全面的发展。

　　1999年，学校硬件设施发生了很大变化。校园占地15亩，投资建成了人工草皮足球场，学校邀请时任国家女足队队长刘爱玲为新操场落成开球；拆除东边三层教学楼建成五层的新教学楼，西边的教学楼增加一层，东西楼连为一体，使教学楼建筑面积达到10900平方米，具有了美术、舞蹈、科学、计算机等专业教室，100多平方米的多功能厅；同时附小办学规模稳步扩大，拥有46个教学班，共有1889名学生、99位教师。

　　20世纪90年代，北京市教育督导委员会来校进行督导后，给予附小的评价是"负担不重质量高"。在进行教学改革的同时，德育工作富有成效，成为海淀区首批德育管理先进校。2002年海淀区德育管理现场会在人大附小召开，运校长做了经验汇报。同年，海淀区体育新课标研讨会在人大附小召开，人大附小代表在大会上作经验发言。

　　1993年，人大附小被评为北京市先进学校；1996年、2001年附小两次成为"北京市足球传统校"；2000年，被评为"足球体育传统项目先进学校"。足球队先后为国家队和各省市队输送了多名优秀球员。

跨越发展，开始全新征程——跨越发展期（2003—2008）

2003 年 11 月，人大附小又迎来了一个新的里程碑，新一届领导班子成立。郑瑞芳同志担任校长，运秉志同志在 2003—2004 年担任名誉校长。在秉承学校原有的办学思想基础上，郑校长确立了"创新、求实、发展、超越"的办学思路；以争创"国际知名、国内领先"的学校为办学目标。

附小成功举办了 50 周年校庆系列活动。设计了附小第一枚校徽；时任中国人民大学校长纪宝成为附小题写了"健康、乐学、活泼、友爱"的校训；学校总结了 50 年来的办学经验，着眼于未来的发展，加快教育教学改革的步伐。2004 年学校被评为海淀区基础教育课程改革先进学校。

2005 年 8 月，中国人民大学为拓展办学空间，决定将附小迁址。在郑校长的带领下，附小迁入世纪城新校址。134 位老师参与了学校搬迁工作，奏响了令人难忘的附小搬迁凯歌，留下了宝贵的精神财富。

新校舍占地 30 亩，建筑面积 23000 平方米，有了宿舍楼及学生食堂。学校从 46 个教学班一下增加到 63 个教学班，共 2889 名学生。同时面向全国招聘优秀教师，引进特级教师，打造研究型、专家型、学者型的教师团队，构建人性化的管理体系。

2005 年 8 月，纪宝成在视察新校舍时提出了"争创世界一流小学"的办学目标。学校迁入新校舍后，创造适合于儿童发展的德育环境，形成了"全员参与、团队竞争，自我感悟、自我管理，与时俱进、勇于创新、家校合作、共同育人"的德育特色；创造适合于儿童发展的教学环境，形成了"激发兴趣、培养习惯、注重能力、提高成绩"的学习序列，进一步打造"负担不重质量高"的教学特色；创造适合于儿童发展的校园环境，内涵丰富的校园文化建设，打造出蓝天下最美丽的校园。

迁入新校舍的一年半里，人大附小接受了海淀区教学管理先进校、海淀区三年一次的督导和海淀区优质校检查，取得了"三大战役"的胜利，87 节课中无一节 C 级课，得到上级领导的高度评价。

迁入新校址后，首次参加海淀区世纪杯评优课中，5 节参赛课 4 节获一等奖。2005 年，学校被评为海淀区教学管理先进学校。这期间，学校为深化教学改革，保证教学质量不断提升，在教育教学领域实施了一系列素质教育的办学举措：一年级考试改革，实行期末免考制度；开展亲子阅读，学科周活动；首创应届毕业生赴上海毕业修学旅行活动；成立名师工作室和教育教学研究会；建立教师培训制度等，开创了附小飞速发展的黄金时代。

2008年1月，学校被评为海淀区素质教育优质校，荣获"改革开放30年办学成就最高的十佳小学"的荣誉。

七彩教育，刷新理念高度——内涵深化期（2009年至今）

2009年，人大附小建校55周年之际，集游泳、球类于一体的多功能体育馆"水艺芳"，开放式科学、美术专业教室"学术苑"，集容纳300多人的多功能厅、学生排练厅、教师办公室为一体的"蓝天阁"，草皮足球运动场，塑胶篮球场陆续建成并投入使用，为师生的成长创造了更先进的硬件设施。至此，学校占地面积扩大到33亩，建筑面积增加到31000平方米，共有94个教学班、3886名学生。

郑瑞芳校长带领干部教师，在教育教学实践中深入解读"创造适合于儿童发展的教育环境"的办学指导思想，认为"创造"就是把创新精神作为学校发展的灵魂；"适合于儿童"表明学校要以学生为主体，尊重学生；"发展"是着眼于未来，着眼于素质教育，着眼于多元人才培养；"教育"是给予学生多元的成长和发展空间。

"创造适合于儿童发展的教育环境"，就是让我们的教育适应儿童发展的需要，并创造相应的空间促进儿童的发展。"七彩教育"中的"赤橙黄绿青蓝紫"是适合儿童发展的宽松和谐的环境，是尊重儿童差异的多元培养，是充满灵动的生命教育。

另外，学校存在的主体不仅有学生，教师也是主体。为此"七彩教育"在注重挖掘学生的多元潜质的同时，也注重对教师的多元培养，使"七彩教育"的阳光播洒在每一个学生、每一位教师的心田，促进师生的多元成长，创造学校多元文化。

为促进义务教育均衡发展，实现教育公平，2011年，人大附小创建了"七彩教育同盟"。2012年承办海淀区银燕小学，2013年在门头沟开办了京西校区。学校发展到今天已拥有123个教学班，4475名学生，318名教职工。本校区、东校区占地面积扩展到 40 亩，建筑面积扩展到 36000 平方米。

学校先后获得"全国德育管理先进学校""北京市基础教育课程建设先进单位""北京市中小学校园环境示范校""北京市节约型示范学校""北京市特殊教育工作先进单位""北京市金帆京剧艺术团""北京市中小学科技金鹏示范学校""北京市中小学艺术特色学校"等近 80 项荣誉。

七彩教育成为学校办学特色，七彩教育理念与实践成果在广泛传播。

在中国人民大学怀抱里成长起来的人大附小，经过几代附小人的共同努力，已经走过 60 年的历史进程。在 60 年中，学校历经的每一个发展时期都留下了坚实的足迹，为七彩教育理念的形成和发展打下了牢固的根基。

/二/ 七彩教育之花绽放

在各级领导的亲切关怀下，经几代附小人的共同努力，人大附小由 20 世纪 80 年代的重点小学发展成为优质校、品牌校、示范校乃至全国名校、世界知名学校，成为师生幸福成长的理想校园，成为七彩教育的乐园。

七彩教育尊重个性、关注差异、全员成长；七彩教育注重多元需求、多元培养、多元发展；七彩教育创造多元文化、辐射四方、光荣绽放。

七彩教育春暖花开

七彩校园沐浴七彩阳光，学校在郑校长先进的七彩教育理念指引下，不断实践与探索，不断创新与超越，七彩教育之花幸福绽放。

校园环境，以倡导人文绿色为宗旨，建设生态节能校园；德育实施，以学校德育纲要为主线，塑造学生健全人格；课程设置，以尊重个性需求为起点，促进师生多元成长；学生社团，以整体激发个体为特色，开启阳光幸福人生；教师团队，以提供成长机遇为策略，铸就精彩职业生涯；学校管理，以精神文化制度为核心，形成共同价值观念；资源辐射，以七彩教育同盟为契机，践行教育均衡发展。

近年来，郑瑞芳校长先后 25 次受市、区领导邀请，在市区大会上做典型发言，与同行分享人大附小七彩教育的理念与实践经验，创造了附小史上的奇迹。学校先进的办学理念、创新的教育教学实践及丰富的校园文化建设等得到了市区领导及教育专家、同行的高度评价与赞赏。精彩的发言在市区基础教育领域发挥了引领、示范作用。

办学理念是学校的灵魂，课程建设是学校的主旋律。人大附小在 2012 年海淀区小学特色建设"四个十工程"评选中被评为"办学理念最为深厚的学校"和"课程设置最适合学生发展的学校"，是 118 所小学中获得这两项殊荣的两所学校之一，受到各级领导和教育同行的一致好评。

2011 年 11 月 7 日，时任北京市教工委书记赵凤桐亲临附小视察指导工作，高度肯定附小说："人大附小不小。办学理念值得学习。学生的个性化发展、素质教育、创新人才培养的方式方法值得总结，很有特色。人大附小不小，方方面面做得都挺好。"

2012 年 3 月 28 日，中国人民大学陈雨露校长上任仅 4 个月就亲临附小

视察指导工作，他感慨地说道："现在附小状态非常好，很不容易发展到现在。郑校长与领导班子团结奋斗，为学校的发展、为人民大学、为人大整个系统做出了巨大的贡献，为人民大学整体的声誉提高做出了巨大的贡献，也付出了很多的心血，担当了巨大的责任，承担了很大的风险。附小校园小理念大！大学应该向小学学习……在我们即将要展开的大学人才培养模式这种革命性变革的时候，用不着到哈佛大学，用不着到加州伯克利大学，到附小就能够学到……感谢郑校长，感谢我们领导班子给了我到任 4 个月来最高兴的半天。"

临别时，陈校长与郑校长深情相拥。大学校长对小学校长的拥抱，应该是中国人民大学的首创，被附小教师称为"春天的拥抱"。这拥抱，让附小人感受到大学对附小今天办学成果的肯定和鼓励，让郑校长感受到今生莫大的荣誉和无法忘怀的幸福；这拥抱，让附小人感受到大学对附小未来发展的信任与重托；这拥抱，更饱含陈雨露校长对附小 4000 多名师生深深的爱和浓浓的情，让附小人感受到大学永远是附小的坚强后盾……成为附小人永远前行的力量。

七彩教育馨香远播

人大附小继成为海淀区素质教育优质校后，在不断提升自身办学质量的同时，积极发挥优质教育的示范、引领、辐射作用。

为积极推动义务教育均衡发展，在七彩教育理念下，由人大附小发起成立了"七彩教育同盟"。同在蓝天下，携手共成长。

郑瑞芳校长说："七彩教育同盟是一个具有

勃勃生机的群众性自发组织。大家相聚在一起，组成这样一个教育共同体，共同在一起做一件浪漫的事，做一件幸福的事。为了共同的成长来共同努力、共同提升、共同打造各自学校的特色，3 年后绽放出一朵朵绚丽多姿的七色花，让我们的孩子们健康、快乐地成长！"

2011 年 10 月 16 日"七彩教育同盟"启动仪式在人大附小举行。

同盟成立两年来，郑校长带领着同盟校校长、老师们，先后走进了人大附小、国人小学、石城小学、林大附小、伯雍小学开展教育教学研讨活动，梳理办学理念；先后有 36 位七彩同盟校的领导和老师到人大附小实践学习一周或半个学期；组织七彩同盟校校长赴美国教育考察，使校长们开阔视野，提升办学领导力。

近 5 年，郑校长先后 36 次应邀为北师大校长培训班、中国教育服务中心校长培训班及外省市校长培训班作讲座，先后有国内教育同行 121 个团体 5600 多人，国外教育代表团 40 个 1600 多人来校学习参观、交流访问，无论是哪个团体，无论是哪位老师，凡是到附小来参观学习每每都赞叹不已。

近年来，人大附小的七彩教育理念与实践，多家新闻媒体都给予了大量的报道。（见附录）

/三/ 是谁勾画了七彩虹

这位被附小教师亲切地称为"笑长"的校长，人大附小现任校长郑瑞芳，运用七彩教育理念，使人大附小发生了划时代的变化。

梦想是她的动力

郑校长是一位充满教育梦想的校长。

她从小学到初中时学习成绩都特别好，特别是初二的一次期末考试，她七门功课竟考了 698 分，还有 10 分加分。班主任林老师太希望她上高中，考大学了，但是她却选择报考师范当老师。你问她为什么会这样呢？她理由很简单——因为爱孩子而选择了做教师。

从这我们不难找出答案，她之所以这么激情四射地办好一所学校，全部源于一个"爱"。是爱，推动她满怀激情地学习、工作、思考、创新，使她在形成并实践自己的教育梦想之路上走得精彩。

师范三年的学习让她难忘，张德训、潘邦帧、娄湘生、朱炳昌、罗秀兰等恩师的教诲让她终身受益。1981 年 7 月从北京第三师范毕业后，郑瑞芳被挑选到当时北京市七所重点小学之一的人大附小工作，一干就是 33 年。

时任附小书记的廉志芬从北京第三师范把郑瑞芳接到人大附小校长室，见到了任慧莹校长，郑瑞芳称任校长为生命中的贵人。任校长思维敏捷，热爱学习，特别善于接受各种新事物，给她留下了深深的印象。特别是跟随任校长走过的小学生素质综合评价研究之路，成为她未来实践创新的萌芽。

她从班主任做起，后来又担任了 7 年的大队辅导员，24 岁入党成为当时附中、附小最年轻的党员，27 岁走进领导班子担任教导处副主任、主任，这一切成为她教育生命中的重要经历。

但带给她这一生最大影响的还是 34 岁赴日本留学，一年半的留学生涯，让她全方位地了解日本的社会、日本的小学教育。她非常珍惜学习机会，在学习教育管理的同时，参观了多所国立、市立、私立学校，写了上万字的毕业论文，梳理出日本小学教育的精华。当时爱人、孩子都在日本，很多人劝她一家人留在日本，生活会很好，但她有一种冲动，她要把学习到的一切带回去实践，在爱人的支持下，她按期回国。

35 岁开始担任主管德育的副校长，掀开她教育生涯新的篇章。规范的毕业典礼、一年级入队植树、绿天使行动、十人八字跳绳、全员参与的艺术节、体育节等，形成了人大附小"全员参与、团队竞争、实践感悟"的德育特色。2002 年，人大附小成为海淀区首批德育管理先进校。

师范毕业时，她的教育梦想是成为一名特级教师。2005 年人大附小搬入新校舍后，随着学校的迅猛发展与时代要求，作为学校的管理者，郑校长的教育梦想是成为一个拥有先进的教育理念，办好一所学生喜欢、教师幸福的理想学校，为社会培养多元人才的专家型校长。打造出人大附小的七彩教育体系，期待在人大附小百年校庆时，能从附小走出一批批社会杰出人才，成为她毕生的教育追求。

正是因为有了这个教育梦想，才会诞生人大附小七彩教育理念，才会不断挑战、创新、超越，谱写出人大附小教育教学改革的新篇章。

有人说一个好校长就是一所好学校；名校长成就名校，名校成就名师。秦治军老师的成长之路就是这样铺就的。

2007年暑假的一天中午，天气很热，秦治军老师正在家里开着空调看电视，突然电话铃响了，一看是郑校长打来的。听筒里传来郑校长兴奋的声音："小秦，你的副教授职称申报评委会通过了，这可真是像'巴布什卡历险记'，具体的我不说了，再见。"郑校长挂断了电话，可秦治军老师没有按下结束键，他不敢相信这一切是真的，他梦寐以求的追求变成了现实。他的眼睛湿润了……

秦治军老师2006年申请副教授职称，当时大学评委会没有通过。理由是：小学老师，又是体育学科，要是语文、数学等主要学科，还可以考虑。郑校长是大学高评委成员之一，听后一个一个向评委解释，讲述体育学科在小学的重要性，介绍秦老师在市区的业绩，并说秦老师是附小难得的人才，宁可用自己的高级职称换……她越说越激动，声音哽咽，流了下眼泪。郑校长的一席话感动了在座的评委会老师们，他们了解了附小需要骨干教师引领的重要性，答应明年解决。后来，有一个秦老师认识的附中老师跟他说："从来没有见过一个单位的一把手，为一个老师争职称掉眼泪的，这样的校长哪儿找去？所有的人都被她感动了，我在场也非常感动，真是一心为老师着想的好校长啊！"

郑校长为打造附小品牌，为让附小拥有自己的特级教师，多年来一直在不懈努力。她一方面从外地引进特级教师，另一方面坚持培养附小自己的特级教师。

2012年，为了秦老师更好地发展，郑校长为他出版了个人专著《跑道永无止境》；在附小召开了"秦治军老师成长之路"研讨会；为了增加秦老师的知名度，她主动放弃自己应得的荣誉，正是由于郑校长的特殊关爱，秦老师成了北京市首批名师培养对象。

郑校长就是这样的人，有很高的教育理想和教育目标，她站得很高，看得也很远。为了实现她的目标，她一方面脚踏实地，一步一个脚印；另一方面又不循规蹈矩，敢于创新，勇于开拓。

激情是她的名片

郑校长是一位充满教育激情的校长。

在郑校长心中，附小是她的生命，激情是她的名片。她将对教育的澎湃激情，对学校的无比热爱，对师生的满腔热情化作一股无穷的力量，推动着附小蒸蒸日上，七彩绽放！

从 2003 年年底初任校长时亲自筹划附小建校 50 周年大型庆祝活动"春光这边独好"，到 2004 年做校长不足百天，大学提出附小整体搬迁，八百多位家长到校静坐，再到 2005 年 7 月时任校长不足两年顶住外界压力，亲自指挥全校教师圆满完成校舍搬迁任务；从 2009 年 6 月担任校长 6 年时在人民大会堂举办庆祝建校 55 周年"在灿烂阳光下"大型音乐会，到 2011 年 9 月担任校长 8 年时成立"七彩教育同盟"；从 2009 年"创造适合师生成长的七彩教育"办学理念体系的构建，到 2012 年学校被评为海淀区"办学理念最为深厚的学校"及"课程设置最适合学生发展的学校"，郑校长这一路走来，有艰辛、有泪水、有挫折，却从不缺乏工作的激情、创新的激情，也收获了沉甸甸的欢笑与幸福。

曾有人许诺三天就能给她调动工作，去当比现在挣钱多又省心的官，她听了笑着说："我这个人头脑比较简单，爱得罪人，做不成其他事，这辈子只想做一名优秀的小学老师，做校长已经是最大的奢侈了。"

有人把当校长看作当官，郑瑞芳校长很不喜欢这种理解，她觉得如果把当校长看作当官，那么这个校长可能就当不好了。教育是一方净土，不落俗也不染尘，当校长更不要想着在里面捞好处，如果有一点儿这样的私欲，那么唾弃自己的不是别人，首先便是自己的良心。所以她让老师们不称谓职务，一律叫老师，老师们不习惯，就把郑校长称为了"郑笑长"，郑瑞芳非常喜欢，她觉得特别符合自己，因为笑脸是她魅力的招牌。尽管工作中有苦有累更有难，但她脸上永远洋溢着笑容，心中永远澎湃着激情。

在"北京市师德标兵"评选申述中，郑校长说道："在我心中，人大附小是一个家，附小的老师和孩子们，是这个家庭的每一位成员。老师们把我看成是这个家的主心骨。我感激这种命运，更珍惜这种缘分。怀着感恩的心，欣赏我的每一位家人，关心他们，帮助他们，把他们作为家庭中最宝贵的财富。爱护，是我不变的真情；鼓励，是我的习惯用语；拥抱，是我的常规动作。当老师成功时，我拥抱他们表示一家之长无言的祝福；当老师们遇到困难时，我拥抱他们，给予亲人的安慰和支持；共同经历风雨，一起见证辉煌时，含着泪水的拥抱是一家人彼此间的默契和感动。无论工作多么繁忙，身心是否疲惫，见到每一位师生，我都要把自己最真挚、最灿烂的笑容送给他。让我的家人永远带着阳光的心态来工作，让每一位教师享受做附小教师的幸福。"

来到人大附小几年的时间里，董向清老师虽然很少有与校长单独交流的机会，但是时时会看到校长忙碌的身影，听到校长充满激情的话语，感受到校长细微的关心。校长在她的眼中越来越真实、越来越清晰，她也越来越被感动。

校长对学校的热爱，对工作的激情，已成为教师的表率。搬迁时校长与老师们一起劳动、一起吃盒饭；开学时气宇轩昂地站在领操台上亲自整队；发烧期间一直坚持听"世纪杯"评优课，给讲课教师极大的鼓励；在身体还没有完全恢复的情况下，为了让学生能在同一时间吃上饭，中午休息时亲自指挥学生搬桌椅，布置出学生的临时餐厅。

特别让董老师难以忘怀的是到人大附小的第一场迎新晚会，教师晚会的精致与精彩令她惊叹，是啊，每一个节目都饱含了校长的激情与智慧，就在晚会的前一天，校长从早上8点开始检查晚会节目，一个一个节目地修改，就这样反反复复，直到满意为止，中午也没有休息。说是半天，实际的时间已超过一天。记得检查到董老师组时已经快到下午6点了，10小时的连续工作，不说身体劳累、心理疲惫的程度，就是嗓子也会受不了的，当时董老师听校长说话的声音已经沙哑了，可是校长还是那么一丝不苟地尽心指导，直至最后一个节目。

这种对工作的激情，让董老师感动至极，她不由地给校长发了一条短信，希望校长在工作的同时，照顾好自己。没想到校长在这么忙碌的情况下也很快回了短信，竟然还提到知道董老师感冒了，让她好好休息……

心灵只能由心灵唤醒，激情只能由激情点燃，校长用真诚的心灵来呼唤

教师的真诚，用工作的激情来感染教师，使教师也充满激情投身于自己的工作中。生活在这个激情满满、热情洋溢的集体中，老师们感受的是信任与关爱，传递的是幸福与快乐，创造的是奇迹与神话。

智慧是她的双翼

郑校长是一位充满教育智慧的校长。

法国作家司汤达曾经说过："在热情的激昂中，灵魂的火焰才有足够的力量把创造天才的各种材料熔于一炉。"正是因为郑校长心中永远激情燃烧，所以她充满了创造的灵感。开拓思维、追求卓越是郑校长孜孜以求的事业理想；智慧严谨、睿智创新是她七彩管理的精髓。她的教育智慧、创新精神时刻影响着附小每一位师生。在郑校长的心目中"一切皆有可能"。学校的彩虹门、水艺芳、学术苑、蓝天阁、"毛毛虫"乒乓球馆、七彩小手印以及各具特色的"兑兑吧""动动吧""秀秀吧"等，无处不见证着郑校长用澎湃的激情托起附小七彩的天空，放飞并实现着附小人七彩的教育梦想。

郑校长为教师的成长和学校的发展奉献着智慧。从2004年"教师随笔"以及教师基本功大赛制度的建立，到2005—2007年"教学管理先进校"评比、"海淀区教育教学督导检查""海淀区中小学优质示范校"评比三大战役的胜利告捷；从2008年教师展示性评价制度的建立，到2009年学校行政七大工作中心的建立；从2010年新一轮"海淀区教育教学督导检查"及教师发表课的诞生，到2013年学校"七彩管理制度"以及"七彩校本课程体系"的构建；从教师头脑创新思维比赛、创意画比赛，到每年的附小春晚演出等，无不证明郑校长用她无限的教育智慧以及超人的创新才能为附小教师的成长搭建起一座座七彩的舞台。

郑校长为学生的成长奉献着睿智和胆略。从2005年第一次组织六年级毕业生赴上海毕业旅行，到2008年组织六年级学生赴新加坡修学旅行以及2010—2012年组织学生赴英国、澳大利亚、美国、韩国、日本、泰国等国修学旅行或参加世界级比赛；从2009年第一届"亲子阅读比赛"，到2010年第一届"小小奥林匹克运动会"；从2011年第一届"六一小妙会"，到2013年的第三届"智慧节"；从2010年寒假小课题研究到2012年六年级毕业特色课程、一年级"小豆包"课程等，无不彰显着郑校长用她十足的胆略以及超强的智慧，为学生的成长开辟出一片七彩的天空。

自做校长以来，郑校长有个习惯，那就是只要不外出开会或有接待工作，她都会走进课堂，特别是每学期开学第一天，她一定要走进课堂。

赵老师永远不会忘记2010年春天开学伊始，郑校长走进三年级的语文课堂，校长的关心、关注让全组老师如沐春风，倍感温暖。组内的四位老师用不同的教学风格和方式讲授了开学第一课《礼物》。校长在随后的集体评课中指出，对于新学期的第一课，希望大家好好研究一下：新学期的第一课我们到底应该上什么？怎么上？这不仅为老师们提出了研究的内容，还指明了研究的方向。

赵老师也不会忘记，在随后近一个多月的时间里，三年级组在校长、主任的引领下，幸福地品尝到创新的滋味，领略到飞跃的感觉，最终拨云见日，豁然开朗！

三年级老师面对这个全新的研究课题，虽然没有任何经验可借鉴，没有任何资料可以参考，但是作为"第一个吃螃蟹的人"，全组老师都信心十足地准备迎接这一挑战。

查健老师欣然领命，迈出了校本研究课的第一步。几次试讲下来，老师们不断进行思考和调整：内容多了怎么取舍？难易怎么把握？形式怎样定位？几次试讲面貌迥异。探究、讨论成了老师当时的常态，全组老师被讨论的氛围笼罩着。试讲后，老师们便坐在一起评课，最终大家确定以板块推进的形式进行教学，但随后又被采取何种教学形式的问题困扰。面对此课全新的教学内容，如果采取"单兵作战"的传统教学方式，照顾面明显不够。几番探讨过后，组内老师灵机一动，决定尝试在学生讨论、写作的环节加入两名助教。试讲过后，又觉突兀，实效性不强，怎么办呢？当大家一筹莫展之时，校长及时地来听试讲，随后的一番话可谓"一语点醒梦中人"，郑校长建议大家采取分工合作的形式来上这节发表课，这会让更多的老师在教学实践中得到锻炼、提高，同时减轻一个人做课的压力——困扰老师们的问题迎刃而解！最终三年级语文组在展示时，摒弃了由大家商议教学策略、一人执教的形式，而是由五位老师轮流登台，板块式教学，收到了意想不到的效果。

最终，怀揣着紧张、不安、小小的兴奋，这节被数次改动、孕育了近一个月时间的发表课在全校老师面前展示了，完整的课堂全校老师第一次看到，三年级组老师也是第一次看到！课后老师们反映，此课确实让人有耳目一新之感，而且一致认为本课具有一定的研究价值，并为学校的校本教研提出了建设性的参考。

在多次研磨、试讲、修改、提升的过程中，老师们快乐着、憧憬着、享受着、创造着。查健老师不无感慨地说："从一个人'孤身上台'到全组参与，全新的教学方式让我感受到集体的智慧与合作的快乐，没有紧张，只有投入。"

新学期第一课，老师们庆幸，郑校长走进了三年级的语文课堂，为老师们播下一粒探究的种子，并且一路扶植，让老师们清晰地倾听到第一朵花开的声音！

"小妙会"是郑校长的又一个奇思妙想，又一个创新的教育契机，妙就妙在它激发了学生内在成长的愿望，在欢庆自己节日的同时，孩子们体验了成功，享受了欢乐并培养了孩子关爱他人的品质！

2011 年 6 月 1 日，人大附小举办首届"六一小妙会"。孩子们带着他们的爸爸妈妈一起在人大附小的校园里度过了难忘的六一儿童节。

步入彩虹门，有特色美食区、爱心义卖区、食堂、教学楼、游泳馆，处处都是学生们展现自己特长、培养能力的舞台。在这七彩的舞台中，最惹眼的就是"马励志"。远远就能看见马励志同学书写的毛笔字"马励志作品展"，现场作画，现场写字。一个一年级的"小豆豆"，就有勇气、有实力自我展示，他可真是一个了不起的附小人。郑校长一眼就发现了这棵小苗，走到孩子的身边，微笑着询问："宝贝儿，你这作品真棒，我也想收藏一幅你的作品！多少钱一幅呀？"小书法家说："郑校长，我送您一幅！""那怎么行，你的作品这么棒，而且今天是爱心义卖，你的作品换来的钱还可以捐给需要我们帮助的贫困山区的孩子们呢！""那，就按咱们'小妙会'事先定好的最高价格，10 元一幅！""好，我就选这幅字啦！我还要多给 10 元作为对你的奖励。""谢谢校长，我会更加努力的！"一位家长看到后说："郑校长，您的这个举动可能会成就一个孩子。"

教育家苏霍姆林斯基说：请记住，成功的欢乐是一种巨大的情绪力量，它可以促进儿童好好学习的愿望。请你注意无论如何不要让这种内在的力量消失，缺少这种力量，教育上的任何巧妙措施都是无济于事的。

　　郑校长也说过：创造适合于儿童发展的教育环境，让孩子自由快乐地成长，让孩子更像孩子！

　　"小妙会"上，特长展示的学生说："当台下的同学、家长、老师为我鼓掌的时候，我知道我付出的一切努力都是值得的，我会更加努力！"爱心义卖的学生说："经过这一个上午的义卖，我发现卖东西也不是那么容易的，我旁边的那位同学特别会吆喝，他的东西都卖出去了，等我也敢吆喝的时候，已经来不及了，期待明年的'小妙会'吧！今天，我把自己的劳动所得捐给贫困山区的孩子们，希望我们劳动所得的捐款，能给他们带来帮助，他们也能来我的学校和我一起学习！"

仁爱是她的胸怀

　　郑校长是个充满宽厚教育胸怀的校长。

　　她曾深情地说："能在这一亩三分地上实现自己的教育理想，是我做校长的最大幸福。特别是做人大附小的校长，真的很幸福！因为我的老师、孩子都特别可爱。我愿用爱的双手托起每一位师生成功的梦想，让每个人都有希望！"

"培养老师们当特级教师比自己做特级教师更重要。"所以郑瑞芳一直为教师的成长提供各种机会。除了为教师搭建成长的舞台，她还用自己那博大、深沉而细心的爱包围着这些老师。

她关心教师胜过关心自己，她会在情人节为教师们准备巧克力；她会在三八妇女节让男教师给女教师带来惊喜；她会让女儿把升人大附中加分的机会留给别的教师子女；老师们会在生日、结婚纪念日时收到校长的祝福；她带领领导班子5年里到176位教师家拜年，走了几万级台阶。

她关心教师的政治生命成长，党的生日来到了，她为四十多位要求入党的每一位教师亲笔写了慰问信；她关心教师的业务成长，双休日她亲自驾车带青年教师去听课；连续10天高烧38.6℃，她都不肯为自己放一天假休息，仍然亲自带领教师参加教学比赛，最后得了肺炎，老师们心疼得不行。100多位教师发短信劝她休息，然而她打着点滴还在为学校的事情沟通联系，解决老师们的后顾之忧。教学比赛成绩出来了，5位老师参加区评优课，4节课得了一等奖，两节课录制成光盘在全区推广，教师们在欣喜的同时，更感动地说："这奖项的背后是校长用深沉的爱为我们做的铺垫，我们之所以成功，是站在'巨人郑校长'的肩膀上。"

元旦晚会上，男教师们深情地唱道："我能想到最浪漫的事，就是和校长一起慢慢变老，当我们老得哪儿也去不了，您还把我当成附小手中的宝。"感动得郑校长和教师们紧紧拥抱在一起。

2010年9月，郑校长被评为"北京市师德标兵"，得到5000元奖金。表彰会一结束，郑校长就来到树仁学校。车子刚停稳，树仁学校的赵校长就迎了上来。

"赵校长，今天是教师节，这5000元奖励给我们树仁的老师吧。"赵校长百般推脱着，"赵校长，您就别推脱了，我们都是一家人！虽然钱不多，但是我的一片心意。老师们在如此艰苦的办学条件下还执着地为打工子弟默默奉献，难道我不应该为他们做点儿事情吗？"听到郑校长情真意切的话语后，赵校长欣然接受了这5000元现金，"上次您送来的笔记本电脑，就为我们教师的教学带来了便利条件，这次您又把奖励您的奖金赠给我们，您总是无私地帮助我们，我们全校师生感谢您！"

七彩教育同盟成立后，郑校长多次派优秀教师到树仁学校与教师们研讨，亲如一家的两所学校，在教育教学的交流中深入探索，续写着公益教育平凡的故事。

每当提起郑妈妈，周京梅老师的儿子总是骄傲地指着自己的小脸，讲述着被郑妈妈亲吻的故事。是啊！孩子不会忘记在他人生的重要时刻，是郑妈妈给了他勇气和自信，鼓励他从此走上音乐之路。

当时周老师的孩子正徘徊在是否走音乐专业的道路上。面对孩子对单簧管演奏的热爱与执着，周老师迟疑了。如果违背孩子的意愿顺其自然上一所中学，只管大人省事、踏实，孩子必然会有后悔之日；如果走专业之路，全国才招收3人，又将是一条千军万马齐过的独木桥，风险太大。怎么办？此时，周老师的脑海里不时闪动着"笑长"的一句话："我们要创造适合于儿童发展的道路，每个孩子都是不同的，一定要让孩子做自己喜欢的事，兴趣才是最好的老师……"

由于儿子是班里年龄最小的，周老师决定让孩子休学一年，储备音乐专业知识和技能，"小升初"时报考中央音乐学院附中。

周老师拿着写好的休学申请书走进了校长办公室，又是那张和蔼的笑脸平息了周老师忐忑的心。"笑长"亲切地对她说："你孩子的情况我了解，我尊重你们的决定，休学不是问题，保留原学籍，好好利用一年时间磨炼专业，积极准备，努力考吧，如果没考上，学校接着，放心吧！"听到此时，一股温暖的酸楚瞬间充盈了周老师的眼眶……回家后周老师将这份爱原封不动地传达给了孩子，孩子也兴奋地高呼："郑妈妈万岁！我一定不辜负您的期望，努力考上！"

2012年6月，孩子接到了中央音乐学院附中的录取通知书，周老师全家欢腾了，孩子激动地说要亲口把这一喜讯告诉亲爱的郑妈妈，赶巧当天笑长参加学校晏老师的婚礼，孩子无比兴奋地拿着自己的曲谱夹子，挤向人群，想留下亲爱的郑妈妈的亲笔签名，可惜人太多，没挤进去。后来，机会又来了，在"六一"亲子大连游返京的时候，校长亲自来校欢迎孩子们归来，当孩子将这一喜讯告诉亲爱的郑妈妈后，郑妈妈兴奋地搂着孩子，重重地亲了孩子的小脸……回家的路上，孩子不停地摸着被郑妈妈亲过的小脸，兴奋地让周老师看他脸上的唇印。此时此刻，周老师深深地感觉到，希望的种子从此播种在了孩子的心田。

人大附小发展到今天，社会、家长都称赞有这样一位好校长，但郑瑞芳校长却是这样表达的：

我们每一位校长的身后都有这样一个忠诚事业、无私奉献的团队。应该说是事业发展成就了我们，是团队的力量提升了我们，是学校的沃土造就了我们。

怀着感恩的心，我们走过了一年又一年，让我们感恩这个时代，是时代赋予我们创业的激情；让我们感恩各级领导，是领导给予我们开拓的勇气；让我们感恩老师们，是大家撑起了学校这片天地；让我们感恩孩子们，他们的笑脸使我们品味到事业的甘甜；让我们感恩父母家人，他们是我们奋斗的坚强后盾。

校长是学校的灵魂，是学校的责任。我们将把荣誉当动力，不辜负社会赋予我们的责任，不辜负领导对我们的厚爱，不辜负老师对我们的信任，不辜负家长对我们的期盼，怀揣教育梦想，肩负时代责任，永葆教育激情，与时俱进，勇于开拓，不断用新契机创造新辉煌。

第二章

七彩校园聚焦生态之美

校长心语

常听孩子们自豪地说："我们人大附小是蓝天下最美丽的学校"，为此我心中充满感动。从当校长的那天起，我便在问自己：办一所什么样的学校？答案是肯定的：一定是孩子们喜欢的"生态"学校。

我想一个6岁的孩子走进小学，一定是先喜欢上学校，再喜欢上老师，然后喜欢上学习。建设蓝天下最美丽的校园，一定要让孩子们和学校"一见钟情"。

把校园还给孩子。让校园的每个角落都成为孩子们自主体验、自主实践的场所，人大附小校园里的文化设施，孩子们都可以自由地动一动、玩一玩。每当看到园地中被磕碰得坑坑洼洼的小木块，我心里就泛起一种喜悦，因为我知道那是孩子们生动活泼的印迹，喜欢比什么都重要；让校园的每一个角落都成为孩子自我展示、自我管理的天地，墙壁上的自创格言、废物变作品、七彩小银行等，都成为附小孩子的隐性课程；让校园的每个角落都充满生机勃勃的灵动之态。

如今的校园不仅好玩、美丽而且生态，它是师生智慧的结晶，是我们温暖的家。

如果说彩虹门代表着人大附小的七彩理念、七彩精神，那么当你走进人大附小校园的时候，你会情不自禁地浸润在阳光、大气、生态的七彩校园文化中。

走进彩虹门，"做可爱的附小人""做了不起的附小人""做有特质的附小人"在砖红色教学楼的北楼、中楼和南楼的墙壁上可见。这是人大附小的育人目标，也是每一个附小学生成长的动力。

在教学楼的四周分别矗立着水艺芳体育馆、学术苑、寄宿楼、蓝天阁，五座雄伟的建筑交相辉映，既浑然一体又彰显个性，构成人大附小大气磅礴、七彩绽放的校园整体特色。

/一/ 自说自画"墙"

荣誉墙——太阳每天从这里升起

附小的校史厅迎面就是附小的办学理念的水幕墙，水幕墙上醒目地雕刻着"创造适合于儿童发展的教育环境"14个大字，这是人大附小发展到今天，特别是七彩教育理念形成的坚实的思想基础。

围绕着水幕墙是学校的校史墙，它以电影胶片的形式为我们讲述了人大附小从1954年建校到如今七彩教育理念的形成近60年的历史变迁。

七彩的荣誉墙在校史墙南侧，"太阳每天从这里升起"是这面荣誉墙的主题。

一朵朵艳丽的向日葵上张贴着一张张绽开笑脸的照片，有个人写真，也有合影留念。

他们是参加各级各类竞赛的最高获奖者；是在学校日常活动中表现突出

者；是富有责任心被班级推荐的升旗手……还有每个学期被评为优秀班级的集体成员。每一张照片后面都有一个令人难忘的故事；每一张照片仿佛都在诉说：我们是可爱的附小人，我们是了不起的附小人，我们是有特质的附小人。

另一面会说话的"附小格言墙"不得不提，附小以师生们自创的格言代替了传统的名人名言，这两面墙表达了师生平等和无限创造性。

有些孩子天真无邪的话语，充满了智慧，能让人在幽默一笑之后，带来一番思考。孩子们在经过格言墙时，会自豪地找到自己创造的那条，再骄傲地向别人介绍呢。格言墙也成了孩子和别人分享自己的智慧与感悟的平台。

一排排学生和老师们自己创造的格言整齐地排列在两侧的墙壁上，引导老师和学生们以自己创作的格言鼓励自己，具有更加持续的激励效果。

主题墙——4996 个瓶盖的杰作

人大附小三楼行政办公室开放会议室墙壁上，有一幅用 4996 个瓶盖组成的彩虹墙。

最初，这座墙面由一家装饰公司进行了整体设计，造价高昂，需要花费几万元。郑校长灵机一动，想出一个既省钱又节能环保，既能激发师生创造力又能体现学校教育理念的做法——用七彩的废旧饮料瓶盖来装饰这面墙。

那是一个星期六的早晨，老师和孩子们相聚在会议室，郑校长请大家帮忙共同完成一项特殊而有意义的任务。郑校长一手拎着一个大口袋走进会议室。打开口袋，里面满满的都是各色的饮料瓶盖，红橙黄绿青蓝紫，足有几千个，却不知校长从何处得来。"来，宝贝儿们，快把它们按颜色分好类。""好嘞！"孩子们一呼即应，趴在地上数起瓶盖。

数完分好，校长拉着孩子们的手，来到会议室的那面墙前面。"今天咱们用瓶盖粘一条彩虹好不好？"校长让孩子们每人拿了一个红色的瓶盖，让美术老师帮孩子们在瓶盖上挤上玻璃胶，然后按顺序把瓶盖沿着墙上的画痕粘上，"宝贝儿，往上点。""对，瓶盖挨紧，不要留空隙。"

孩子们分工合作，一边实践一边寻找经验，男孩子打胶，女孩子粘瓶盖，大孩子贴高处的图案，小孩子就表现低处的画面，每个孩子都认真地投入创作之中。

工程将完，校长提议孩子将创作过程的照片展现在两侧的墙壁上，孩子们亲手签上了自己的名字。

整个创作过程历时一整天，当这幅作品完整地呈现在老师和孩子们的眼前时，望着画面中可爱的孩子用自己的双手托起绚丽的彩虹，尽管辛苦却十分开心。因为大家用自己的

双手和智慧创作出这幅"七彩教育成就师生七彩梦想"的主题墙。

现在国内外来校参观交流的同行们都愿意在这幅作品前合影留念。

绘画墙——春假里诞生的巨作

2009年5月,学校南侧的操场落成了。一百多米的水泥墙该如何装饰呢?校长征求校领导们的意见,有的说,马上就建校55周年了,做一面校史墙吧;有的说,做一面美术家的墙也挺好的……郑校长说:"我们教学楼里墙壁上的很多内容都是我们给孩子的,不如我们把校园还给孩子,让他们来创作。"大家都觉得这个想法好。

美术老师找来了206名美术爱好者,郑校长跟孩子们说了这样一段话:"宝贝儿们,校长对你们只有一个要求,想画什么就画什么,就是不要只画一个苹果、一个气球,希望你们展开想象的翅膀,把每幅画都画成一个故事,好吗?"面对206名学生,郑校长这样启发着孩子们的创作灵感。

当8天的春假结束,回到校园的师生们,惊喜地发现操场南侧的墙面上,一幅幅生动、美丽的画面跃然墙上,构成一幅展开的妙趣横生故事的精彩画卷。

这些绘画作品中,有信手涂鸦式的画面,也有童趣盎然的情节,更不乏精雕细琢式的勾勒。一幅幅独特创意的画面、一个个生动的造型、一层层绚丽的色彩无不体现着孩子们心中的梦想。尽管他们绘制的色线还是那么稚拙,但是他们创作的童真意趣却尽在其中,他们创作的热情却是那样浓烈。灵动飘逸的想象力在这面墙上翩翩起舞,勃勃生机的创造力在画面中表现得淋漓尽致。

至今,无数感动的场景仍历历在目:年龄最小的一(15)班张紫提小朋友和画家爸爸共同完成创作,爸爸感慨地说:能跟孩子一起在这面'自由墙'前创作,是一次非常完美的体验,在跨越年龄的界限后,好像进入了一个色彩斑斓、想象绚丽的世界;二(1)班王纪元的姥爷杨力舟和姥姥王迎可是著名画家,仍俯下身和孩子一同绘画;三(15)班张雅琦一家为此次活动取消了整个旅游计划;四(1)班吕思奇与奶奶、妈妈一家三代人共同描绘这心中的梦想……这简直就是绘画总动员。

2009年9月10日,为庆祝新中国成立60周年,担任国庆联欢晚会烟火总设计师的蔡国强先生，特意来到附小寻找创作灵感，当看到孩子们的百米画廊时，立刻被吸引了，国庆当晚他创作的三幅焰火网幕画之一《美丽家园》中的元素，正是源自人大附小孩子们的创作作品。

"这面墙上的每一幅画都是一个美妙的故事。它让我们如同走进了世界著名殿堂——法国卢浮宫的绘画馆，每一幅作品都让你永远看不够，都会带给你无尽的想象……"这是郑校长欣赏孩子们的创作后，留给她最深的感触，并把孩子们的作品编辑成册，取名为《美丽家园》。一年级的老师们还就地取材，把这些作品照下来，用于看图说话。

万众瞩目的上海世博会于2010年5月1日拉开帷幕，组委会特别邀请人大附小的孩子们也为开幕式送上一份拥抱梦想与憧憬的礼物——8米绘画长卷。

人大附小学生创作的"福娃海宝手拉手、未来生活我畅想"的绘画作品，闪耀着七彩童趣，描绘了可爱的小福娃牵手海宝，传递奥运精神，与全国小朋友一起畅想未来城市的美好生活。画卷下方是附小860名孩子灿烂的笑脸。

装饰墙——废旧物品的创意妙作

建设生态校园，自然环保为先。这是郑校长一直都很注重的。2011年学校经过抗震加固以后，校园环境需要重新布置。校长主张少花钱多办事，号召老师们假期里自愿制作废物利用的"环保艺术"作品。开学后，老师们上交了173幅废旧物品的创意妙作。

汤莉老师的《瓶花》由几根废旧电线和一块旧泡沫板组合而成：几枝不同色彩和姿态的花由电线弯曲造型，花瓶的形状则由一块泡沫的边角料裁切而得，巧妙地将花朵插在瓶中。

张剑锋老师平时爱收集废旧笔帽。这些废笔帽还真的派上了大用场。他用纯黑色笔帽试着粘出一只大熊猫，用绿色的废彩笔做出两根竹子，再加上几片竹叶。这件完整的"大熊猫"作品被很多老师所欣赏。

还有一部分老师，利用不同的素材，创作出与众不同的龙元素。信息董传新老师，独具匠心地以旧键盘创作了龙的形象；数学宋伟老师，幽默地以瓜子绘出龙的字体；语文王静老师，以小药瓶盖及吸管，制作出一幅令人想不到的腾飞的龙……

身为一校之长，郑校长以身作则，要求老师做的，自己也努力做到。她和女儿合作用生锈的大头针扎出一朵娇艳欲滴的牡丹花，取名为《幸福像花一样》。

最吸引人的眼球，当属郑校长带领行政组女领导们创造的《生活就是美》。

那是一个周末，郑校长和几位老师参加完李会然老师的婚礼后回到学校，她神秘地拿出一块吹塑板，上面画有一位金发美女的轮廓。郑校长说："我找了一些生锈的大头针，我们让它变废为宝，生锈大头针的黄色恰似金发美女的头发，我请增君画了一个美女的轮廓，今天我们就来合作创作这幅美女图吧。"听了校长的创意，大家连声说妙。

在大家的合作与努力下，一幅题为《生活就是美》的创意画诞生了。美丽的少女，美好的生活，美妙的未来。这幅作品远远望去，在黑色的背景下，欧洲少女金色长发披肩，头戴系有蝴蝶结的礼帽，侧身站立，好似深情地望着远方。她高高的鼻梁，深陷的眼窝，厚厚的嘴唇，构成脸部优美的轮廓，使得路过的人不得不停下脚步，走上前去细细端详，慢慢欣赏。

每当有领导、来宾参观校园路过行政组时，都会饶有兴致地走到这幅画前欣赏，大家都被郑校长的创意折服，纷纷在这幅画前拍照合影作为留念。中国人民大学的陈雨露校长也欣然与它合影留念。

　　如今老师们的这些妙作，分别挂在行政组及老师们办公室的墙壁上，每次有客人来访，经过这里都要驻足品味一番，惊叹作品的巧妙，也赞叹附小教师的创意。附小老师们说：这一切归功于我们的郑校长，是她激发出我们的创作火花。其实，你不知道，这也是校长对老师们的一种隐性培训，因为她常说："没有创新意识的老师培养不出具有创新精神的学生。"

/二/ 墙角"生"动"吧"

秀秀吧：嘿，看不一样的我

"秀"这个字可是现在最时髦的了，表示秀出个性、展现自我。坐落在教学楼主楼二层北侧的是"秀秀吧"，以"秀"为核心，是学生展示才情的舞台，是附小人自己的"七彩吉尼斯"。在"秀秀吧"里学校鼓励学生大胆地展示出自己的特长或优点，秀出他们的自信。它是一次又一次失败后、一次又一次的突破自我的成功。

2012年3月8日，在热烈的掌声与欢呼声中，孩子们盼望已久的人大附小"秀秀吧"终于拉开了帷幕。只要你会唱歌、会跳舞、有绝活、有特长就大胆地"秀"出来，不断创造或刷新附小的吉尼斯纪录。郑校长说："相信梦想，相信奇迹，只要有梦想就要坚持不懈地追求。"她希望有一天附小的学生能够打破世界吉尼斯纪录，在世界吉尼斯榜里出现附小人的身影。

2013届毕业生朱绍华一谈起他的吉尼斯之旅就激动不已。自从学校举办了校园"七彩吉尼斯"，朱绍华就一直想申报一个。同学们都说他有特异功能，一致建议他去申请附小吉尼斯。因为他能将双脚抬起来放到脖子后面，朱绍华也很想在全校同学们面前一显身手，在吉尼斯的光荣榜上刻上自己的名字。

2012年4月的一天，朱绍华鼓足勇气向附小吉尼斯评审委员会递交了申请，没想到竟被选上了，他心里真是又惊又喜！评审委员会的学生评委通知他说周四进行现场认证，于是他利用之前的几天加紧练习。

转眼之间周四就到了，从当天上午开始朱绍华就莫名地紧张。中午12:30他准时来到吉尼斯的认证场地——"秀秀吧"。现场的人好多啊，观众台上已经坐满了人，连走廊里都挤满了，用来防止有人冲进场地的红色丝带被人群挤断了好几次。

朱绍华的心里就像十五只吊桶打水——七上八下、怦怦乱跳。看了前

面的同学有表演圆周率速背、指尖转球和快速收拾书包，朱绍华更紧张了，他们可真厉害啊。

轮到朱绍华上台了，他看了看台下的观众，一双双充满期待的眼睛齐刷刷地看着他。他提心吊胆地走进见证场地，随着裁判员一声令下，他先坐在地上，双脚抬到脖子后面，手用力撑住地，把身体支撑起来。

"他是怎么做到的？" "太神了！" "我的天！" 观众们纷纷议论着，时间一秒一秒地过去，朱绍华腿上的筋越来越疼，手也越来越抖，快要支撑不住了，"56秒，57秒……"

他想：不行，不能半途而废，多坚持一会儿，这样其他人破纪录的概率就小一点儿，坚持住。1分钟，1分零1秒，1分零2秒……朱绍华的手上、腿上就像被火烧一样，火辣辣地疼，随着裁判员喊出1分10秒，朱绍华就像雪崩一样，瘫倒在地。

他成功了！1分10秒是个骄人的成绩，超过他练习时的最好成绩整整10秒。回到班后，朱绍华受到像英雄一样的欢迎。

朱绍华荣幸地获得了学校的"背腿柔术"校园吉尼斯纪录，心里许久都难以恢复平静。经过这次自我挑战，他的感受有很多：疼、酸……但最大的感受就是——坚持就是胜利。他非常感谢学校给他这个机会，感谢老师和附小吉尼斯委员会对他的肯定！

学生杨世仪也曾感叹："世界上有很多的吉尼斯纪录：最大的足球——直径3.573米、最昂贵的车牌——900万英镑、最大的粽子——将10102个标准粽子组合成一个巨大的粽子、最大的中国饺子——重达480千克……当我们吃惊于这些惊人的数字时，却没有想到身边的同学其实也非常厉害，有

着'独门绝技'。每当我从电视上看见同学们在秀秀吧展现惊人的绝活时，才恍然大悟：原来学校是别有用意的啊！只有通过这种刺激、有趣的方式，老师和学校才能够发现每一个学生的潜能，同时也能让学生们发现自己其实潜力无限。当学生发现自己的潜能时，家长和老师会去培养其兴趣，使学生充满自信。创造一个个奇迹，刷新世界的纪录，培养敢于创新的附小人！"

　　人大附小的每一届"秀秀吧"都由同学们自己来主办，通过公开公正的方式对申请人的项目进行认证，邀请学生、教师、家长组成评委，评选出附小的吉尼斯纪录；更重要的是它为同学们提供了一个展示一技之长、挑战自我、彰显个性的七彩舞台。

　　通过附小吉尼斯，同学们明白了：台上一分钟，台下十年功。做什么事都得做充足的准备，认真对待，才会有好的收获。也知道了：比赛输赢其实并不重要，只要踊跃参与，勇于挑战自我，你就是胜利者。

兑兑吧，试试吧：第一笔财富

"兑兑吧"是附小孩子们自主管理的七彩附小银行。有了第一套七彩附小币，就应该有一家银行来进行管理。

银行行长由六年级学生自荐、学生投票确定，任期一学期。银行每周二12：20—13：00为兑换时间；每周四12：20—13：00为储蓄时间。服务团队由小行长自行挑选热心为同学服务的少先队员担任。

学科老师持有不同颜色的附小币。学生收集齐赤、橙、黄、绿、青、蓝、紫7张一套"七彩币"后，可到"兑兑吧"兑换1张"校长币"。如果七种颜色没有收集齐，也可用10张同一颜色或13张不同颜色的附小币兑换1张"校长币。"

学期末，学校将在体育馆举办"附小七彩大型奖品超市"，同学们将手中持有的"附小币"和"校长币"，自主兑换为喜欢的奖品，作为学校对本学期的奖励。

2013届毕业生李泠茜，五年级时十分荣幸地被选为附小银行的员工，当她首次走进附小银行时，内心只是感到一种莫名的激动，却全然不知充实和忙碌正向她走来。六年级时，她渐渐熟悉了这个既忙碌又快乐的银行，而且收获了责任。

一天，李泠茜和银行"同事"快要"下班"时，有一个小女孩拿着好几张附小币，先从墙角探出头来，然后在银行中转来转去，最后小心翼翼地走过来，用她那稚嫩而胆怯的声音问："姐姐，现在能兑换校长吗？"大家一听"兑换校长"不禁一下子笑出声来，抬头看她，只见她显然被"银行职员"的笑声给笑懵了，眼里充满了茫然。李泠茜看她这样，便赶紧笑着说："当然可以，先把你的附小币拿出来吧。"她把手中的附小币不舍地给了李泠茜，李泠茜一边问她信息，一边填表，从她那双大眼睛里，李泠茜看到了她的期待。

李泠茜替小女孩填完单子后把单子给了她，她似乎又不知所措了。这时"行长"和"副行长"走了过来，问清情况后领着她继续办理了业务。但那个小女孩好像不信任似的离他们远远的，并用期待的目光看着李泠茜。于是李冷茜也走了过去，与他们一起给小女孩讲解该怎么做。最后，小女孩顺利地兑换了校长币。

看着她的背影，李泠茜心里一直暖暖的，她收获了责任，感受到了快乐！

有了银行还应该有市场。"试试吧"是附小学生自由交换的"市场空间"。"试试吧"的主题是以真诚赢得信任，培养附小讲诚信的好少年。不用报名，不用预约，真正的自由交易，让孩子们以真诚赢得信任。带着诚意来淘

宝，我用不上的东西你兴许如获至宝，让物品第二次有效利用。别浪费，节约环保，物尽其用。交换物品包括选修课成果、手工制品、玩具、书籍等。

"试试吧"采取无人售货的模式，用信任培养诚信。"人无信不立"，诚信是中华民族的美德。无人售货，无人值守，拿走的是需要，留下的是责任，让诚信成为自己做人的首要名片。

救救吧：生命小站

999急救中心的李院长，为人大附小师生送来5000个急救包。随即校园里诞生了"救救吧"——附小的红十字救助站，这是学生们自己动手实践，学习自护手段的地方。

每周二12：30—13：00为红十字会会员活动时间，每次根据来此活

动的学生需要进行个别指导。根据不同年龄段学生的特点，采用集中与分散相结合的办法，对红十字会会员进行急救操作培训，有组织地开展四项技术（止血、包扎、固定、搬运）和心肺复苏等训练，结合学校健康卫生教育课程普及卫生知识，培养学生讲卫生的良好习惯和救死扶伤的爱心奉献精神。学习急救技能，挽救自己及他人生命。

"啊，包扎得真好，怎么包扎的呢？" "老师我来试试！" ……4月28日下午，人大附小开放式的"救救吧"里不时传出孩子们的惊叹和跃跃欲试的声音。这里正在进行一场急救知识讲座。

"同学们，当你们遇到需要急救的情况，特别是家里有老人需要急救的时候应及时呼叫120急救电话，在现场不要随便移动伤员。在紧急呼救时，首先要正确表述你所在的地址：所属区（县）、街道、小区、楼号及门牌号。报告地址时，最好将周边明显的建筑物，如加油站、商场等信息告知接线员。其次简要描述病情：告知病人最典型的发病表现，既往病史以及病人的姓名、性别、年龄等信息。最后，别忘了留下联系方式：除了家里的座机之外，手机号也应告知。尤其注意的是要等120先挂电话……"

这天是"救救吧"活动日，丁老师现场为学校三年级的学生详细讲解初级急救知识，两名四年级校红十字会员在现场协助操作。

"今天咱们学习一下创伤现场救护四项技术之止血包扎。需要的材料有方形敷料、绷带、三角巾。首先是止血，出血分为外出血和内出血。下面单独讲一下外出血的止血方法。第一先要检查一下伤口是否有异物……"

同学们很认真地跟着丁老师一点一点地学。当她在讲包扎和固定急救的现场演示时，不少同学都不敢喘气，紧紧盯着前面演练人员和模型，像是生怕漏掉任何一个步骤。

当轮到学生演练时，同学们都踊跃地举手，一个个都想到前面试一试。两人面对面站着，一个当救护者，另一个当受了伤的模特。同学们纷纷收起笑脸，变得严肃了起来。手中拿着老师发放的绷带和三角巾按照刚才老师讲的要求，分组操作。有的同学边操作嘴里边念着操作步骤："第一步先把这个角放到右肩上，第二步……"。还有的同学演练得十分投入，着急地晃动模特的肩膀问："同学，你怎么了，疼不疼啊？"

四（5）班的陈汝坤同学在实施急救措施时皱着眉头，显得十分认真。

急救结束后，他找到丁老师说："以前在家看电视里的急救，就觉得救人很重要，很想学，可是又觉得这些会很难，学不起来。这次在学校里能现场看到、学到急救措施，我很开心。"

"等以后万一碰到需要救援的人，如果会急救，我就能多救一个人，很伟大。"刘祎说，"老师，以后每个'救救吧'活动日，我都能来参加吗?""当然可以!"丁老师高兴地回答。

人的生命只有一次，每个人的生命不只属于自己。挽救生命、防止伤势恶化、减轻痛苦、普及急救知识，培养和提高学生的自救、互救意识和学习救护知识的兴趣是我们义不容辞的责任。

聊聊吧，动动吧：心灵小憩

"聊聊吧"，一个充满善意和盛情的名字。算起来，"聊聊吧"在附小的"工龄"已经很长了。据说，那时候新校舍刚刚修好，还没来得及建立心理咨询室，但是校长考虑到孩子们一定需要一个聊天谈心的地方，所以就专门划出了一块空间，装修得很温馨舒适，还摆了软软的椅子，并且取名叫"聊聊吧"。

四年级的李小雅同学因为十分胆小怕事、少言寡语，一直没能交到一个好朋友，情绪很低落。当看到班里同学经常仨一群俩一伙地在一起说说笑笑时，她心中别提多羡慕了。"朋友"二字在不停地冲击着她，直到有一天中午，当她无聊地慢慢走过"聊聊吧"，一阵优美的琴声飘入耳中，她不由地走到钢琴旁边，弹琴的大姐姐正在专心致志地演奏，听着听着，她不禁陶醉其中。突然，她听到大姐姐轻柔的声音："你好啊！"只见大姐姐闪动着明亮的大眼睛看着她，"嗯……姐姐……你弹得真好听！"她支支吾吾地说。大姐姐冲她友善地一笑："你爱听吗？我们交个朋友，以后我会经常到这弹琴给你听，好吗？"她惊住了，两年来她第一次听到有人想主动与交她朋友，"好！好啊！"她高兴极了，因为自己终于有一个好朋友了！她跟大姐姐在"聊聊吧"说啊、笑啊，好不开心！后来两人相约每周在"聊聊吧"见面两次，弹琴聊天，彼此交流，沟通情感。

经过了在"聊聊吧"的交友事件后，李小雅的性格变了，变得阳光开朗、热情自信。慢慢地她交到了许多好朋友。

与"聊聊吧"对应的是设在四楼南侧的"动动吧"。这个名字同样妙在其中，浅显易懂而又颇为天真可爱，就如同孩子们自己一样。郑校长觉得好动是儿童的天性，人大附小的孩子就要该严肃时严肃，该活泼时活泼，要释放孩子的天性。四层的孩子课间不易到操场。因此每到课间就会有孩子跑来玩耍，他们有的对着沙包施展"拳脚功夫"，还哼哈有声；有的和拳击桩玩摔跤；有的两两对峙。他们就是这样，既合理地释放了多余的能量，同时也锻炼了身体。

有时因烦恼委屈而郁闷窝火，快要火山爆发的孩子也会跑到"动动吧"来，把满腔怒火化为强而有力的拳头，一拳拳地打到沙袋上，当怒气宣泄出来之后，顿时心情舒畅，平静如水。

"聊聊吧"和"动动吧",已然成为孩子们心理健康成长中不可或缺的一部分。

围棋吧:人生如棋,局局新

下围棋是启迪智慧的好方法。对弈时,每下一子就是提出一个问题,就要想办法来解决这一问题;每换一次棋局就要重新调整自己的思路。在这样不断提出问题和解决问题的过程中,大脑像做体操一样,得到良好的锻炼。在下棋的过程中,要集中精神,心要静、气要定,久而久之,可以养成临危不乱的镇定功夫。同时,棋品的培养有助

于个人思想品德修行的锻炼。在学生们看来,这是郑校长送给他们的礼物。围棋爱好者,可以经常聚在一起,论棋、对弈,以棋会友。

"在阳光的映衬下,围棋吧里方方的棋桌、折叠棋盘和黑白棋子令我们感到亲切。"学生常亮激动地说,"在围棋吧里,我们不仅学会下棋,更重要还要学会输棋,学会面对强手,学会面对挫折,在困境中求胜利!我们棋如人生,在挫折中,我明白了许多做人的道理!"

在围棋吧里,又有中国象棋和国际象棋吧,可以满足学生的不同需求。

中国象棋是融竞技、艺术、科学和娱乐为一体的体育项目。它对棋手身心的修养、礼仪的学习、品德的培养和智力的开发有着十分重要的教育功能。中国象棋历史悠久,是一种古老的智力游戏,人们往往通过对弈来参透人生的一些哲理,提高自己的觉悟能力、思维能力和生活乐趣,它是我国传统文

化的瑰宝。每个人的一生都会遇到困难、挫折，都会感到悲痛、绝望等，通过一盘棋就可以体会成败、荣辱、悲喜等各种人生滋味。

国际象棋作为一种具有一千多年历史的世界性的运动，是全人类的文化遗产，蕴藏着无穷无尽的学问和经验。国际象棋能发展识别能力、注意力、记忆力、智力和分析力，已经成为当今国际上最流行的智力体育运动项目之一。孩子们在这里提升自我，能成为一个小棋王。

数学园：无"吧"乐学园

学校教学楼三层南边的数学园，顾名思义，这是一个充满数学味儿的园地。为了让孩子们在这个数学园里能够收获更多的快乐和知识，郑校长可谓是煞费苦心。

2005 年学校搬迁之后，校长就利用楼层里的空地给孩子们创造了数学园。当时的数学园里只有一些和数学相关的、可以供孩子们动手玩儿的东西。2011 年学校进行加固，郑校长对于数学园也有了更多的想法，正是郑校长的这些想法，孩子们拥有了越来越棒的数学园。

郑校长一直都主张打开孩子们的视野，这种理念不但体现在校长为孩子们创造了很多去国外游学的机会，更体现在学校生活的每个细节上。在数学园里有一面写满公式的墙。如果仔细观察你会发现，这些公式有的是孩子们在小学阶段会学到的，但更多的是孩子们以后在中学甚至大学才会学到的。

既然以后才会学到，为什么在小学阶段就写出来呢？郑校长说："数学里有那么多的公式，如果我们把孩子们已经学过的和将来要学的公式都写在墙上，那么孩子们每次到数学园玩儿的时候可能就会注意到这些公式，这样等以后孩子们上中学甚至大学的时候学到这些公式时，就不会觉得它们很陌生。这样的话，孩子们学起来就不会发怵，因为在小学里已经见过了。而且好奇是孩子们的天性，这么多没见过的公式可能会引起某些孩子的疑问，他可能就会问老师、问爸爸妈妈，甚至上网查资料，这样既可以激发孩子们的探究欲望，还能促使他们想办法去解决自己的疑问，在这个过程中，孩子们不是又能学到知识了吗？"正是由于郑校长的高瞻远瞩，数学园里的公式墙诞生了。事实证明，孩子们对这面写满各种各样公式的墙充满了好奇，带着一些疑问，孩子们踏上了寻求答案的解疑道路。

在公式墙的对面是一些古今中外著名数学家的简介和一些数学名题以及数学游戏，如陈景润与哥德巴赫猜想、华容道等。每一门学科都有自己的历史，孩子们通过了解这些数学家的生平以及他们对人类数学发展做出的贡献，既能初步了解数学的历史，又能增强孩子们的民族自豪感。而数学游戏能让孩子们在玩儿中学数学，发现数学是件好玩儿的事儿。如果有孩子在小学阶段就对数学产生了浓厚的兴趣，没准儿他就是那个能用更简洁、更好的方法去证明"四色问题"的人。

其实，除了这些显而易见的数学知识，数学园里还隐藏着很多秘密。看似用来装饰墙面的图案，其实是孩子们中学要学的分形图和数学中重要的曲面——莫比乌斯带；园地中间的小方桌，桌面其实是用七巧板拼成的，孩子们可以根据自己的需要随意移动其中一块，把桌子拼成其他图形；数学园的地面上印着七桥问题，把它印在地上就是为了方便孩子们走走试试；一抬头，天花板上是圆周率；就连用来介绍数学家的纸张边框也是各种数学图形。

至此，每个人应该都感受到了这个小小数学园中浓浓的数学味了吧？这是一个激发好奇心、求知欲，充满着浓浓数学味儿的园地。

2013届毕业生六（16）班王昌源同学从小就喜欢数学，尤其是几何。二维和三维的图他都十分感兴趣。这不，学校里建了个数学园，可把他高兴坏了。

到园中一看，真是应有尽有！有各种数学公式，许多数学家简介及贡献，还有古代和现代的数学游戏。什么华容道、九连环……咦？这是什么？乍一看，还以为是七巧板，仔细数数，可只有四块。这和四年级时玩的四巧板还不一样。以前是长方的，而这是正方的。王昌源立刻来了兴趣，一到中午就去摆弄它。后来六年级社团活动也定在了数学园。这仅仅是三个大小不一的三角形和一个平行四边形，可它们好像有无限的魔力，把王昌源深深地吸引住了。它点燃了王昌源热爱数学的激情，带给他丰富的想象力。

快要毕业了，王昌源觉得以后他再也不能像现在这样去数学园玩了，为了继续研究"四巧板"并给数学园留个纪念，他打算买两套"四巧板"。一套自己留着，一套捐给数学园。可他在网上搜过，在商店里找过，就是没有他想要的那种"四巧板"，这怎么可能呢？

最近才知道，那是一大一小两套不同的七巧板。三角形是小的那套中的，平行四边形是在大的那套中。由于其他木块丢失，结果他给误打误撞弄成了一套"新式四巧板"。

这个结果并不令他沮丧，反而更让他体会到了"四巧板"的珍贵与美丽。他希望学弟学妹多去数学园玩会儿，体会一下沉浸在"四巧板"中的乐趣。

王昌源在作文中深情地感叹：人大附小，毕业后我还会来看你，进入美丽的数学园，玩会儿我最心爱的"四巧板"。

/三/ "园"来如此

校园里的"苏州园林"

"太漂亮了，没见过这样的图书馆，谁设计的呀？在这儿工作太幸福了，真想坐下来看会儿。"来参观的客人每每由衷地如是赞叹。

　　每听到这样的赞语，人大附小的师生便幸福得笑靥如花。这就是人大附小图书馆，一座中国园林式的图书馆，凝聚了郑校长的智慧，体现了人大附小"创造适合于儿童发展的教育环境"的办学理念，实践着郑校长的创造适合于儿童发展的校园文化环境，是人大附小彩虹门里的一道亮丽的风景，是孩子们求知、启智、明理、怡情的乐园。

　　人大附小图书馆占地500多平方米，由梅园、竹园、榕园三个园组成，可以同时容纳3～4个班阅读。这三个名字有着不同的寓意，梅园取梅之冰清玉洁的品格和傲霜斗雪的精神，让孩子们从中体味"梅花香自苦寒来"，在今后的人生道路上锤炼自己的品格。竹园取竹高风亮节、谦虚谨慎的品质，让孩子们懂得，腹中无物就必须从外界不断地汲取营养，不断地充实自己，永不满足。榕园取榕树的枝繁叶茂、高大挺拔，寓意着附小的繁荣昌盛，恩泽后世。

　　图书馆里还有充满童趣的迷宫式的回字形书架，整个图书馆就是一个开放式的读书乐园，孩子们可以在任意一个角落读自己喜欢的书，看到孩子们有的趴着，有的跪着，有的靠着，惬意地专注地欣赏着自己喜爱的书，幸福之感油然而生。

　　附小这座园林式图书馆让孩子们在自然的世界里读书、学习，它成为师生们精神的乐园。

楼顶花园和七彩菜地

人大附小把教学楼的楼顶建成了"花园"。

这座"楼顶花园"绿化总面积达 4950 多平方米，其中简式绿化面积为 1950 平方米；花园式屋顶绿化面积为 3000 平方米。

种这么多的植物需要多少泥土？那么沉会不会把房顶压坏？无土栽培妙处多。

楼顶花园除了供师生休闲、观赏，还很实用，给学校戴上了一顶冬暖夏凉的帽子。楼顶花园可以有效降低"城市热岛"效应，它还可以改善、调节室内温度，减少空调的工作量，起到节能的作用。雨季的时候，楼顶花园可以把 50% 的雨水留存下来，贮藏在植物的根部，减少雨水从房顶冲刷下来给下水道增加的负担。楼顶花园红彤彤的西红柿，绿油油的扁豆，鲜嫩嫩的黄瓜……还是食堂的盘中餐。

校园里还有一块七彩菜地，能让学生亲近自然、放松心情。这块菜地约 1200 平方米，别出心裁地用不同颜色的围板组合、分割成形状各异的几何图形：圆形、椭圆形、三角形、平行四边形等。学校对六年级进行毕业课

程改革，其中数学毕业考试就是围绕"小菜地中的学问"采取答辩形式进行，学生深刻体会到这样的课程、这样的考试培养他们动手实践能力、合作能力、思辨能力等。

这块菜地共有实验田 20 多块。分配给孩子们自主管理，他们可以选择自己喜欢的蔬菜水果来种，如西红柿、小白菜、茄子、草莓、豆角等，还有向日葵、花生、花草等各种不同的植物。孩子们精心栽种、浇水，跟踪观察其变化，在种植过程中，既了解了农业科学知识还增强了环保意识，也体会到了劳动的快乐。

水艺芳"水上乐园"

顺着南操场的百米画墙往校园东南方向，我们来到了水艺芳体育馆。

水艺芳于 2009 年 5 月 5 日落成。每一个参加当天揭幕仪式的人都难以忘记，当 3800 只白色和平鸽扇动着翅膀飞上蔚蓝色的天空时，一块 60 米×16 米的红布从水艺芳的馆顶慢慢垂落，一座由全校师生参与命名、由金源集团董事会主席黄如论先生亲笔题名的"水艺芳"体育馆露出了它的庐山真面目，淡蓝色的外墙壁上装饰着七彩的水泡式窗户，远远望去就像一艘巨大的轮船，不禁让人联想到辽阔的大海以及大海中多彩多姿的生命体。在场的人们不禁为人大附小又一象征七彩教育理念的标志性建筑而喝彩，不禁为郑瑞芳校长为学校未来发展、为师生幸福成长的又一创新举措而感慨。

水艺芳的一层是游泳馆和综合体育馆，二层是音乐专业教室。

游泳馆供学生们学习游泳，要求学生们在毕业前最少要掌握一两种泳姿。人大附小的水娃游泳队在这里更是如鱼得水，他们多次参加全国、市级游泳比赛，并取得了优异的成绩。相信水娃游泳队也能培养出像奥运冠军孙扬一样的运动员，为祖国争光。

健美操队的队员王思佳至今难忘第一次走进体育馆的情景：宽阔的场地上铺着淡黄色的木板，有许多条纯白色的线，方方正正地划分出了各个场地，几扇宽大的玻璃窗敞开着，一眼就能看到操场。天花板是那么高，真是太棒了！"这真的是特别好的体育馆。"每一次在体育馆里训练时，她都跳得格外投入，"天花板仿佛增高了，蓝天白云仿佛降了下来。我们陶醉在这舒适的环境中，跳着，跳着……"

每当训练累的时候，她便仰面躺在地板上，喘着粗气，望着天花板，天花板的白色柱子仿佛在安慰她："坚持坚持，你看看我，我不是也撑着天花板呢吗！咱们俩一起努力哦！"想到这儿，她便总是拖着沉重的步子，坚持跳下去。

有的家长听了孩子口中"特别好的体育馆"后，也会利用不同的机会，走进这里。有一位家长在参观后，写下了自己的感受：站在体育馆里面，我们真是感觉到了附小的与众不同，宽敞的体育馆有着人文的气息。充足的器械，井井有条地摆放，真是让我们倍感欣慰。健美操队就在一层训练，里面

是中央空调，孩子们个个都穿着单薄的体操服，做着有力的动作，已是数九寒冬，却看不出孩子们脸上有半点儿冷意。

水艺芳体育馆不但给孩子们创造了快乐成长的环境，也为老师们创造了幸福成长的条件。从水艺芳游泳馆落成，47岁的郑校长就带头到体育馆学游泳，而且学校工会还给学会游泳的老师1000元的奖励。游泳馆落成一年里，已经有165位老师学会了游泳。

贾老师在回顾他的游泳历程时不无感慨地说道："有远见卓识的郑校长顺手在操场南边的空地画了一个圈，我们附小自己的游泳馆就矗立起来。我们感谢校长为老师们办了一件大好事。所以我就想尽快学会游泳，不完全是为了学校对我们的物质刺激，锻炼好身体也是家庭幸福的保障。"

年轻人学游泳还相对简单，但对于中老年教师来说可不是件容易的事。

一天，教师智囊团活动的时候，郑校长了解到15位老师中只有1人会游泳，多数团员是"旱鸭子"。郑校长就动员大家学习游泳，"校长，您饶了我吧，别说您奖励1000元了，就是奖励10000元，我也学不会，我天生见水就晕！"索老师忙不迭地说。"是啊，校长，我这老胳膊老腿的，不学了，不学了！"年近半百的丁老师也一个劲儿地摇头。

校长说："我下午就给你们把泳镜买来，一定要学。""好，您买来我们就学。"老师们以为校长那么忙，只是说说而已，可没想到，还没等下班，每个智囊团的老师都收到了一副泳镜。

虽然"见水就晕"的索老师和"老胳膊老腿"的丁老师，曾经对学校关于人人学会游泳的号召心有余而力不足，面对金钱的"诱惑"她们也只是一笑而过，但今天郑校长对智囊团的老师们的关注与厚爱让她们那颗"沉睡的心"有所颤动。她们抱着试试的心理，也为了"面子"，开始了有生以来第一次学习游泳的经历。

教练又是图解又是示范，大概他一辈子也没有教过这么"特别"的学生。

带着岸上的"记忆"，她们下了水。同样的动作在岸上做还不准呢，更别说在水里了。一通忙乱之后，总算做得不错了。

最艰难的是要把头扎到水里憋气，这对于她们可是个挑战，因为小时候小朋友之间用脸盆比赛憋气，她们就是旁观者。此时，她们的"请求"、她们的"诉说"，都得不到教练的同情。没办法，她们只好硬着头皮尝试。当头扎进水里的一刹那，她们看到了蓝色的水底，看到了水的流动。似乎感觉也不那么害怕了。

终于可以带上"方块面包"在水里游了，但是到深水区游还是有心理障碍。在教练的鼓励下，她们勇敢地突破心理防线，向深水区游去。当丁老师第一次游到深水池边时，她心里的高兴劲就别提了，也不管教练听得清还是听不清她的话，她不停地在向他说着自己内心的感受，惧怕感荡然无存。

摘"漂"的时候可有趣了，一起学游泳的智囊团老师都风趣地说："见证奇迹的时刻到了！"这时，她们自己组成保护小组依次排开，然后大家轮流体验。虽然游不了多远，但她们毕竟会游了。大家兴奋地交流着，不断地实践着。兴趣盎然，乐此不疲！虽然中途丁老师因不慎滑倒胳膊骨折了，但伤好后继续学习，最终可以在泳池畅游，成为年轻人的榜样。

到现在，智囊团的好多老师每每说起游泳这件事："真的很自豪！真的很感谢学校！感谢郑校长！"

著名"景点"学术苑

在水艺芳游泳馆的东北侧是学校另一著名"景点"学术苑。这是每位到附小参观的人的必经之处，也是最令参观者啧啧称赞的地方。

说起学术苑，常常要谈到"开放教室"，这来自于郑校长的一个理念。郑校长早年在日本留学参观小学时，看到了孩子们在开放教室上课的场景，那种轻松自在有序的上课场景，给郑校长留下深刻的印象。自那天起，校长就希望有一天，附小的孩子也能在开放教室中学习，将这种开放的思维带到我们的课堂里。

于是，在 2011 年 9 月，学校诞生了集美术及科学专业教室为一体的开放式教学楼——学术苑。记得在开学典礼上，学校特意请来了中国飞天第一人——杨利伟为学术苑揭幕，相信那热烈隆重的场景会在每一位见证人的脑海中留下一段美好的记忆。

学术苑的教室只有三面墙，与走廊直接相通。教室的墙面是灰色的，墙面上有可以拆卸的铁环，老师和学生们可以根据自己的需要创造性使用。

每位分配到教室的老师，接到的第一个任务就是为自己的教室起名。于

是老师们根据自己对教室的设想，起了一个个具有自己特点的名字："波特幻想屋""第二自然""伽利略星际""牛顿实验室""石头部落""Model 空间""OM世界""机械教室"。每间教室都有自己独特的风格。

最开始的学术苑，只有光光的墙、光光的屋顶和光光的地面。学校给每位老师 100 元的装修经费。如何使用甚至不用这 100 元，在这种情况下，老师和孩子们的创造力都被激发出来了。大家纷纷行动起来，收集废旧材料，学校施工时剩下的下脚料几乎都被科学老师和美术老师回收了。

废旧的纸箱被切割成漂亮的瓦楞纸；旧报纸团成团，在上面糊上纸巾刷上颜色可以变成大山、巨型蚂蚁；坏了的雨伞架倒吊在屋顶上，就变成很有设计感的展览图。用废报纸与餐巾纸粘出万里长城；用酸奶盒做成青花瓷摆件及风铃；用旧灯罩做蘑菇……这些都是学校的创造性体现——用有限的资源，发挥创造性去解决问题，达成目标！

在教室的各个角落随处可见学生的作品展示，让你一走进教室，就仿佛来到"绿色"的科学艺术殿堂，就能感受到浓浓的科学与艺术氛围。

开放教室在一定程度上，为学生营造了一个宽松的上课环境。在这样的一个环境中，学生的视野开阔，同时思维也会开阔。他们的精神轻松，思维也变得活跃。更容易发现问题，更容易解决问题，而老师要做的是加强这种倾向。今后社会的发展需要更多具有创新精神的人才。

生态环保科技园

你知道人大附小怎么让废水再利用吗?

　　人大附小运用水循环利用技术节约用水,通过这个技术,每次下雨就可以收集教学楼、水艺芳、学术苑、蓝天阁等屋顶上以及地面的雨水,学生们游泳后的洗澡水也没有浪费掉,就连在教室或者卫生间洗手时候的废水也被收集起来了。这些被收集起来的废水,经过特殊技术的处理,就可以用来冲厕所或者浇小菜地、花园里的植物。

你知道附小孩子如何省电吗?

　　变频节电技术藏在游泳馆、蓝天阁的地下,藏在学术苑充气屋里,人大附小的孩子知道:如果我们在家里用微波炉热牛奶,开始热了半分钟,发现牛奶没有达到预期温度,又加热了半分钟,这样频繁加热,会比直接热1分钟消耗更多的电。经过变频之后,降低了电流的冲击,节约了用电。我们的日常生活中随处可见变频电器,如变频空调、冰箱、洗衣机等。这种技术还可以降低安全隐患,如果我们学校的教室同时开灯,所有的计算机同时开机,电流量非常大,瞬间可以达到4000千瓦,不仅费电而且会导致短路,容易发生火灾。

咦，人大附小冬天不用暖气？

人大附小主要采用的是地源热泵和水源热泵。

地源热泵是从土壤中提取地热资源，既可供暖，又可制冷的高效空调系统。在冬季，把地下土壤中的热量"取"出来，提高温度后，供给室内采暖；夏季，把室内的热量"取"出来，释放到地下去，降低室内温度。

人大附小在篮球场和足球场下面共打了 200 多口井，总深度为 3800 米，提取的热能在体育馆下面的泵房内进行热交换，游泳池里的水就热了，洗澡水也是它提供的热能量。这样，不仅将取暖费由原来的 1 平方米 30 元，降低到 1 平方米 12 ~ 14 元，而且还做到了节电节能。

水源热泵技术是汲取地下水温度的热能技术。人大附小在彩虹门内、蓝天阁前面及小菜园、游乐园下面共打了 4 口井，总深度 480 米，然后在蓝天阁下面的泵房进行热交换，最后送入教学楼、宿舍楼、学术苑、蓝天阁的空调中使用。这样，空调出来的风是湿润、舒适的，并且比原来的暖气温度至少提高了 5℃。

人大附小空调出风口是只送风不回风的，避免了细菌和疾病的传染与传播。总之，热泵技术提取水或土壤中热量后，将同等数量的水和能量还原回去，做到了节能环保和零污染。

太阳能光伏发电太神奇了！

太阳能不仅可以转化为热能，还可以转化为电能。人大附小食堂前面凉亭的屋顶就是利用太阳能光伏技术设计的。屋顶上那一块块的就是光伏材料，常见的光伏材料有单晶硅、多晶硅和非晶硅，光伏发电工程就是选用的多晶硅发电材料。

在教学楼主楼的屋顶上也安装有多晶硅太阳能电池组件。如果安装 2000 块多晶硅组件，太阳能光伏发电总能量就可以达到 470KWp，全年发电量为 47.19 万度。按当初设计相当于把学校变成了一个 120 千瓦的发电站，不仅能满足学校的所有照明用电，今后与国家电网连接还可以将多余的电发给电网呢！

太阳能保证供应热水

太阳能在哪呢？学校寄宿部的楼顶上呀！人大附小的屋顶太阳能热水系统从 2005 年开始启用，集热面积 1100 平方米，平均每天提供 50℃热水 30 吨。这些热水可供寄宿部的同学们早晚洗漱，食堂的叔叔阿姨们还可以用来清洗餐具呢！

别看"我"细还最亮

每天坐在教室里上课，教室照明太重要了。怎么样解决既能保护学生视力又能节约用电的问题呢？人大附小的教室照明选择了 T5 灯管——节能灯具家族的一员。为什么选择这种灯管呢？您听"我"细细说。学校之所以让"我"来负责照明，是因为"我"是目前最先进的节能灯具。"我"比原来的 T8 灯管细将近一半，就像大人的一根食指那么粗。虽然"我"很细，但是却比粗灯管更节电、更明亮。除了这个优点，"我"的寿命还很长，可以连续照明 10000 小时，相当于 417 天。

保温隔热外窗很重要

人大附小采用的新型材料制成的外窗，名字叫断热桥铝合金窗，和传统的木窗、钢窗、铝合金窗相比，优点是窗框的组合结实，具有良好的气密性和水密性。双层玻璃，玻璃之间有空气夹层，这样既可以保温，又可以减弱紫外线的照射，隔热性能特别强，另外隔声效果也很好。

冬暖夏凉——外墙体穿棉衣

节约能源处处都有学问可做，比如我们一眼看不出的校园所有建筑的外墙，它可不普通。因为它的身体里加入了一层具有保温效果的特殊材料，它们就像硬泡沫一样。有它在，建筑就像穿上了一件"棉衣"，冬暖夏凉。冬天室内的温度不用太高，夏天室内空调温度也不用调得太低。这样既达到了节能环保的作用，还为孩子们创造了温暖舒适的学习环境，真是既简单又实用的节能好方法。

资源再生园功劳大

2005 年 9 月迁入新校舍后，学校有了自己的食堂，从那一刻起，人大附小就实行"光盘行动"。如今学校还建起了"人大附小资源再生园"，定期回收废旧纸张，一学期，孩子们上交累计 18497.08 千克，受到再生环保公司表彰，还给了学校 1.2 万元的环保基金。餐厨垃圾处理器能把学校的厨余垃圾发酵成肥料，用于小菜地施肥，节约又环保。

在附小人的不懈努力下，人大附小已经成为北京市第一批"节约型示范校"，成为国际生态校园，在生态教育中取得了可喜的成绩。

至今，人大附小已经多次承办全国、北京市、海淀区节能环保现场会。

仅 2012 年人大附小就承办了海淀区教育系统节约型学校建设现场会、北京市垃圾减量活动启动仪式、国家级"国际生态学校减排垃圾减量子项目启动仪式"、北京市绿色回收进校园活动启动仪式，并先后在各级会议上介绍学校生态环保的做法及举措，节能环保意识深入附小人心中。

第三章

七彩德育塑造特质人格

校长心语

每当新生入学第一天，我总是喜欢站在校门口，与孩子们打招呼，目送他们走进教学楼。那一瞬间，我觉得孩子们是那么"毛茸茸"的，稚嫩的笑脸，单纯的眼睛。我们教师应该在这样一张"白纸"上，带着孩子描绘出怎样的人生呢？

"人"这个汉字是由一撇一捺组成的，捺支撑着撇。如果我们把其中的"一撇"代表知识与能力，"一捺"代表人格与身心健康，那么当一个人拥有了博学的知识、高尚的品德、健康的身心时，才可称其为一个真正健全的人。

人大附小是共和国成立后的第一所大学——中国人民大学的骄傲，反过来这个名字的意义更加深远，小赋大人——人大附小从小开始，从小处着手，在六年的小学生活中赋予孩子们一个大写的"人"字，一个善良正直的人，一个对社会有用的、懂得感恩的人，一个勇于创新与挑战的人，一个敢于承担家庭和社会责任的人……

让孩子们在实践与感悟中学做人，学做真人。为此，人大附小创建了生动、具体的七彩德育体系，让走出彩虹门的学生成为可爱的、了不起的、有特质的附小人，为孩子编织七彩人生之梦，为学生塑造健全而有特质的人格。

/一/ 七彩德育"健全人"

人大附小"健全人格"实践

郑瑞芳校长认为"可爱的、了不起的、有特质的"就是人大附小孩子的特点。

在人大附小的教育环境之下，将来他们还会是一个善良正直的人，一个对社会有用的、懂得感恩的人，一个勇于创新与挑战的人，一个敢于承担家庭和社会责任的人……

人大附小普识教育的内容即七彩德育可界定为——仁爱教育、阳光教育、感恩教育、养成教育、创新教育、理想教育和责任教育。

这些都写进了《人大附小德育纲要》，成为人大附小七彩德育的主要内容。

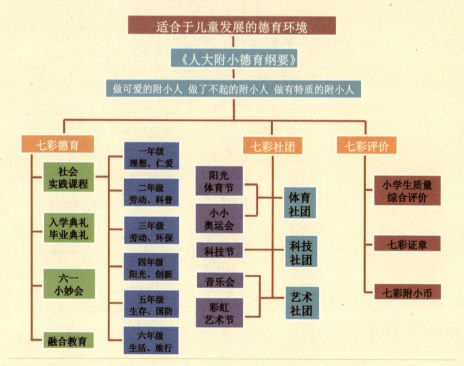

"健全人"实践是如何建构的

郑瑞芳校长认为德育工作应该与时俱进。人格养成用课堂的方式不足以实现,还应有如团队意识、创新精神、合作能力、生活技能、顽强的意志品质、社会责任感和爱国主义情感等。这些则需要通过社会实践实现自我认知和觉悟。

人大附小依据学生的年龄特点,设置了丰富而有针对性的社会实践课程,让各年级学生都有机会到 12 个社会大课堂基地进行传统的社会实践课程的学习。

表 3-1　2010 年社会实践课程表

年级	第一学期	第二学期
一年级	理想教育——国子监入学礼	仁爱教育——入队植亲子树
二年级	劳动体验教育——大兴挖白薯	科普教育——参观南宫地热科普园
三年级	劳动体验教育——南口采摘苹果	环保教育——参观大兴污水处理厂
四年级	阳光教育——奥林匹克公园越野拓展训练	创新教育——参观中国科技馆新馆
五年级	生存技能教育——生存岛素质拓展	国防教育——军训
六年级	生活教育——野炊	读万卷书,行万里路——毕业旅行

人大附小的入队仪式弱化了政治内容,与时俱进地变成了理想教育、环保教育。

1997 年开始坚持至今的入队植亲子树,是学校组织孩子与父母共同参加的少先队入队典礼。在仪式中爸爸、妈妈亲手为孩子们佩戴上红领巾,孩子们则回馈他们以崇高的敬礼。与父母共植一棵树,并许下共同的愿望:要和小树苗一起快乐成长,长成参天大树,成为国家的栋梁。

在大自然这个开放的课堂里,孩子们学到了知识和很多知识以外的东西。这一天,孩子们终于见到了泥土中的"真的"红薯,摘到了树上结的苹果,知道了红薯是长在泥土中的,知道红薯和苹果都是秋天成熟的;明白了我们需要付出辛勤的汗水才能收获劳动的果实……

在奥林匹克公园,一群孩子在林间穿梭,他们是人大附小的学生,在教师带领下来到这里参加拓展训练。

　　定向运动具有趣味性、实用性、挑战性，能使学生在自然环境中运用智慧和力量去战胜困难，磨炼自我，锻炼意志，实现真正的身心健康。

　　学生走进自然，培养了能力，在社会大课堂中解决问题、增强团体合作精神和集体荣誉感。

　　人大附小开展的毕业旅行和一周的军训，像其他社会实践活动一样，短短几天内让同学们和家长都能体会到，来自方方面面、点点滴滴的成长。

郑校长注重德育健全人格，主张德育需要体验式方式，少说多做。教育其实很简单。她认为对于孩子来说，过程和体验是一种生活积累，是一种人生积淀，是一种最珍贵的教育矿藏。我们习惯把教育过程省略掉而把结果简单直接地告诉孩子，似乎这就是教育的全部意义。但教育不是凭空说教，教育应是一种过程，只有经历这个过程，孩子才有所体验。有了体验，才有所感悟，才会内化，孩子才会有所收获，才能达到教育的真正目的。只有品尝了橄榄果，才能理解苦涩的滋味；只有喝了蜂蜜水，才知道香甜的美好。

有奖无罚引导全面养成

人大附小德育体系中与时俱进的另一个特点是，有引导方式，却没有惩罚的方法。

人大附小有几乎人尽皆知的"七彩德育证章"，是对学生良好行为习惯设立的素质评价奖励方式，它们将学生综合素质养成引导向预定目标。

"七彩奖章"包括：爱心章、阳光章、感恩章、礼仪章、创新章、理想章、责任章。人大附小的每一个学生都有机会获得"七彩奖章"，只要你符合争章要求：熟知七彩教育的内容、知道七彩教育的口号、了解七彩证章的要求、能介绍七彩证章图案；只要你符合争章条件，即在思想品德、知识技能、体质健康、审美意识、创意实践、个性发展、阳光心理七个方面表现突出，都有争章的实力。如果学生想争取获得"七彩奖章"，要明确争章步骤：学期初定好目标并敢于在班会中大胆地讲出自己的目标；在学期末班会上要能够有理有据地陈述获章理由；在审批过程中要经过同学、老师（家长）评价、认可、通过。如果学生光荣地获得了"七彩证章"，可以在班级颁章仪式上接受年级组长、德育组长、班主任、家

委会授予的奖章；如果学生的事迹突出，可得到特殊奖励——拍光荣照并登上学校"七彩证章"水晶榜；学校还将学生优秀的争章故事编辑成册供全校师生阅读学习；争得全套七枚证章的同学还有更大的惊喜在等待他们。

七彩证章承载的故事

七彩德育，每一种色彩都有许多动人的篇章。由于篇幅有限，我们仅仅采集其中的几个花瓣。

赤——仁爱教育

教育要素：善待生命、扶危济贫、宽厚博爱、心向和平。

教育口号：让我用爱心帮助你！

人大附小——小"赋"大"仁"

人大附小——小"赋"大"仁"。在这个世界一流的美丽校园里，学习成绩并不是评判一个学生是否优秀的唯一条件。在校长的眼中，作为一名人大附小的学生，最根本的是要有一颗仁爱之心，要做到心中有他人，时时刻刻为他人着想。就是在这样的教育理念下，我们的身边出现了许许多多富有"仁爱"精神的孩子，在不经意之间带给我们无尽的欢喜与感动。

那是一个寒冷的冬日的早晨，刘佳正在吃饭，突然接到了一个电话。电话另一端传来的是一个略为急促的声音："刘老师，您好！我是孙樱宁的叔叔，来给班里的同学送椅垫儿，您看我给您送到哪里去呢？孙樱宁一个人拿不了这么多。""啊？噢，好的好的，您就帮孩子拎进教室吧，谢谢您！"虽然刘老师一时有些丈二和尚摸不着头脑，但电话里一时半会儿也问不清楚，所以她还是先让人家进来送东西吧。

吃过早饭后，刘老师快步往班里走。刚到班门口，她就看见了一个小小的身影正忙碌着。她弯着腰，正专注地往椅子腿上绑椅垫儿呢！环顾四周，大多数的椅子上都已经绑好了漂亮的椅垫。有的是充满朝气的橘红色，有的是充满活力的嫩绿色，相映成趣。"老师好！"看见刘老师来了，孙樱宁有些不好意思，脸微微红了，接着小声说："刘老师，我给大家准备了椅垫，您看可以用吗？""当然可以啦！不过，你怎么不提前告诉我一声啊？"刘老师有些好奇地问。"我就是觉得椅子太凉了，最近几天咱们班同学感冒发烧的特别多，如果椅子有了椅垫，他们也许就不会那么容易生病了。因为这是我的突发奇想，所以就没有来得及跟您报告。"说到这里，小姑娘竟然有些内疚地低下了头。刘老师赶紧摸摸她的头，说："傻孩子，老师要感谢你呢，你比老师都要细心。这样吧，等同学们都来了，我要在班上表扬你。嗯——你这么会为别人着想，我还要发你一张附小币。"小姑娘一听，没有欣喜若狂，反而连连摆手："别别别，您不用全班表扬，也不用给我附小币，这是我应该做的，又不是什么大事！"看她一脸认真的样子，刘老师深深地感觉到这个孩子是发自肺腑地想要给同学们带来帮助，并不是为了赢得老师的欢心、同学的拥戴或是什么物质奖励。看着她一脸的坚持与笃定，刘老师轻轻地点了点头。走到自己的椅子前，发现自己的椅子上也端正地摆着一个软软的椅垫。轻轻坐下去，真的很软也很暖，仿佛是一把火，温暖了整个心房。抬起头，看见孙樱宁正一脸期待地望着自己，刘老师对她竖起一个大拇指，轻声说："真好！"她腼腆地笑了。

人大附小——小"赋"大"仁"。感谢这个有着仁爱精神的附小孩子，给刘老师上了生动而真实的一课！

橙——阳光教育

教育要素：换位思考、乐观心态、助人为乐、自信状态。

教育口号：阳光少年就是我！

"人大附小的孩子像孩子"，这是 8 年前一位留美人士为孩子选择学校时的评价，如今走进人大附小的人都会感受到孩子们的阳光与快乐，充满了自信。不管哪一天，只要你走进附小的校园，无论走到学校的哪一个角落——操场、小菜地、游乐园、教室、图书馆、特色吧都会看到孩子们那一张张天真烂漫的笑脸，感受到他们身上蓬勃的朝气、热情与自信。

阳光——让他茁壮成长

2013 年的红五月歌咏比赛中，一位男孩的动情朗诵深深地吸引了观众的眼球，他是那样阳光帅气，是那样自信飞扬，他是原银燕小学的一位同学，是一个曾经连说话都脸红的男生。是什么让他有这么大的改变呢？让我们从他的日记中寻找答案吧。

当我背着书包第一次走进彩虹门，第一次漫步在走廊的时候，朗朗的读书声回荡在耳边，一种莫名的紧张感油然而生，突然，墙壁上郑校长的一句名言深深地吸引了我："附小的学生上课发言，说错了都要理直气壮，因为只要动脑筋，你就是最棒的！"多么与众不同呀！我不禁佩服起这位有先进教育理念且被同学们爱称为第二个母亲的校长，有特质的附小人就是这样炼成的吧。我暗暗发誓，要尽快调整自己，适应新的环境，我要做有特质的附小人……

我们在人大附小宽松和谐的教育氛围中健康快乐地成长着！七彩的节日——男孩节、女孩节让我难忘；新颖的课程——书法课、阅读课、选修课、校本课让我徜徉；好玩的活动——综合实践周让我益智……七彩教育给我们插上多彩的成长翅膀……

我不再觉得学习是负担，一切全凭上课专心听讲和下课完成可爱作业就能取得好成绩。课堂高效起来，作业可爱起来，考试轻松起来。爸妈不再唠唠叨叨地催我完成作业，我也不再与爸妈争夺电视的控制权，昔日与玩具和游戏为伴的我，今天以书为伴，现在我与妈妈有了共同的习惯——读书，增长知识，陶冶情操，读书成了我一天中必不可少的科目……

这是从这个男孩的日记中撷取的几个片段。从他发自肺腑的声音中我们找到了答案，看到了七彩教育的魔力。是的，尽管来附小只有一年时间，但在附小七彩精神的感召下，他的变化是那样大，他成长得那样快，他变得更加阳光帅气与自信。难怪他的妈妈逢人便说："我的孩子能在人大附小这么好的学校上学，真是前世修来的福分！"的确，人大附小七彩教育是块沃土，他让每一个来这里的孩子快乐学习，阳光自信，健康成长。

最美女孩

附小七彩德育就像一道美丽的彩虹，让每一名学生因自己而独特，也因为色彩的和谐而美丽，而所有教育的基础就是爱，而最感动人的也是那些平凡的爱的故事。

高瑜同学是孙莉莉老师班一名充满爱心的孩子。记得刚入学的时候，孙老师要求孩子们每天削 5 支铅笔，而高瑜每天都要另外多削出几支铅笔放在书包里，孙老师好奇地问她怎么每天用这么多铅笔呀？她说周围经常有忘记削铅笔的同学，铅笔粗了写字就不好用了，她就多准备一些，可以随时借给同学用。一年级同学 8∶30 到校，可高瑜每天早早就来到教室，帮同学们摆凳子。有一次班级里有两个同学有事儿但是下节课就要去学术苑上课，这两个同学回来拿书包已经来不及了，高瑜看到后就一个人提着 3 个人的大书包穿过半个操场拿到科学教室，把小手勒得通红。她就像一个爱心小天使一样，每天都在默默地帮助身边的每一个人，温暖着每一个人。

而小小奥运会上发生的故事更令孙老师感动。60 米的预赛结束了，高瑜兴奋地跑回班对孙老师说："孙老师，我进决赛了，您一会儿看我 60 米决赛吧，我一定能得奖牌。"看着高瑜兴奋的笑脸孙老师高兴地说："真看不出来，平时挺文静的你，跑步还挺快。先休息会儿，一会儿得个金牌。"很快 60 米决赛开始了，孙老师来到跑道旁为高瑜加油，她冲孙老师坚定地点点头。"嘭！"随着发令枪的声响，高瑜像一只小鹿一样冲出起跑线，"高瑜加油！"看着跑在第一的高瑜，孙老师高声为她助威。还有 20 米的时候，只见高瑜一下子摔倒了，"摔坏了没有？"孙老师还没来得及说出口，只见高瑜一下子爬起来，冲向前方。孙老师赶紧跑向终点线。高瑜泪流满面地扑向孙老师，哇哇地哭了起来。孙老师赶紧看孩子的全身有没有摔破，还好没有摔破，但是膝盖和手全红了。"没事儿，没事儿……"孙老师安慰她说。"孙老师，对不起，我没能为班级争光。"看着孩子的泪水，听着孩子的话语，孙老师的心中充满感动，原来孩子哭是因为没有得到奖牌呀，都说女孩子娇气，我们高瑜不仅勇敢，更有一颗爱集体的心，这就是可爱的附小人！这就是最美女生！

黄——感恩教育

教育要素：回报社会、孝敬长辈、感激他人、拥抱自然。

教育口号：懂得感恩，我一生快乐！

人大附小的学生懂得感恩，也在学着回报社会。"懂得感恩，我一生快乐！"每名附小人都深知懂得感恩，快乐一生！

甜蜜

"感恩的心，感谢有你，伴我一生，让我有勇气做我自己；感恩的心，感谢命运，花开花落，我依然会珍惜。"每周五放学前，学校的每一个角落都会响起这首好听的《感恩的心》，孩子们跟着音乐边唱边做手语，唱完后齐声对老师说：老师，您辛苦了！之后向老师深深地鞠一躬，带着一颗感恩的心回到家中，回到自己父母身边。

韩姝老师班里有一个小姑娘叫雪，每次唱完歌后眼睛里都闪动着泪花，放学时总是不肯离去，拉着韩老师的手，想跟她说些什么。在别人都不注意时，她悄悄在韩老师耳边说："老师，这个送给您！"送完后赶快跑回放学路队中去了。等孩子们都走后，韩老师打开她送的小礼物，是一个小信封，里面有一封很简短的信，由于她认字不多，所以是连写带画的。信是这样写的："亲爱的韩老师，我爱您！祝您天天开心！"上面还画了一幅韩老师的画像。看完她的信，韩老师很感动，也很开心，多懂事的孩子！别以为她是讨好韩老师，她平时在学校做得也不错，每节课课间，她总喜欢凑到韩老师这里："老师，您需要帮忙吗？""老师您累了吗？""老师，我帮您发本吧！"有时候韩老师忙的时候没顾得上理她，就"嗯"一声，她也不会说什么，跑去帮同学擦黑板了！

一次放学后，韩老师跟雪的妈妈聊了起来，听她妈妈讲到她在家的表现，太让韩老师震惊了！妈妈说，雪在家里什么家务活都干，帮妈妈刷碗、摆碗筷、倒垃圾、洗衣服、做饭等，几乎都干过，而且从来不用妈妈催，自己主动做家务，体谅爸爸妈妈的辛苦！一次妈妈生病了，雪整晚上都在照顾妈妈，帮妈妈倒水、端药、捶背、给妈妈讲故事，照顾得细致入微，真是个孝顺的好孩子！这让韩老师不禁想起了《乌鸦反哺》的故事，雪就像那只可爱的小乌鸦一样，为妈妈做着她力所能及的事。

感恩之心，是我们每个人生活中不可或缺的阳光雨露。感谢学校的七彩教育，让孩子们从小就学会感恩父母，感恩他人，也让作为老师的韩老师时时享受着这份甜蜜。

报恩，从身边的人开始

学校的鸡舍这星期由刘叶翎老师的班来打扫，学生从鸡窝里掏出了 3 个

鸡蛋。班队会时，刘老师问同学们："这3个鸡蛋怎么处理啊？"

学生举手说："这3个鸡蛋给校长，因为鸡舍是校长给我们盖的，没有校长，我们也得不来这鸡蛋。"刘老师说："对，你说得对。"

是的，小小鸡舍盖起之后，给学生的业余生活带来了许多乐趣，校长曾说，我们要感谢身边的每一个人。于是刘老师对孩子们说："同学们，校长早就知道同学们会感谢她。每每我们收获了大白菜、萝卜、鸡蛋都会给校长送去，校长早知道我们的心意。但是校长曾经告诉我们，要让每一名同学感恩，并不是就只感谢她一个人，校长的目的是要告诉同学们要感谢周围的每一个人，尤其是那些为我们默默奉献却又不太起眼的人。"

学生听完后，举手说："这鸡蛋都给刘老师。"呵呵，刘老师赶忙说："谢谢，还有别的主意吗？"显然还有更好的答案。

学生纷纷举手："我们送给数学侯老师和英语冯老师，她们很辛苦！""我们送给工人叔叔！"一时间，学生发言踊跃了。

刘老师笑着说："看来同学们已经明白了到底什么是感恩，其实感谢是说在嘴上的，落实在行动中的是感恩。我提个建议吧，这3个鸡蛋这样分，第一个鸡蛋，我们送给曾经教我们班的班主任潘老师。他为了咱们班付出了很多很多。"学生听后，不约而同地说："哦！"看来学生是没有想到。"第二个鸡蛋我们送给数学侯老师，她很辛苦，每天晚上工作到很晚，为了给同学们批作业，迟迟不能回家。第三个鸡蛋我们送给冯老师，她教咱们班英语特别辛苦，咱们成绩的提高，离不开冯老师的努力，我们要感谢她！"

学生听了纷纷点头，刘老师说："等到下周一，找几名同学代表咱们班把鸡蛋送给各位老师，然后说上几句祝福的话。"学生争先恐后地举起了手。

感谢学校的"小小动物园"，感谢校长不停地创造着如此自然的教育机会！刘老师让孩子懂得了感恩要从身边的人做起，光说说是不够的，最主要是落实在行动中，而这报恩的过程是真心实意报答的过程。不为完成任务，不为功利目的，报恩就是为了报答他人曾对自己付出的恩情。

绿——养成教育

教育要素：知书明礼、行为规范、知廉明耻、礼仪示范。

教育口号：好习惯是我人生的通行证！

校长生气了

这个故事发生在 2009 年。

那几天，郑校长几次经过学校食堂，总发现食堂地上有水渗出，工人们一直在寻找渗水的原因。经过一番努力，终于发现原来是学校的下水管道中堵塞了许多污物挤破了管壁，导致管内的污水渗到地面上。工人们在清理过程中从下水管道中发现了毛巾、矿泉水瓶、字典，甚至衣服……

校长看到这一切，真的生气了！

这天课间操结束后，郑校长走上主席台，她拿起话筒，问同学们："孩子们，人大附小是不是蓝天下最美丽的校园？"同学们异口同声地说："是！"

校长指着陈列在主席台北侧的工人们从下水道掏出的污物，严肃地说道："可是，在蓝天下最美丽的校园里却出现了最不美丽的行为，学校的下水管道中竟然被扔进了这些东西！孩子们，学校发生这样的事，校长真的很生气。

我希望人大附小的孩子在做一件事情之前，都要想一想这种行为是不是会给别人带来麻烦，是不是会给学校带来损失。今天请同学们先参观一下工人叔叔清理出来的污物，然后各班回去都要召开班会，每个同学都要针对这件事发表看法，希望这样的事再也不会在我们的校园里发生。"

接下来，学校围绕此事件展开了大讨论，同学们利用少先队广播时间谈看法。

第二天，郑校长接到一位家长发来的短信，说孩子回家告诉父母，来附小5年了，从来没见过校长发脾气，这次是第一次看到校长生气了。孩子说，校长并没有训斥同学，而是给同学讲道理，借这个机会对全校学生进行爱校、护校的教育，孩子很感动也很受启发。

从那以后，学校再也没有出现下水道堵塞的事情。所以我们说没有训斥的教育会起到事半功倍的效果。

当校长看到我们的手插在兜里时……

绿色蕴意着积极饱满、自律严谨的生活习惯，只有通过教育者如沐春风、厚爱无痕的心灵灌溉，才能浸润到孩子们的内心深处。已经走出彩虹门的2012级六（15）班的公乾宇同学在致郑校长的一封信中，曾这样生动地描述道：

……那是一次消防安全疏散演习，已经升入五年级的我们是最不听话的时候，下楼时个个耍帅手插兜，慢悠悠地走到操场。本以为德育白主任或宋老师讲完话，就可以回班了。可是令我们想不到的事发生了：郑校长走上台来。

注视着您，我们一边满腹疑惑，一边揩拭着额头的汗珠。那是一个酷热的盛夏，在您的步履中我们似乎能够感受到校长有"深沉的话"对我们讲，您拿起了话筒。因为天气酷热难耐，我能够看到您脸上滑落的汗珠。您依然如往日般慈祥、和蔼，言语仍然透着我们熟悉的亲切感，却意味深长地说道："孩子们，你们知道我们的一双小手是做什么的吗？校长告诉你们，我们的手是保持身体平衡的，当身体失去平衡时，双手就成为了摔倒前唯一的支撑点。如果失去了这个支撑点，就会碰到我们可爱的小门牙，一旦磕坏了，可就长不出来啦……"您的话语，让我们心中荡起了层层漪涟，直至心潮起伏。校长您虽然不能一一说出每个人的名字，但是对我们的浓情厚爱却是不分先后与彼此的。倏然间，我的眼眶淌出了感动的泪珠。您的言行举动令我们震撼：同样承受着炎炎烈日带来的炙烤，校长您却始终站在那里不曾动过，不拭去脸颊上的汗珠，更引出我们对自身安全更深的思考。

抬起头，再次注视着您那熟悉而又饱含爱的"身影"，听着您那如此温暖的教诲，我的手早已拿了出来。环顾四周后，我发现了同一种景象：没人说话，没有人再手插口袋……

在同一片蓝天下，当还有孩子饱受成长的训斥与责难时，在这所七彩校园里，孩子们则体会到了鼓励与温馨的引导，从而真正思考生活中该如何坐立行走。

青——创新教育

教育要素：主动探究、敢想敢说、勇于实践、创意无限。

教育口号：世界有我更精彩！

2005年9月迁入新校舍后，在校园文化建设中，郑校长请全校老师、家长及学生共同参与"家"的设计，当时三（4）班殷祖恒同学设计了文化园中的一块大石头，上面写有陶行知先生的话："天天是创造之时，人人是创造之人"。郑校长让设计公司必须找到类似孩子所画的石头，刻上孩子选的话，特别要刻上孩子的班级和姓名，这也许会成就一个孩子的未来。这块文化石被安置在文化园中，这句话印刻在师生们的心里，这也许就为今天人大附小师生的创造力埋下了伏笔。从那时起，人大附小七彩校园中创新之花四季盛开、争奇斗艳。

奇思妙想——"雪人节"

如果你喜欢过节，那就来人大附小吧！"爱心节""收获节""班主任节""雪人节"……只有你想不到的，没有附小人做不到的！

"雪人节"，多有意思的节日！你知道它的来历吗？那是 2012 年 12 月的一天。清晨，推开窗户，到处是白茫茫的，似乎来到了银色的童话王国。下大雪了！别说是孩子，就是常雪梅这个三十几岁的老师也兴奋不已。常老师早早来到校园，发现已经有很多老师和学生比她更早来到学校开始扫雪了，这就是可爱的附小人，永远想着自己温馨的家——人大附小！

郑校长和老师们把校园里厚厚的积雪扫成一堆堆的，并且堆成了一个个形态各异的雪人。这就是我们有创意的附小人，他们永远会让自己的生活丰富多彩。这时，校车到了，更多的孩子来到了学校，看到一个个可爱的雪人，孩子们兴奋极了。

常老师班的淘气包张雨芊总有奇思妙想，他兴冲冲地跑到校长跟前，高兴地说："校长妈妈，这么多雪人啊！今天是雪人节吗？"听了张雨芊的话，郑校长真为有创意的附小孩子而骄傲，激动地说："孩子，你真有创意！我们就把今天定为'雪人节'！"于是人大附小的"雪人节"诞生了！这一天，班主任老师带领本班的孩子们在校园里堆雪人、打雪仗、滚雪球，欢乐的笑声充满了整个校园。

有人说：中国的教育在给孩子指一条路，而美国的教育在帮助孩子实现一个梦。人大附小的教育正在走一条中西合璧的路，不断地摸索创新，努力为孩子搭建一个实现梦想的舞台！

梦想从这里起飞

每一个六年级毕业生都不会忘记在附小生活的每一天，彩虹门里留下了他们太多太多美好的回忆，这里是他们梦想起航的地方。走进十一学校、上海毕业旅行、社会实践等毕业课程都令人难忘，其中最让2012届毕业生莫砚如同学记忆犹新的是人大附小"霓之星电影节"的诞生，没想到自己的一个突发奇想竟然梦想成真。

记得那是走进十一学校的最后一天，莫砚如同学回想着在中学经过的每一个精彩的瞬间，特别是学哥学姐们竟然自己拍电影并放映在大屏幕上，实在是有趣。

莫砚如不禁回想着6年来班里的四个小画家，每天空余时间都忙于用漫画的形式记录班里发生的每一件有趣、搞笑和经典的事件，如果也能把它拍出来，一定会引起轰动。

莫砚如越想越激动，这不机会来了，郑校长正和班里一些同学有说有笑地走出十一学校的礼堂。见此情景莫砚如快走几步，追上校长，对校长说道："校长好，我们是六（1）班的学生！我们参观体验完十一学校之后想提一点儿建议！"校长依旧如往常一样和颜悦色地说："可以啊，你们有什么建议尽管提，能满足的一定满足。"莫砚如咽了咽口水，微笑着对校长说："我们看了十一学校自己拍摄的宣传片，也想自己拍摄微电影，这样既能学习些新知识也能增强我们动手和合作的能力。"

亲爱的郑校长一边听，一边不住地点头，嘴里还不停地说着："好，好，好。"莫砚如赶紧又补充了一句："我们有记录班级生活的漫画作为基础，正好可以通过短片宣传我们6年来的学习生活呢！""是啊是啊，他们画得可好了，记录的都是校园里的那些事，不乏生动性和趣味性。"站在旁边的同学也随声应和着。莫砚如的心情越来越激动，看着校长那充满喜悦的表情，她知道一件轰动附小的大事就要诞生了。

在七嘴八舌又不乏逻辑性的讨论下，校长终于明白了莫砚如和同学们的意思。没有丝毫的犹豫，她停下脚步，灿烂的笑容面对着每一个人："好，你们的提议非常好，有这样的想法很好，校长可以满足你们的要求。""谢谢校长，您太好了，我们爱您！"同学们期待的事情校长终于同意了！他们将拥有自己的"电影节"！大家相视而笑，心中默默为心想事成而高兴地庆祝着。

就这样附小诞生了"霓之星电影节"，不仅六年级轰动了，全校也轰动了，这件事让莫砚如更深地感受到在附小没有不能实现的梦想，附小的天最蓝，这里是孩子们梦想起航的地方。

蓝——理想教育

教育要素：智多识广、读书万卷、目标明确、执着向前。

教育口号：我的未来不是梦！

"乖乖女"们的梦想

雏鹰梦想翱翔蓝天，鱼儿梦想畅游大海，"乖乖女"们梦想——

钟子湫、吴亦然、徐曼丽是三（2）班三名乖巧可爱的小姑娘。她们酷爱读书，每天课间都像快乐的小鸟，围着老师叽叽喳喳地讲述着曾经读过的故事，兴致盎然地续编着故事……

"你们也可以写写自己心中的故事啊！"任晓霞老师看孩子们对童话故事如此感兴趣，便激励她们。

"我们?"三个小姑娘的眼睛一亮，创编故事的梦想在她们的心中发芽了。

"任老师，您看，这是我们创编的故事……"看着孩子们兴奋的表情、期待的目光，任老师捧起孩子们的"作品"细细品读。故事由一朵魔花开始，讲述了乖乖女们神奇的历险经历。虽然表达略显稚嫩，文中还夹杂着一些拼音，但孩子们神奇的想象、细致的描写还是让任老师惊叹不已。

创编故事对于三年级的孩子来说并非易事，不仅需要创作的冲动、丰厚的积累，还需要坚持的毅力。如何使她们把梦想之初的激情化作持之以恒的动力呢？任老师为她们开辟了"原创故事会"。同学们的掌声、老师的赞赏，尤其是郑校长得知这件事后，3张校长币的奖励带给她们坚持梦想的力量。每天放学后，当同龄孩子嬉戏玩耍时，三个小姑娘将自己关在书房中查阅资料，坚持写作。她们也曾动摇过，也曾想过放弃，但实现梦想的坚定信念促使她们坚持不懈。

两个月的时间过去了，三万字的童话故事《乖乖女历险记》在她们笔下诞生了。在家长们的支持下，孩子们稚嫩的手写字变成了沉甸甸的印刷字故事书。"六一小妙会"上，3个乖乖女神情庄重地签名售书，150本书在一小时内被抢购一空。

如今，三个乖乖女们有了更大的梦想，像郑校长在书序中写道的：成为小莫言。

雏鹰坚持不懈终将翱翔蓝天，鱼儿执着顽强终将畅游大海，"乖乖女"们凭借对文学创作的热爱，锲而不舍地努力，总有一天会实现她们的梦想——成为小莫言。

紫——责任教育

教育要素：生活自理、学习自理、敢于担当、言而有信。

教育口号：我不给别人添麻烦！

7∶50 的风景线

每周二至周五7∶50，在人大附小都会准时出现这样动人的一幕：操场各个角落的人，面向一个方向庄严肃立。走动的孩子们会停下脚步，篮球队训练的孩子们也静止不动。楼道内，无论是怀抱作业本的课代表，还是刚刚跑到教室门口气喘吁吁的学生，全都静止肃立。就连校内的食堂、后勤的师傅们及保洁员们也会立正站好。大家面对的，都是那个旗帜飘扬的方向。教室内，更加井然有序，正在津津有味早读的孩子停止了读书，批阅作业的教师也放下了手中的笔，一致起立，望着教室正前方那面鲜红的五星红旗。

耳畔，传来了庄严的《义勇军进行曲》，所有人同时高唱国歌。胸前佩戴着红领巾的少先队员们，展现了最标准的队礼，即使是冬天，那通红的小手也依然坚定有力。

这是人大附小特殊的升旗仪式。除周一全校师生集体举行升旗仪式之外，不论严寒酷暑，不论春夏秋冬，只要是孩子们到校的日子，每天早晨都可以看到这样的感人场景。

国庆长假后的一个清晨，天阴沉沉的，淅淅沥沥的小雨打在身上，让人感到丝丝的凉意。在走进学校高高的彩虹门时，浩凡不禁暗自祈祷："太阳伯伯，请您快出来吧，让冰冷的雨马上停下，让美丽的彩虹快快出现在操场的上空。"

就在浩凡一边胡思乱想，一边快步穿过操场的时候，操场上的一幕却让浩凡惊呆了：透过灰蒙蒙的雨雾，操场的国旗杆下，雨沁和其他7位同学正直直地肃立在旗杆旁，任凭冰冷的雨水打在脸上、身上。

浩凡飞一般地跑过湿漉漉的草坪，当离雨沁还有七八米远的时候，浩凡已经迫不及待地大喊："雨沁，你们在干嘛？"浩凡的声音和身体几乎同时扑到了雨沁身上。

"今天是我们中队升旗的日子。"雨沁轻轻地回答。

浩凡赶忙拉着她的手说："今天下雨，肯定不升旗了，快回教室吧。"她坚定地摇了摇头说："不行，如果我们不在这儿，今天的国旗就升不起来了，这是我们的责任。"

浩凡呆呆地看着雨沁冷得发抖的嘴唇和坚定、神圣的目光，一股暖流在心中涌起，脸上已经分不清是雨水还是感动的泪水。

这一幕被细心的校长看到了，校长和大队辅导员马上将他们拉到了教学楼里。在升旗仪式上，校长激动地讲述了8名"雨中旗手"的故事，还奖给他们又一次升旗的机会和附小最高荣誉奖章——七彩证章中的责任章。雨沁佩戴着金灿灿的奖章站在主席台上，脸上洋溢着彩虹般的笑容。

谁能说，每天经历一场这样庄严的升旗仪式，每天高唱一遍国歌，不是最好的养成教育，不是最好的爱国教育呢？每天这短短的几分钟，带给孩子们的是潜移默化的教育，是爱的浸润、精神的洗礼。

责任章送给他

他，一个瘦弱的男孩。平时不太爱讲话，学习上有点儿吃力，尤其是数学成绩，补了半天课也常常是达标水平。

就要放暑假了，学校"动物园"中的小动物要分到各班寄养。他所在班级领到的是一只鸡。看到纸箱中的这只鸡，老师学生都犯了愁：长长的暑假，同学们不是外出旅游，就是要上各种暑期夏令营，哪有时间天天围着这只鸡呀？

所以，老师几番问询之后，这只鸡仍然无人收养。就在大家都觉得心有余而力不足时，他站了起来："老师，我来！"

"你假期不是要上数学补习班吗？有时间照顾这只鸡吗？"

"没事！我喂好食再走！"他的目光中毫无犹豫、为难之感。

老师还在犹豫，这个平时连自己的事都搞不利索的孩子能行吗？

"老师，这学期，我在争责任章，我能尽职尽责把这只鸡照顾好！"孩子信心满满。

"好！开学后，就请你讲述如何照顾这只鸡的。如果看出你的责任心，责任章就奖给你。"

……

近两个月的暑假转瞬即逝，开学后同学们看到这只鸡时，它不再住在纸箱中，而是住在高级的粉色大鸟笼中。羽毛油亮，听说就要下鸡蛋了。

"你怎么照顾得这么好？""说说你怎么照顾这只鸡的？"同学们围上来你一言我一语地问着。此时的他似乎很不好意思，又恢复了沉默的样子。

后来，还是老师讲述了他日记中"别人遛鸟他遛鸡""不去旅游只为鸡"等故事，学生们才感受到他是怎样的尽职尽责。当学校奖给他责任章并对他采访时，他说："责任章中有句口号是'世界有我更精彩'，这句话让我明白要勇于担当，做事要坚持到底。我想，我可以做到！"

/二/ 七彩评价激励人

综合素质评价二十载

从1989年开始，人大附小建立了一套针对学生素质发展水平的评估体系。

这个体系已经打破了以学科考试分数作为判断学生素质的唯一标准的应试教育模式，以全面发展的动态过程来看待每个学生。这套评价体系的实质体现的是一种新的学生观、人生观和素质观。

《小学生质量综合评价手册》第一版的诞生，标志着学校在全面评价学生、客观评价学生的教育改革道路上走出了重要的一步。此举立即引起学生、家长、教育同仁和教育专家的热情关注。实验成果陆续向全国推广，到校参观取经者络绎不绝，一时间《小学生质量综合评价手册》在全国范围内掀起了"素质教育评价"的热潮。

人大附小对《小学生质量综合评价手册》进行过13次修订，正在使用的手册名称改为《学生素质教育成长手册》。这本手册从形式到内容都被赋予了新的内涵。

手册封面以人大附小彩虹门为主体图案，一年级至六年级分别以赤、橙、黄、绿、蓝、紫为主色调。象征着学校为孩子们架起了多彩成才之路，也预示着孩子们在人大附小6年的学习生活是丰富多彩的，学校将为学生成就七彩的人生。

手册内部的图文样式更加注入了学校特色文化元素，将55周年校庆的吉祥物"水娃"的形象，设计成吹、拉、弹、唱、跳、画6个新鲜并充满童趣的艺术评价要素。

在手册的内容中，加入了一些有时代感、童趣特征的板块。例如，在"我的小档案"部分加入了"姓名的意义"、起名者的记录及"我在一天天长大的生长发育记录表""永远不忘生我、养我、教我的长辈"，意在评价中首先培养孩子要懂得感恩。"实践创意水平"的评价，主要是培养学生的创新意识，鼓励孩子成为知识的探索者。这项评价中添加了小课题研究、综合实践周、我的创意之旅、我荣获的小小诺贝尔奖等内容，更加注重创新人才的培养。

　　手册的评价指标更加符合时代的发展、学生培养的需要，而且与《人大附小德育纲要》中提出的"七彩德育"的概念相结合。即赤——思想品德水平，橙——知识技能水平，黄——体质健康水平，绿——审美意识水平，青——实践创新水平，蓝——个性发展水平，紫——阳光的心理记录。对"七彩教育"进一步细化到每个年级，提出了具体的行为习惯要求。同时打造"七彩的智育""七彩的体育""七彩的艺术"等，促进学生综合素质全面发展。

　　评价内容采取图文并茂的形式，生动活泼不失童趣，让小小的《学生素质教育成长手册》成为孩子们人见人爱的进步册、光荣册，真正成为孩子们珍藏的童年足迹。

丢掉坏习惯

闻闻越来越不爱吃饭，看着闻闻一天天消瘦的面庞，母亲十分着急，闻闻妈妈找到了孩子的班主任张老师给出出主意。闻闻妈妈先后几次带着闻闻看过医生，也想过很多很多奖励的措施，但是都无济于事，现在情况日益严重。

学校午饭的时间，张老师悄悄地把闻闻叫到身边，爱抚地摸着闻闻的头，真诚地告诉他，在老师心目中闻闻是一个听话的好孩子。闻闻听了老师的话点了点头。这时老师拿出了成长手册翻到第 8 页指着，"爱吃蔬菜，不挑食，不让爸爸妈妈生气"这条评价说道："我相信听话的闻闻一定不会让老师失望的对不对？"只见闻闻面带难色，张老师又鼓励他："闻闻不但自己一定能做到吃饭不挑食，而且还能监督同学们吃饭的情况是不是？"

面对老师的鼓励和交给的任务，闻闻再次点了点头。别说这一招还真灵，闻闻果真不辜负老师的期望，当天晚上回到家就吵着饿了，让妈妈做好吃的饭菜，妈妈听了自然非常高兴。看着儿子大口大口地吃着饭，坐在一旁的妈妈简直乐开了花。

她在给老师的感谢信中这样写道：感谢人大附小的评价体系如此细致入微，它涉及了思想、行为、习惯以及生活起居各个方面的评价。感谢老师睿智的手段，巧用评价体系改变了孩子挑食的坏习惯。相信在孩子成长的路上有了这方面的指引一定会健康快乐地成长。

不能怪明明

自从小强和同学明明约好每天早晨在小区门口见面，然后结伴上学以后，妈妈再也不用为早晨叫不起小强着急了。

这天早晨，小强起得特别早，因为今天学校组织大家到生存岛进行社会实践活动。小强高兴极了，昨晚就把背包收拾好了。

可妈妈起得有点儿晚了，早餐还没做好。等了一会儿，小强着急地催促妈妈："妈妈，今天我不吃早餐了，要不一会儿明明该着急了。""不吃早饭可不行，况且今天还有那么大运动量的活动，等等，妈妈这就做好了。"

小强一看表，已经 7 点半多了，没再听妈妈的话，背起书包跑出家门，妈妈把做好的早点放在保鲜盒里，紧随其后，跟了出来。在小区门口追上了小强。可母子俩绕着小区门口转来转去，也看不到明明的影子。

妈妈一边让小强吃早点，一边责怪明明不守信用，小强吃着早点，东瞧西看，希望能看到明明。时间一分一秒地过去，妈妈一看表，已经7:45了，再不走就该迟到了。这次轮到妈妈催小强了。小强咽下最后一口饭，拔腿向学校奔去。还好，因为离学校近，没有迟到。

到了学校，小强才知道，因为明明发烧，今天的生存岛活动，明明不能参加。晚上妈妈下班一回到家，就问小强："小强，今天迟到了吗？""没有。"小强回答得无精打采。

妈妈以为小强到校晚了受到老师批评，就继续追问："明明迟到了吗？他为什么不等你一起走？你们不是说好一起走的吗？"小强告诉妈妈，不能怪明明，明明生病了，根本没参加今天的活动。

妈妈听了依然很生气："生病了就该打个电话告诉我们一声，害我们白等半天，还差点儿迟到。"

小强看了妈妈一眼，有些难过地说："妈妈，明明生病了，没有参加今天的生存岛活动一定很难过了，你不要再责怪他了好吗？"听孩子这么说，妈妈有些不好意思。

在孩子成长手册心理健康一页上，妈妈将这件事完整地记述下来，夸赞孩子的同时也检讨了自己，平日自己经常教导孩子要宽厚待人，要学会包容，为什么自己遇到问题还没孩子宽容呢？

有特质的毕业生

王睿迪是六年级的一名女生，平日里非常文静，课堂上虽专心听讲、认真思考，但很少主动举手回答问题，即使发言也是声音很小，不是非常自信。

在毕业课程的"关注社会问题"中，学生要走出校门，到社会上就自己关注的问题进行采访、调查。王睿迪参加的是关于"中国式"过马路情况的调查研究。6月6日清晨，王睿迪随着组里几个人一同来到海淀黄庄路口对路人进行调查采访。起初，面对路人，她很羞涩，不敢上前采访。看到这样的情形，老师和组员们都上前鼓励她，班主任老师更是循循善诱："作为六年级的毕业生，做事情要落落大方，说话要铿锵有力，充满自信，这才是有特质的附小人。"

听了老师的话，她鼓足勇气走到一位中年男子面前进行采访："叔叔，您好！我们是人大附小的学生，您愿意接受我们的采访吗？"她彬彬有礼地说。但是那个人却爱理不理。

第一次主动询问就被拒绝，她有些灰心了，脸涨得通红。班主任老师把所有组员叫到一起，问了一句："我们的《成长手册》上说做有特质的附小人都要有哪些品质来着？"同学们你一言我一语，让王睿迪又有了信心。这一次，她成功了。从她的表情上，大家看到了成功的喜悦。

为了让调查更有说服力，这天，王睿迪走进了曙光派出所，采访了张德斌大队长。"这个孩子敢说敢问，不羞涩，不怯场，彬彬有礼。"张大队长这样评价她。

在六年级的《成长手册》中，思想品德水平一项的评价要素是这样规定的："做有特质的附小人——昂扬状态、阳光心态、优雅姿态、健康体态、敢于担当、换位思考、展示自我"。王睿迪做到了，是《成长手册》的正向评价机制解放了她的天性，使她阳光自信成长，成为一名有特质的附小毕业生。

七彩附小币彰显特质

在没有统一奖励机制之前，五花八门的小贴纸、小红花、小糖果，成了教师们不约而同奖励孩子们的"小道具"。时间长了，诸如此类的奖励方式就会慢慢失去它的效力，如何将七彩理念融入奖励制度呢？郑校长想到了一个可以尝试的解决办法。

"亲爱的宝贝们，寒假马上就到了，校长想交给你们一项任务，在假期里开动你们的小脑筋，设计一种你们喜欢的奖励方式，好吗？"郑校长无论是课内，还是在课外，都特别关注孩子们的需要，无疑孩子们才是最合适的设计者。

新学期开始，郑校长收到了172名孩子亲手设计的附小钱币，很多作品将校长的头像画在了上面。校长莞尔道："这些可爱的孩子，设计得还真是有趣！"不经意间，校长的有心之举，让她寻获了灵感：何不设计出一套统一的七彩校园附小币？为什么要放校长的头像呢？每套放7位可爱的、了不起的、有特质的孩子的事迹，那该多有意义！附小币一定会成为成就孩子梦想的载体。

就这样,第一套附小币在2012年3月1日诞生了。果然如校长所预料的,附小币风靡了整个校园,小小的附小币在所有孩子们眼里是最好的、最爱的奖励。

为鼓励学生全面发展,不同学科教师奖励学生不同颜色的"附小币",收集齐7张一套"七彩币",可兑换1张"校长奖"纪念币;为尊重学生个性发展,鼓励学生在某一学科有突出特长,如果7种颜色没有收集齐,也可用10张同一颜色或13张不同颜色的附小币兑换1张"校长奖"纪念币。

学期末,学校在体育馆举办"大型奖品超市",同学们将获得的"附小币"自主兑换为喜欢的奖品,用自己努力获得的成绩来奖励自己,也有很多孩子把获得的附小币留作为童年美好的纪念。

2012年3月第一套"七彩附小币"学生事迹介绍

赤:"邱少云"式的好少年——陆涵宜 (2011级3班)

2011年10月,我校七彩课间操比赛中,入学不足一个月的一年级陆涵宜小同学,做操时脚下的运动鞋不慎掉落,她全然不顾,光着一只脚,踩着凉凉的草地,依然一丝不苟地做着每一个动作,坚持到比赛结束。她用自己的行动诠释了可爱的附小人崇高的集体荣誉感,成为同学们学习的"邱少云"式的好少年,她的行为让人感动与震撼!

橙:海淀区小学生"自强奖"获得者史良(2005级11班)

史良同学自幼患小儿麻痹,虽然身体的疾病给他带来很多不便,但他不灰心、不放弃,以阳光的心态面对生活和学习,他自强不息、爱好广泛、阳光进取,取得了优异的学习成绩。2010年被评为北京市"三好学生"并获得海淀区小学生"自强奖"。他顽强的意志品质值得我们师生学习。

黄:全国戏曲"小梅花"金奖获得者刘羽翾(2005级4班)

2010年9月,刘羽翾参加全国戏曲"小梅花"比赛,荣获"小梅花""金花"奖,作为北京市唯一的代表参加了全国小梅花戏曲荟萃演出。她不仅为附小摘得第一枚全国"小梅花"金奖,而且在毕业典礼与母校离别之际将自己最珍贵的金牌赠予母校留念。

绿:中国少年儿童环保大使李泓燕(2010级1班)

2011年,年仅7岁的李泓燕作为中国唯一的少年儿童代表参加在美国联合国总部举行的世界环保大会。在大会上介绍中国少年儿童的环保举措，受到了联合国安理会前主席、第六届全球人居环境论坛主席的高度称赞。被授予中国少年儿童"环保大使"称号。中央电视台给予了报道。

青：荣获世界"头脑奥林匹克"竞赛亚军队队长马家驹（2004级10班）

"头脑奥林匹克"活动由美国发起并开展了33年，活动的宗旨是培养头脑创新人才。人大附小自2009年开始此项运动，2011年第三次赴美参赛取得了亚军的骄人成绩。马家驹是人大附小首届头脑奥林匹克队队长，为此成绩的取得立下了汗马功劳。

蓝：人大附小首届"小小诺贝尔"奖获得者赵梦瑄（2008级16班）

杰出创新人才的培养应从小抓起，为此人大附小自2010年寒假起取消

假期本制的作业，让孩子们做自己喜欢做的事，开展了小课题研究，并评选校内"小小诺贝尔奖"。在首届评选中，赵梦瑄同学的"水果保鲜"选题贴近生活。不仅有详尽的科学实验过程，而且照片、数据清晰，体现了很好的研究价值，从三千多份小课题研究作品中脱颖而出，成为首届"小小诺贝尔奖"获得者。

紫："主动助老 为国添彩"爱心使者袁植歆（2009级12班）

2011年暑假，在俄罗斯旅行的途中，袁植歆同学看到李毓华老人手提袋子并拉着行李箱不慎摔伤后，她毫不犹豫，主动上前帮助老人，不留姓名，使老人深受感动。老人经多方打听才知道帮助她的孩子是一名人大附小的学生，并写来表扬信。袁植歆同学这种热心助人的精神值得每一位同学学习，她让世界人民看到中国孩子的爱心。

2013年3月第二套"七彩附小币"学生事迹介绍

赤：责任与意义的抉择欧阳启新（2006级11班）

欧阳启新是学校篮球队队长，毕业旅行前又被同学推举为班级的项目策划主席。当海淀区篮球比赛恰与毕业旅行的时间冲突时，他心里十分矛盾。他把这个苦恼和纠结告诉妈妈，妈妈对他说："和同学一起去毕业旅行十分难得，6年只有一次，很有意义！篮球比赛是你在小学最后一次为学校争荣誉，应该说一个肩膀是责任，一个肩膀是意义，你自己选择吧。"听了妈妈的话，他毫不犹豫地说："我选择责任。"毅然放弃了让他十分向往的毕业旅行，带队参赛为校争光。

橙：首位小小翻译家杨谨源（2007级12班）

作家莫言之所以获得诺贝尔文学奖，除他本人的文学造诣外，还得益于那些优秀的翻译工作者，让全世界人都能看懂莫言的作品。人大附小杨谨源同学利用假期与爸爸合作，共同翻译了《小猪摇摆夫人》这套丛书，其中一本是他与爸爸共同合作翻译的。他还把20套丛书捐献给了学校。预祝他将来能翻译更多的中外文学作品，成为传播世界文化的使者。

黄："最美"女生颜莎莎（2009级14班）

2012年9月1日，颜莎莎同学由银燕小学的学生正式成为人大附小的学生。12月23日，她在小区附近捡到了一个钱包，家境并不宽裕的她手拿厚厚的钱包，没有丝毫犹豫，在寒冷的冬季，站在原处等候失主两个多小时，但没有等到，于是她把装有 5288.3 元现金的钱包交到学校。颜莎莎同学拾金不昧的行为感动了附小人！她是了不起的附小人，她是最美的附小人！

绿：自创公司资助生态校园牛雨丝、张涵棋（2007 级 7 班）

牛雨丝、张涵棋两位学生得知学校要建一座环保节能的"毛毛虫"充气乒乓球馆，她俩在欣喜之余，也想通过自己的努力为学校做点儿什么。而此时恰逢快到万圣节了，于是她们决定成立一个名为"百变小鬼"的有限公司，借庆祝节日的机会为同学提供万圣节需要的装饰品。最终她们把通过自己努力赚来的六百多元钱全部捐给了学校，为学校建设做出了力所能及的贡献。

青：北京市科学建议提名奖获得者熊唯佳（2007 级 16 班）

2010 年寒假开始，人大附小在北京市率先取消了传统的假期作业，改为学生自主进行小课题研究，目的是培养学生的创新精神及发现问题、解决问题的实践能力。熊唯佳的小课题研究——"复合渗水透气井"不仅获得了校级的"小小诺贝尔奖"，还获得了北京市专利局的审批，并推广使用。他的研究项目不仅获得专利，而且他的建议《关于在更多公园中开展鸟类保护措施》，还获得北京市科学建议提名奖。

蓝："小崔讲堂"创始人崔知侵（2011 级 1 班）

从电视中的《百家讲坛》中我们认识了易中天、纪连海等知名学者，而人大附小的"小崔讲堂"使崔知侵同学成为人大附小"知名的小学者"。年仅 7 岁的他对古诗文等有着浓厚的兴趣，在他创设的"小崔讲堂"里，同学们理解了深奥的文言文，感受了中国传统文化的魅力，激发了对古文诗词的喜爱。每周四晨读 10 分钟，成为小崔同学所在班的向往与期待……欢迎您走进"小崔讲堂"。

紫：回报社会的小小志愿者赵依宁（2007 级 1 班）

2011 年暑假，赵依宁同学经过层层选拔成为中国科技馆的一名小小志愿者。从那时起她就坚持每周末换乘两次地铁，然后再步行 25 分钟到科技馆进行义务服务，从未间断过。短短不到一年，她累计讲解时间超过 40 小时。当有人问她为什么这么做时，她说：为别人做事我很开心！"赵依宁同学用自己的实际行动回报社会，是一位对社会有责任感、有爱心的阳光少年！

2014 年 3 月第三套"七彩附小币"校友事迹介绍

温铁军，人大附小 1964 届毕业生。原中国人民大学农业与农村发展学院院 长兼乡村建设中心主任、西南大学中国乡村建设学院执行院长，现任中国人民大 学学术委员会副主任，著名"三农"问题专家，管理学博士、博士生导师。曾获 国务院授予的"政府特殊津贴专家"、农业部科技进步一等奖、"CCTV 年度经济 人物奖""中国环境大使""中国金融杰出贡献专家"等殊荣。

王自健，人大附小 1996 届毕业生。在校期间"淘气"的他，歪点子多，为了逗同学们开心，常模仿相声表演艺术家马三立先生给大家说单口相声。三 年级他到北京蒲公英艺术团学习相声，拜侯耀华和马增祥艺术家为师，后成 为民间相声团体"相声第二班"公司及品牌创始人，被媒体封为"相声时评人"。现在东方卫视开办的《今晚 80 后脱口秀》节目中担纲主持，被称为"冷面笑将"，如今他言语犀利，辛辣讽刺的相声表演风格受到广大观众的喜爱。

曾樾，人大附小1963届毕业生。曾国藩的第六代嫡孙。父亲为大学教师，母亲为中学教师，家庭的熏陶使他选择了教师这个职业。在双榆树中心小学他先后做过班主任、少先队大队辅导员。由于工作出色，走上领导岗位担任

教导主任、副校长，1995年任校长兼党委书记。曾被评为全国百名优秀校长。他倡导"思想办学 文化兴校"，开展的"小而精"小班化教学成为海淀区基础教育的一个特色。《中国青年报》、《香港经济导报》曾报道过他的事迹。

王晓龙，人大附小1998届毕业生。在校期间是校足球队队员，基本功扎实的他被人大附中三高足球俱乐部录取。2003年底转到山东鲁能足球学校，2006年助山东鲁能泰山队获得双冠王；2010年转会北京国安足球俱乐部，次年助国安夺得中超联赛亚军；2014年转会并效力于广州富力足球队。承担着中国足球冲出亚洲、走向世界的责任，脚法灵活，技术细腻的他曾于2008年和2012年先后两次入选国家队。

曾子墨，人大附小1985届毕业生。在校期间品学兼优，担任少先队大队委工作，1996年毕业于美国达特茅斯大学（常春藤盟校），取得经济学学士学位。现任凤凰卫视《社会能见度》、《我的中国心》和《经济制高点》主持人，先后主持过《财经点对点》《财经今日谈》和《凤凰正点播报》等栏目。2004年回到母校主持50周年校庆《春光这边独好》庆祝晚会。

韩永贵，人大附小1976届毕业生。在校就读时学习成绩优异，曾是学校"争光队"的主力成员，在同学中有一定的影响力。在高中学习期间，他了解到中国汽车工业水平十分落后，因此在高考时填报了钢铁大学，并最终分配到第二汽车制造厂。现任北京汽车股份有限公司总经理，曾被特聘为北京市青年企业家协会理事、北京汽车工程学会理事长、北京市汽车行业协会副会长、中国机械工业联合会理事。

巴文红，人大附小1980届毕业生。做事认真、有责任感的她曾被班主任夸赞有当老师的天赋，从此她有了当老师的梦想。师范毕业后，被分配到颐和园小学。五年后她到附小阅卷，萌生了报答母校的想法。1993年她调回到我校任教。作为语文班主任老师，她真诚、耐心、平等地关爱每一个学生，深得学生们的喜爱和家长的称赞。曾荣获人大附小师德"烛丹奖"，由于班主任工作有声有色，被评为海淀区班主任学科带头人，所带班级曾荣获"市、区优秀班集体"称号。

记忆永恒校长币

还记得那是六年级上学期附小收获节上，孩子们像过年般兴奋，他们用七彩附小币换回自己心仪的物品。不管孩子们怎么换，每人手头都还保留了一张校长币。问及缘由，他们说能得到一张校长币是多么光荣，一定要用它做一件有意义的事才行。

一名同学提议，每个人将自己的校长币捐出来，合资为班里换购一个足球和一个篮球。大家一致同意，纷纷将手中的校长币交到台前。但班主任杨老师发现有一个孩子悄悄坐在角落里，手里紧紧地攥着校长币，几次站起来又坐下，最终还是没有交上来。

他叫小川，是一名外来务工人员子弟，家境不是很好，平时省吃俭用，是一个体贴、懂事的孩子。不过他非常关心集体，但凡有为集体出力的事他都积极参与。可他刚才的表现，却与同学们轰轰烈烈的集体奉献精神有些格格不入，大家纷纷向他投去责备的目光。

这一切杨老师都看在眼里，怕他心理受到伤害，杨老师特意对全体同学说："同学们，你们能将自己最珍贵的校长币捐出来为集体做一件有意义的事，这令老师非常感动。但如果有同学没有参与这一活动，那他一定有自己特殊的原因，请大家给予理解。"

结业式前一天晚上，杨老师接到一个家长的电话，说孩子下学期要转回老家上学了。孩子舍不得离开人大附小，舍不得离开这里的老师和同学，所以他一直不让家长把这件事告诉老师和同学，怕大家知道后伤心。这个孩子正是小川。

第二天，结业式后，杨老师特意组织全班同学为他开了一个欢送会，每人精心为他准备了一份精美礼物作为纪念。五年半的师生情、同学情，化为一片哽咽。此时，他已泣不成声，小心翼翼地从一个笔记本中抽出那张校长币，哽咽着说："老师，我没有钱给大家准备贵重的礼物，这张校长币本是我计划永久珍藏的，现在我把它送给大家！上面签了我自己的名字，希望大家永远记着我！"

全班同学都明白了，眼泪夺眶而出。杨老师抹去眼角的泪，抚着小川颤动的肩膀，对他说："孩子，这份礼物在大家眼中的确是最珍贵的。我有一个小的提议，大家把名字都签在上面，你把它珍藏好，希望你永远保存这份记忆，永远记得你的七彩梦想！"瞬间，一张小小的校长币上签上了全班所有人的名字……

附小币的味道

6月27日是孩子们的收获节。收获节是收获快乐与幸福的节日，但是在这一天，张老师却收获了另外的一种快乐，那就是发现的快乐。

一下课，孩子们就拿着手中的附小币，到体育馆里兑换自己钟爱的奖品。同学们刚离开，张老师感觉身体有些不舒服，上身越来越轻，双腿越来越软，眼前也开始闪烁星花。坚持走到楼梯口，还是支持不住了。

在医务室，校医发现有个男生忧心忡忡地围着张老师转，不放心离开，于是便安慰道："孩子，你去上课吧，张老师一会儿就好了。"十几分钟过后，离开的孩子又回来了，双手举着巧克力糖、两瓶甜甜的饮料径直朝张老师走来。

他宽慰着张老师道："老师，我妈妈也经常晕，每次晕的时候都得吃糖、喝糖水。这是我刚用附小币给您换的糖和甜水，您赶快吃吧，可以补充体力的。"说完把东西放在了张老师的枕边。见张老师没动，便亲手剥开一块巧克力放在了她的嘴里。

香浓的滋味融化的那一刻，有一种叫幸福的滋味涌进了她的心房，咸咸的泪水流到嘴边，让张老师感到异常欣慰。

看到孩子额头上渗出了细小的汗珠，张老师的眼睛有些湿润。"孩子，你将附小币用在了老师身上，而且还是你辛苦积攒一学期的……"话刚说到一半，张老师哽咽住了，这个小男生平日里调皮捣蛋，所以奖励给他的附小币实在是屈指可数。

这个小男生对张老师说："张老师，我在各种课上表现好时，老师还会奖励我的。"

看着他阳光而又自信的表情，张老师无比感慨，从前在她眼里调皮的他，其实是这么一个善良、有爱心的人，附小币改变了孩子的同时，也改变了张老师。

/三/ 特殊教育凸显"仁"

校长室搬家

在校长的鼎力支持下，人大附小的资源教室发展规模越来越大，拥有一间超大的训练室、一间心理咨询室，还有一个独立的办公室。

这天，从区教委退休返聘到学校、负责学校资源教室工作的黄老师，见到后勤师傅又在忙着给校长换办公室就问："张师傅，是不是校长又要换办公室了？"

"对呀，这已经是第二次搬了……"张师傅顾不上把话说完，就开始忙碌起来了。看着师傅们忙碌的身影，黄老师的心中有一种莫名的担忧。这几年来，随着生源量增加使教学楼的使用越来越紧张。郑校长主张所有的专业教室都合并，行政办公室让给了五年级组教师，行政领导都被挤进了狭小的办公室。

"即便是这样，仍然是捉襟见肘啊，看来也要做好搬办公室的准备了。"黄老师在心里做好了准备，那几天资源教室的几位老师们一直忐忑地等着搬家的通知。

"黄老师，我们来给你们送书柜来了。"后勤的张师傅大汗淋漓地搬着柜子，对还处在猜测中的黄老师说："郑校长特别嘱咐我们说，将这两个放不下的柜子送给资源教室。"

"那现在校长在哪办公啊？"黄老师问道。

"校长现在在三层的一间小办公室里，这不原来校长收藏孩子们作品的两个书柜放不下了，校长就让我们给送过来了。"张师傅说道。黄老师在想，这几天我们一直到都在等着搬家，没想到校长先把自己的地方给腾出来了，原来校长从一开始就没打算搬资源教室。

"黄老师，您看我给您摆在哪里合适啊？"听到张师傅的问话，黄老师才回过神来，将校长送来的柜子安置妥当，看着这两个大书柜，黄老师内心说不出的喜悦与感动，自从心理资源教室成立以后，校长就非常关注特殊教育的发展，即便是学校教室很紧张，也从不考虑将资源教室做其他用途。

"张师傅，怎么这两天总是看着你搬东西啊？"在楼道里黄老师又遇上了搬东西的师傅们。"搬来搬去，楼里还差一间教室，这不校长又把她那屋和校办腾出来了，和其他领导挤在了一块儿。"张师傅解释道。

只要是有利于教育发展，有益于开展教学的事情，郑校长从来都不犹豫。即便教室使用紧缺，郑校长永远都是先考虑学生、教师，自己宁愿"颠沛流离"。现在资源教室又引进了全新的设备，有更多的孩子能在这里接受训练与恢复，这完全得益于校长对特殊教育的发展以及资源教室的支持。

特别的附小吉尼斯

说起康康，那真是学校的小名人。他的出名一是因为与众不同的相貌，二是因为好交朋友的性格。

康康的相貌本没有什么特别之处：圆乎乎的脸庞，小巧的嘴巴，两只眼睛里总是流露出略带害羞的目光。不幸的是，他在 3 岁时因为甲醛中毒而导致智力落后，同时也因这场中毒事件失去了头发，几经治疗效果并不明显。

这样不幸的经历并没有让他成为一个躲在角落里的孩子。在班里，尽管由于智力原因，他各方面能力包括心智成熟度都比同龄人差出一个水平，但他总是主动和同学们交朋友，而其他孩子也把他当成一个可爱的人一样热心对待，甚至康康受了欺侮，同学们也会为他"报仇"——谴责那些欺侮他的人。

在人大附小校园里他也经常主动和陌生同学交谈、玩耍。不仅如此，他还经常找老师们聊天，时间一长，学校里半数以上的老师都成了他的老熟人。很多老师还经常送他一些小礼物。因此，在学校他的知名度甚至比那些经常上学校光荣榜的孩子还要高。

康康几乎每天都要来资源教室接受特殊训练。虽然他无论在学习上还是在运动上都很难赶上其他同学，但他却也有自己的"特长"——他是个"公交迷"，更是一个"地铁迷"。

从三年级开始，他就一直独立乘公交车上下学，不用家长接送。在资源教室学生例会上，他给自己起的昵称"360"就是他每天上下学乘坐的公交车线路。美术课是他的最爱，因为美术老师允许他在课上画他最喜欢的公交车。

后来，他的兴趣逐渐开始从公交车转到地铁上来，有关地铁的知识他几乎过目不忘，有关地铁的新闻他也入耳不忘。课间时每次遇到负责训练他的王老师，他总会考王老师一两个关于地铁的问题："王老师，您知道15号线通到哪吗？""王老师，您知道10号线二期什么时候开工的吗？"

有一天，康康走进王老师办公室递给他一张折叠的纸说："送给您一个礼物。"王老师打开一看竟是一张手绘的北京市地铁线路图！每条线路都用相应的颜色标注着，连未开工的线路也用虚线画出来了，每个地铁站、换乘站也都标有名称，从笔迹可以看出图是完全手绘的，甚至都没有用尺子！王老师万分惊喜，不知道该怎么感谢他，就约好周末带他一起来个北京地铁一日游。

那个周末，王老师带着康康一起把地铁1号线、10号线、13号线、15号线一站不落地坐了一遍。一路上他一直站在首节车厢和车头相接的窗户那，一会儿盯着仪表盘，一会儿盯着司机的手和操作阀，一会儿又盯着前面的铁轨，王老师好几次叫他坐下来歇一会儿，他竟说："我不累！"

更令人拍手叫绝的是，每到一站他都会赶在列车员的报站声响起之前抢先向车厢里的乘客报站，中文完了不算，连英文他也一字不落地报出来，每每都迎来乘客们惊奇的目光和赞许的微笑。

老师问他："你怎么不看地图就知道哪站是哪站啊？""当然了！整个地铁图就在我脑子里呢！"他略带一点儿得意地回答道。

王老师几乎被这小家伙折服了，整个学校甚至整个北京能对地铁线路熟悉到这种地步的小学生恐怕也没几个吧！王老师突然想起这孩子绝对可以参加学校的校园"七彩吉尼斯"了！当王老师向他提出这个建议时，他思忖片刻之后，坦然地说了一句："好的，可以。"

正式现场认证那天，"秀秀吧"里从观众席到场外走廊都挤满了前来见证的学生。平日里毫不张扬的康康落落大方地站在场地中央，面对聚焦到自己身上众人的目光，虽然仍有几分害羞，但却毫不怯场。

认证开始了，规则是主持人从观众席里随机选出一人手持完整的北京地铁线路图，随机报出一条线路并说出前后两个站名，由康康来回答中间漏掉的站名。在规定的两分钟时间内，康康一个没错地共答对了 37 个。观众们一片沸腾，大喊着："哇塞！""神人哪！""大神啊！"

由此，康康创造了"地铁报站名"项目的首届附小"七彩吉尼斯"纪录！

不久前，康康顺利结束了在附小最后一个学期的学习生活，在毕业典礼上他还接受了郑校长亲手授予的毕业证书。他也是"最有特质的附小人"。

康康在走出彩虹门的同时，也把他 6 年里众多的小小传奇故事留在了彩虹门内。而每个孩子又何尝不同康康一样呢？他们中许多默默无闻的孩子正像无色的阳光一样，我们老师只要能找到合适的角度就一定能发现他们身上折射出来的七彩之光。

一场特殊的独奏音乐会

小卓同学患有自闭症，与人交往比较困难，却弹得一手好钢琴。自从他知道学校为有特长的同学开放了多功能厅，给他们举办独唱、独奏音乐会，充分展示自己的才艺后，就兴奋地找班主任谢老师报名。

看到小卓同学急切的眼神，谢老师下决心一定让孩子体验到成功的快乐，于是她找到了艺术中心王老师说出了小卓同学心中的渴望。王老师听完后大手一挥："小卓同学，我知道，你放心，这事包在我身上，一定让孩子满意。"

接下来，谢老师和小卓投入到紧张的准备中：确定表演内容、绘制邀请券、训练主持人、准备幻灯片……从来没有见过小卓同学那么投入地做一件事，谢老师知道他太渴望得到赞赏了。

展示当天，谢老师带着全班同学给小卓助阵，又邀请他的父母来到现场见证孩子的成长。走进多功能厅，谢老师发现全体电教老师严阵以待，大屏幕上放着小卓的艺术照，刹那间她鼻子发酸，为了这场展示会的成功，同事们牺牲了中午休息时间，只为实现一个特殊儿童的艺术梦想。

再看看小卓，他从没应付过这么大的场面，紧张得不知道站在哪儿合适，同学们善意地鼓起掌来，他也渐渐松弛下来，开始忘情地表演着：一会儿独唱，一会儿弹琴……那一刻，他是全世界的中心，他是最受瞩目的明星！

谢老师和同学们看着他，笑着听着，做他安静的观众。后来，小卓的家长为学校送来了感谢信，信中感谢郑校长、感谢附小老师让每个有艺术才华的孩子充分绽放自我，特别是为特殊儿童搭建成长的舞台，实现特殊儿童特色发展的育人理念，使他们更加阳光，更加自信。

特别的爱给特别的你

吴老师至今依然清晰地记得第一次见到小凉凉的情景。

那是一个阳光灿烂的清早，刚刚接班的第一节语文课，热烈的课堂气氛让吴老师基本记住了每一张如花的笑脸。只有他，一个黑瘦的男孩子，静静地坐在最后排靠窗边的座位上，完全沉浸在位斗里展开的那本书中。新学期、新老师带来的好奇与热烈气氛似乎与他毫不相干，他静得像一座小小的雕像。多年学文的经历让吴老师对于读书人有莫名的好感。她轻轻走近这个孩子，很想亲近他、了解他。

吴老师俯身亲切地问他："好个爱书的孩子，在读什么书呢？"喧闹的班级瞬间安静。40双眼睛齐刷刷地投射而来，不约而同地屏息凝视使班级气氛瞬间变得严肃起来。在等待的几分钟里，他依旧低着头，仿佛没有听到任何话语，吴老师抚摸着他的小脑袋，稍微提高了嗓门跟他说话，他依然没有任何反应。还是中队长代替介绍了他的名字——凉凉。

傍晚放学后，凉凉的妈妈来了，从她声泪俱下的讲述中，吴老师了解了小凉凉是个自闭儿童。3岁时家里发现了他的"与众不同"：原来会说的语言和词汇越来越少；不喜欢和爸爸妈妈及家人亲近，叫他没有反应，也没有目光对视；出现各种各样的刻板行为。于是妈妈把他带去做检查，给出的结论是自闭症。由于家长都忙于自己的事业，再加上对这种病症的认识不够，所以早期未对他进行过系统的训练，错过了训练教育的关键期……初步了解了这个生活在自己世界中的孤闭孩子，吴老师情不自禁地心生爱怜。

在后来的观察中，吴老师看到小凉凉的确具有许多特殊的行为：他始终生活在自己的世界里，总是面无表情，不和任何人说话，不理会任何人的喜、怒、哀、乐。不管谁的课，他从不听讲，从不写字，从不发言，只看自备的书籍。

除了沉迷于各类书籍，他对其他事物毫无兴趣。体育课、课间操是他磨蹭躲避的时刻，他不喜欢各样运动，身体协调能力很弱。午饭只吃自己爱吃的丸子，其他食物吃得很少。课间也不和任何人交流的他没有一个朋友。

每每看到小凉凉孤单看书的瘦小身影，吴老师总是心疼不已，好希望能走近他，做他的好朋友，让他感受到彩虹般的世界、阳光般温暖的情感。

吴老师约了资源教师和家长一起商谈，为他制订了个别教育计划，有针对性地对他进行个训和感统训练。在感统训练中，为了加强他的大肌肉的发展，也制定了相应的训练内容；精细动作、手眼协调、认知等的掌握主要是在个训课上进行。

生活中，吴老师叮嘱全班孩子平等地对待他，尊重他，等待他，大家一起帮助这个孤独的孩子。许多孩子主动和他同桌，主动帮他抄记事，鼓励他读书说话，协助他做运动、做游戏或其他活动中尽量带着他一起参与。

吴老师和各科老师交流了凉凉的实况，征求合力共同帮助他。课间操吴老师和他一起做，体育课吴老师鼓励伙伴和他一起运动。课堂上，只要小凉凉有参与的意识，就给予热烈的掌声鼓励他。

一次，在市级公开课《可爱的小豆豆》课堂上，吴老师看到了他有参与的意识，便拨开热烈的小手，请他发言。"孩子，我看到你写了小豆豆的样子，你能给我们读读吗？"他激动地站起来，虽然发言简短、含混不清，但老师和同学依旧送来热烈的掌声。

吴老师趴在他的耳边，轻轻地告诉他："孩子，谢谢你让我听到花开的声音……"300人的听课礼堂瞬间掌声雷动，向来面无表情的小凉凉涨红了小脸，他竟然给吴老师深深地鞠了一个躬。"谢谢老师！"这句话说得这样坚定清晰。吴老师激动地愣在原地，紧紧地抱住了他……

从此，小凉凉似乎愿意听人说话了，课堂上也愿意读书，愿意说些简单的话。但他依旧不愿意写一个字，吴老师便手把手地教他，一旦他写一个笔画，便大加赞扬，鼓励他坚持，在他尽力写成的每份作业上给他留言："孩子，你的字好看了。""好孩子，这次你多写了两行字，真棒！"……渐渐地，他能写作业了，期末语文考试定时作文他也能独立写两三百字了……

看到凉凉的进步，吴老师和全班孩子都兴奋不已，凉凉的妈妈也一次次流着眼泪感谢学校和老师。

在学校德育工作会上，吴老师充满深情地说："面对这样特殊的孩子，我们更不能抛弃、放弃，只要耐心地辅导帮助，真诚地爱和等待，这羸弱的小花一定会在适宜的时刻绽放……"

"老师，我能带好他"

他，是班上低智商的男孩晓晨。"老师，我能带好他！"这句话出自小余同学。

一年一度的人大附小毕业旅行即将开始。晓晨和其他学生一样，非常期盼参加这次活动。可是晓晨参加活动，意味着要得到大家更多的照顾。

这一天，晓晨和同学们一起来到在上海东方绿舟的"趣桥世界"。面对眼前19座造型不同、功能各异的运动桥，他既高兴又发愁。走过一座难度不大的桥后，晓晨有了自信。

当他眼巴巴地看着同学们在最有趣的秋千桥上面笑声不断时，眼里充满着渴望。细心的小余同学发现了，鼓励他说："怎么样？你也走一次？""我看这够呛。不过……不过……我想试一试……""我支持你！走之前，我们先一起说说过桥的注意事项吧……"

晓晨刚刚跨在木板上，木板就开始摇晃起来。他双手紧抓两旁的铁链，小心翼翼地一步一移，走过了第一块木板。走第二块木板时，晓晨不小心两脚同时踩上了铁杠，因为铁杠极滑，他前后都踩不到板子，就像猴子荡秋千似的，挂在半空。

晓晨恐慌地看着小余同学，不知所措。小余镇定地对他说："别怕，你摔不下来！想想咱们说的动作，再来！"晓晨长舒一口气，定睛看了看前面的路，按计划一步步走过了桥。

"晓晨，你真棒！"晓晨不好意思地低下了头。"遇到困难时你怕了吗？""我想，身后的同学马上就要跟上来了，我又回不去了，遇到困难不能退缩，我豁出去了！"听着晓晨质朴的语言，小余同学欣慰地笑了。

上海的城隍庙热闹非凡。班主任马老师实在担心晓晨的安全，准备把他带在身边。小余同学跑到马老师身边说："马老师，您让晓晨跟我们一起活动吧。""算了吧，你们也要逛啊，哪里顾得上晓晨？"

"您为我们操心，也该歇歇了。晓晨是我的同学，我愿意照顾他。您放心吧，我能带好他！"老师望着小余同学恳切的目光，欣慰地答应了。

城隍庙里人潮如织，小余生怕晓晨走丢，紧紧地拉住晓晨的手。他不时地叮嘱他："别乱跑，离开我时一定要告诉我！"走到一个卖钥匙链儿的商铺前，同学们都在挑选心仪的钥匙链儿，小余和晓晨也停下了脚步。

"这条多少钱呀？"晓晨问商贩。"20元。""来一条！"晓晨从钱包里爽快地数出30元，要递给售货员。一旁的小余忙拦住了他："等一等，先别急。这钥匙链儿太贵了。"

小余把晓晨拉向一边，对他说："这里商品的价格大多有浮动，咱们得砍砍价，才能花最少的钱买最好的东西。我看这钥匙链儿也就值10元，你去问问阿姨卖吗？""我不敢。"晓晨怯怯地回应。

"咱们父母挣钱多不容易呀，你能浪费吗？你试试，还有我来帮你呢。""嗯，好吧！"在两人的努力下，钥匙链最终以10元的价格成交。

晓晨为了感谢小余，送给他一串带有晓晨名字的钥匙链，感谢小余几天来对他的照顾。晓晨应该感谢小余。一路上，小余拉着晓晨的手，就连去卫生间，都带在身边；饭堂里，小余和晓晨一起用餐，帮晓晨添饭菜；绿茵茵的草地上，小余手把手教晓晨扎风筝，风筝飞上了天空，满载着小伙伴的友爱与欢笑……

望着眼前平安回京的晓晨，马老师感慨万千。她真不敢相信，晓晨曾经没出北京就差点儿丢了行李，刚到活动地点就因为不适应环境三次"叛逃"，面对"趣桥"望而却步……

"老师，我能带好他！"不仅仅是一句简单的承诺，更是小余同学的一份责任。他用实际行动助晓晨成长，用爱心践行学校的育人目标。

在科学的训练中进步成长

记得那次，资源教室的老师们为随班就读生康康（五年级）、苗苗（四年级）、琪琪（一年级）上了一节《海上探险》的训练课，王老师有幸观摩，受益匪浅。

热身运动中，黄老师为孩子们创设情景："康康、苗苗、琪琪兄妹三人要去大海上进行一次探险，就要扬帆起航了，快来做准备吧！"三个孩子与老师对视，开始做起了交替半跪的动作。看着孩子们认真严肃的样子，再加上手掌扬起、放下，真的像是要扬帆远航。

接下去是学生的个别化训练，情境是出海不久，他们就遇到了大风浪，风浪过后发现弟弟琪琪不见了。琪琪被大风吹到一个小岛上。这时，琪琪坐在大龙球上，黄老师扶着龙球，孩子随着球一起晃动，但眼睛始终观察黄老师的表情。康康和苗苗急坏了，到处寻找琪琪。他们先是在船上找——康康和苗苗练习匍匐前进。接着，又到海上四处寻找——滑车赶球。

终于找到琪琪了！兄妹三人开着汽艇向大船前进。海浪里漂来了"七彩的椰子"。兄妹三人捡了很多椰子——练习蛙蹬接球。这时，苗苗的汽艇坏了，三个人把汽艇——滑车连在一起，康康和琪琪主动拉着苗苗前进。最终兄妹三人乘船返航回家了——静坐读秒针两分钟。

整个一堂课，孩子们都是在故事中饶有兴趣地进行，一堂课下来他们都大汗淋漓，但是没有哪个孩子喊"累"。

后来，黄老师告诉王老师，这三个学生在基本运动和感觉统合方面都存在明显的不足。琪琪的双腿力量不均衡，同时还具有触觉敏感、目光对视差和人际互动不当等不足，所以让其在大龙球上前后晃动、与老师对视；康康的肌张力过强，全身肌肉尤其是腿部僵硬，动作缓慢不灵活，同时也存在学习能力差和

人际交往方面的不足，于是让其匍匐前进，锻炼全身的协调与灵活，在手脚配合下造成骨盆的扭动；苗苗存在腿部力量不足、动作的协调性差，于是让她滑车赶球，训练背部肌肉和脊椎的同时训练手眼协调……

黄老师说完又开始了第二轮的训练，望着黄老师头上的白发以及她授课时亲切的样子，王老师深深感受到：资源教室的老师们就是这样，日复一日、年复一年地给予每一位"随班就读生"特殊的关照，不厌其烦，循循善诱，使孩子们能够在科学的训练中进步成长。

第四章

七彩课程开启智慧人生

校长心语

学生的学习负担过重一直是社会关注的问题。

我主张，孩子们喜欢做的事就不是负担。怎么让附小的孩子爱学、乐学、会学，让学习成为孩子们喜欢的事而不是负担？这就需要校长深入课堂，研究课程。

因为课程研究是学校可持续发展的潜力股。我很喜欢听课，因为课堂能激发我的教育灵感，我感谢我的老师、学生，他们成就了我的思考与创造。我要让学习成为附小学生好玩的事情，为孩子们终生学习打下兴趣、习惯、能力的基础。

近年来，人大附小努力将国家课程扎实做活，地方课程务实做活，校本课程丰实做活，最大限度地关注学生的个体差异，满足师生的多元需求。多样化的选修课程、多学科融合的发表课程、毕业系列特色课程等，无处不充满着独特的创新和生命的灵动，彰显了学校适合于师生多元成长的七彩课程特色。

　　七彩的校本课程彰显了学校创造适合于师生成长的办学特色，体现了学校关注学生多元需求，挖掘学生多元潜质，注重学生多元发展，成就了师生多元的成长。丰富的课程使孩子们享受着学习的快乐，享受着做附小学生成长的快乐；精彩的课堂使老师们享受着团队研究带来的乐趣，享受着做附小教师的幸福。

　　伴随教育历程的发展，人大附小不断积淀学校文化，多年来在"创造适合于儿童发展的教育环境"的办学思想引领下，坚持"创新教育、发展内涵、求实细节、超越自我、凸显特色"的办学思路，将国家课程扎实做活，地方课程务实做活，校本课程丰实做活，最大限度地满足学生成长的需求，构建了全面、协调、可持续发展的七彩课程体系。目的就是让课程适合儿童，满足学生发展的需求，创造适合于师生发展的七彩课程。

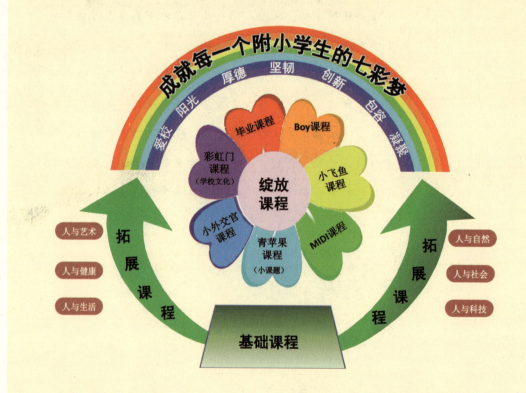

/一/ 让课程丰富起来

唇枪舌剑——论辩明理

一场精彩的辩论赛如期而至，同学们你一言，我一语。正方侃侃而谈，反方振振有词；正方引经据典，舌战群儒；反方针锋相对，口若悬河。双方各持观点唇枪舌剑，好不热闹！

老师针对"子曰：'见义不为，无勇也。'"出示这样的辩题：见义勇为，还是见义智为？同学们展开激烈的辩论，在精彩的自由辩论中，双方当仁不让，纷纷发表见解：

"生命是宝贵的，有生命在，行善才得以施行，仁义才得以传播。"

"明知山有虎，偏向虎山行。勇气可嘉，但是如果没有降服老虎的本事，只能成为老虎的美餐。"

"勇是精神，智是方法，两者不矛盾，孔子曾说'仁者无忧，智者无惑，勇者无惧'，贤德的人智勇双全。"

同学们辩论得面红耳赤，不可开交，可谓是眉睫之上卷风云之色，唇舌之间吐枪炮之声。

这语言切磋、思想交流、智慧碰撞的辩论场景可不是一般的辩论活动，是人大附小五年级的学生在上国学系列校本课——《论语》与演讲辩论。

五年级校本课程把读《论语》与演讲辩论相结合，正是一种巧妙的融合。一方面，同学们诵读《论语》，与先贤对话，提升民族文化素养，塑造优秀的品格；另一方面，在诵读活动中适当融入演讲和辩论。演讲、辩论活动有利于锻炼学生的胆量，增强对社会热点的关注度，提高分析和表达能力。

这样的国学校本课程的设置源于2011年郑校长倡导的"国学教育要创新，学用要相结合"的语文校本课程理念。老师们在国学系列课程设置上首先关注的是国学学习年段的特点，其次关注的是学生国学学习的兴趣，最后是国

学学习中学生的实践与提升。

人大附小重新建构了语文校本教材的框架：一年级《弟子规》中的汉字与故事，二年级《三字经》与《新三字经》，三年级《笠翁对韵》与对对子，四年级古诗词中的故事与绘画，五年级《论语》与演讲辩论，六年级《古文选读》与大家谈历史。

感同身受——理解体验

"请大家坐得舒适一些，轻轻地闭上双眼，放松你的肩膀、胳膊和双腿，全身放松，再放松些……请你回忆一下，你在与他人相处、合作时，你最喜欢他人怎样对待自己？不喜欢他人怎样对待自己……"

上课伊始，老师伴着悠扬动听的音乐，用轻柔舒缓的语调，让全班学生在身心十分放松、安逸的情境中，静静地追忆、冥想着内心真实的体验与切身的感受。

这便是人大附小老师正在执教的"国际理解教育"《合作》一课。

在接下来的分享回忆中，孩子们自然而真实地吐露内心的爱憎感受，并且在老师感同身受的回应中，感受到被理解、被认同的愉悦，更从自身的体验中明白了与人合作的关键，避免了空洞地讲道理。

然后，老师组织起了孩子们最感兴趣的各种游戏——人体造型、织布机、划龙舟等。孩子们在身心愉悦的合作活动中，积极主动地观察与体验、感悟与思考："哪些态度和言行能促使大家合作成功，哪些态度和言行会阻碍大家合作成功？"

在这种极其愉悦快乐的情绪中，孩子们根本不需要令人生厌的说教，而是心甘情愿地把冥想中受人喜欢的正确行为内化为此时良好的行为准则，与伙伴们愉快地开展合作游戏。孩子们初步掌握了合作技能，体验到了合作成功带来的快乐。从孩子们喜悦的表情和开心的欢笑中，可见他们对这种"润物细无声"的教学方法的喜爱！

接着，老师让孩子们选择自己喜欢的气球和形态各异的画片，把自己认为能够合作成功的优良元素写在上面，并且以作品的形式进行展示。让孩子们在动脑动手中，将感悟到的价值加以强化，同时体验到自己的作品被认可与被欣赏的快乐。这样，孩子们水到渠成地把感悟到的价值取向积极自觉地运用于实际行动中，并内化为自身的素质。

再有，在师生交流与表达感悟时，老师从不对孩子的发言与作品进行干涉与限制，不过多地走到学生身边指点，更不灌输老师的观点，而是充分尊重、信任、理解学生自身的认知、感悟与体验。

最后，老师还以播放影视资料的形式，为孩子们树立生活中合作的榜样，把他们由课堂中体验感悟到的合作精神，引向广阔的社会生活空间。如医务人员合作做手术治病救人、龙舟赛上运动员通力合作奋力划船，解放军指战员齐心合力抗洪救灾等。这种直观画面声情并茂，孩子们喜闻乐见，并可以多视角、多侧面感受合作的意义与内涵，特别是其中的生动情节能够牵动孩子的情感，使他们的心灵受到强烈的感染和震撼，对价值观的确立、内化以及运用起到了推波助澜的作用。

人大附小对于国际理解教育的理解与实施，起源于2004年郑瑞芳校长带着张怡、陆珣两位老师走进北京教育学院，参与了此课题的培训与研究。有着国外留学经历的郑校长，一下子就喜欢上了这个课题，并在学校推广与运用，成为北京市此课题

研究的模范单位，并在全市召开了"国际理解教育"研讨会。

"国际理解教育"课程强调的是让学生在活动中亲身经历、体验与感悟，从而引发他们内心的道德情感、道德体验和道德认知，形成学生自己认同的价值观，并自觉地运用于现实生活之中。

人大附小除开设"国际理解教育"课程外，还将其有效地融入丰富多彩的七彩教育中，"小小奥运会""小课题研究""国外游学课程""模拟联合国"等主题活动，学生参与活动的同时，初步形成和平、尊重、仁爱、宽容、合作、诚信、责任等生活价值观；孩子们在尊重、理解、信任、愉悦中潜移默化地收获了正确的价值行为取向，养成与同伴相互合作、共同解决问题的愿望与能力。

没有教材——学会研究

《兔子是否有记忆》
《网络语言对语言文化的影响》
《市场上为什么只卖绿豆芽、黄豆芽，不卖红豆芽》
《空巢老人的生活状况》
《<水浒传>与宋朝经济》
《近在咫尺，咫尺天涯——关于手机》
学生们的视角就像万花筒，千奇百怪，多姿多彩！

"孩子们想知道的问题很多，我们有必要引导他们去探究最有价值的问题。"研究课老师说。综合实践课没有教材，可对孩子们认知的引导不可或缺。

郑瑞芳校长建议将学校全学期的综合实践课整合为综合实践周，学生可以在老师的带领下学会如何开展课题研究。

老师们在全校范围内做了调研，征集了解学生们喜欢并且感兴趣的研究课题，然后由学校的科学老师予以统一的筛选分类，最后共确定了144个课题，内容涵盖科普、生活、人文、地理、动物、植物、心理七大类。

为了解决学生在研究过程中存在盲目性的问题，学校还要求全校所有教职员工全部参与，引导学生一起做研究。学校按照教师的兴趣特长，也将教师做了相应的分组。

人大附小全校3800多名学生，191名教师，分成了156个研究小组。低年级的小同学在研究过程中向身边的大哥哥和大姐姐学习。这样的新组合让同学们感受到团队强大的合作力量。

每间教室以研究课题命名，教室变成研究室，学生变身"研究生"，而每一位老师升级为"研究生导师"。

每个课题小组以海报的形式将研究的课题和已经取得的一些研究成果展示出来。每张海报都有自己的特点，有摘抄、绘画、设计、剪纸……

海报的制作对学生的书法、绘画以及创新意识都是培养。学校将这些海报长期固定悬挂，孩子们在以后的学习课间，可以随时看到自己的成果，他们不但有成就感，还可以分享到其他课程小组的研究成果。慢慢地，孩子们会学到更多东西。

研究的过程也是学习的过程，为了获得更多与课题相关的资料，或上网收集材料，或到各个图书馆查阅资料，或请来相关专家和家长做讲座。很多研究小组的学生还外出调查，到商场超市、动物园、实践基地、博物馆、天文馆、交通台和工厂车间实地考察……

没有教材的课程也有明确的目标：用两三年的时间让孩子们做到"四会"，即会选择研究课题、会制作研究方案、会确定研究方法、会撰写研究报告。

创艺论道——激发创造

"当你散步的时候，有没有想过被闪电击中或者被陨石打中的概率是多少？如果你坐在飞机上，那么飞机坠毁或者你透过窗子看到一头正在天上飞的猪的概率又是多少？想要准确回答这些问题，你需要学习概率，它是数学的一个分支。"

"三国时曹操那首著名的《龟虽寿》诗，有这么两句：'对酒当歌，人生几何？'这里的'几何'就是多少的意思。那么，数学中的'几何'又是什么意思呢？如果想探个究竟，就需要学习数学。"

同学在"数学讲坛"上侃侃而谈，为了让孩子们走进数学、喜爱数学，郑校长建议人大附小每年都要举办别开生面的数学周，在数学周里为学生专

2009数学周活动

"数学与纸雕塑"展览

2009--12--11

设"数学讲坛"——就是由学生自己选择内容，自己走上讲坛，通过这种形式让学生感受到数学的魅力，体会当数学教师的乐趣。

还记得2008年"数学讲坛"初创。四年级两组学生在讲坛上亮相，讲稿虽略显稚嫩，以客串老师的身份出现也没有章法，内容算不上新颖，教学环节的衔接也漏洞百出，可课堂场面异常活跃，同学们热烈参与活动的问答以及频频互动。老师们还是将其设立为数学周常设活动。

到第二届"数学讲坛"时，学生全员参与，从开始组建团队，到精心选题，以及为了让更多的同学来听，还制作了丰富多彩的宣传海报。

刘长佳同学的专题《美国小学学习见闻》，讲在妈妈的帮助下，通过自己的亲身经历，从教学内容及方法、数学教学特点、美国数学教学方法的反思等方面比较了中美两国数学教育的差异。让同学们了解到中国数学教学的优点及不足，这俨然是一个学者在作分析报告。

夏心悦同学的《一笔糊涂账》更是打开了学生思维的一扇窗，让同学们了解了生活中的思维黑洞。看似简单的几笔账目，却把学生的积极性调动到最大限度，激发了学生的求知欲望和学习数学的兴趣，真正让学生学好数学、玩好数学。

为了鼓励孩子们，郑校长在百忙中抽出时间，从孩子们张贴的海报中查找信息，亲临孩子们的课堂，和孩子们一起听课。

在校长的建议下，教学干部收集了同学们在数学周数学讲坛上发表演讲的讲稿集，编辑了《我来道数学》一书。

数学周的课程还不仅于此，同学们在"数学讲坛"中享受快乐，在"数学与纸雕塑"中自我陶醉，在"我是口算小能手"中历练提升，在"实践活动"中发散拓展。

在数学周"数

学与纸雕塑"展览的开幕式上，孩子们请来校长剪彩，并拉着校长的手，一起参观自己的杰作。五(11)班的纸雕塑作品《循环》收编于此。这个纸雕塑作品体现的就是音节中全音与半音的区别。它是由两组七个高低、颜色不同的长方体按照一定的顺序围成的一个圆形，我们可以从任意一个长方体读起，如果不断地读下去，就会出现循环现象，同时把数学中的循环和音节的高低形象地结合起来。

看到孩子们精彩的作品，校长决定把孩子们的纸雕塑模型建在人大附小的校园里。这样，校园里就诞生了一个由孩子作品组成的七彩雕塑园，它时刻激发着学生创作的灵感。

外语选修——语种多多

每周三清晨，当同学们刚刚迈入彩虹门，校门口的电子屏幕上就已经开始放映英语日宣传片，宣传片中你会看到我们的校长在说英语，老师们在用英语和你问好，同学们也在说英语。浓厚的校园英语氛围，让学生沉浸在语言的环境中，学在其中，用在其中，乐在其中。接下来进入教室，美妙的英语早读也已经开始了。

中午时分，大队部进行英语广播，这里涌现出一批优秀的英语小广播员，他们用地道的英语介绍外国文化知识、朗读英语幽默故事。

英语日还为有特长的学生搭建了展示才华的舞台。

每当有外宾来人大附小参观和交流时，"英语导游团"的小翻译们就承担起接待的任务，带领外宾参观校园，用英文介绍学校的环境、文化及各种活动，受到了来访者的交口称赞。

人大附小的孩子不仅英语说得好，他们还会七国语言呢。

郑校长在日本留学时，5岁的女儿送到日本幼儿园，女儿学习日语的速度惊人，超乎郑校长的预料。这给郑校长带来了新的启示和灵感——孩子学习语言接触得越早越好。2008年，郑瑞芳校长决定在人大附小开设"七彩的小语种选修课"，其中包括英、法、日、德、西班牙、俄、韩共7个语种。同学们可以根据家长和自己的意愿，选择自己感兴趣的语种学习。为了不增加同学们的学习负担，校长特别嘱咐聘任的教师少动笔，更多注重语言的感受。

　　为让孩子们学以致用，树立学习信心，校长立志让选修不同语种的学生能有机会去相应的国家学习和实践外语。这样能使他们亲临这些国家，感受当地的语言、习俗、文化等，真正达到从学到用的实践。

　　去日本、韩国、澳大利亚、英国、美国、新加坡等国家交流学习。通过多语种的课程开设，打开了学生的视野，丰富了他们的生活经历，发展了跨文化意识，进而提高了跨文化交流能力。

　　其实，郑校长开设小语种的真正目的，是为孩子终身学习的自信心奠基。让走出彩虹门的孩子，由于有了小学的语言基础，在未来中学、大学的语言学习中充满自信。

　　已经毕业的学生竺秋逸，不仅技压群雄在全国英语比赛中获得了亚军的好成绩，而且还在郑校长的鼓励下立志成为一名同声传译。

　　另一名毕业生小英，儿时曾随家长在西班牙生活过，回国后继续选修西班牙语，在毕业时被北外附中破格录取。北外西语系的教授夸奖她："你的西班牙语比我们的老师说得还纯正！"

/二/ 让课堂生动起来

国学"年年"不重样

一门国学课，如何使不同年级的国学课堂充满情趣、理趣、乐趣？人大附小改进了国学系列教材，使国学课堂高效起来——"不到园中，怎知春色如许？"孩子们在国学圣殿中如沐浴春风甘露，受到感染熏陶。

一年级国学主要内容是《弟子规》，教学任务是"识字"。于是一年级课堂总会有孩子们瞪着一双双大眼睛，听老师讲述《弟子规》中的小故事，生动的小故事帮助学生理解了典故，也接受孝敬父母、友爱待人、讲信用等行为规则的教化。同时还学习了生字，感受了中华传统汉字文化的奇妙。

"'晨则省，昏则定'中的'定'字上面的宝盖是表示家，下面'止'表示脚趾。'定'的意思是晚上回到温暖的家中。回家会有什么感受呢？爸爸、妈妈看到你回来会什么心情呢？"老师的启发入木三分。孩子们由"定"字的形义联系自己的生活纷纷发言，有的说："晚上回到家我就觉得很温暖，很安全。""妈妈看到我回来了就放心了。"

说起背古诗词，有的学生从幼儿园就开始了，但是随着学习古诗文数量的增多和时间的推移，往往会失去兴趣。怎样才能使学生坚持不懈地学古诗，变被动为主动呢？

人大附小的老师们一致认为，兴趣是最好的老师。因此，在教学方法上，更多地为学生提供思考、运用、创造的机会，以灵活多样的学习方式调动学生国学学习的兴趣，并且在国学学习的活动中培养学生自主探究的学习能力。

四年级"古诗词中的故事与绘画"就是以故事激趣、绘画激趣、配唱激趣，充分调动学生多种感官，通过演、讲、画、唱等多种形式学习古诗词。"古诗词中故事与绘画"的课堂上，老师隐入幕后，讲台上的学生们在了解诗人、诗词意思的前提下，选择自己喜欢的方式表达自己的理解：擅长绘画的学生为古诗配画，喜欢表演的学生合作表演，喜欢讲故事的把古诗扩编成故事，喜欢唱歌的学生为古诗配唱。一位学生用歌曲《送别》平缓略带忧伤的曲调唱起了"山外青山楼外楼，西湖歌舞几时休？暖风熏得游人醉，只把杭州作汴州。"

人大附小国学系列校本课堂不仅仅是学习国学的课堂，也是学生自我展示、表达与发展的平台。

九位老师同"发表"

多学科"发表课"——《可爱的小豆豆》诞生了！

《可爱的小豆豆》是一节多学科"发表课"。先后由语文、科学、数学、体育、美术、音乐多学科老师共同完成。此课程不像舞台表演的串烧形式化，更多是从"创造适合学生发展的课程"的视野出发，让学生得到"多元"收获。这节课是四年级老师在学生参加完小课题研究后设立的一门特色课程，学生通过选豆子、泡豆子来观察豆子的生长过程；通过测量、绘制统计表，来完成小豆子成长数据的统计；通过写观察日记记录小豆子的成长足迹等。

当孩子们捧着自己的"小豆豆"走进课堂，精彩即刻上演。

　　语文老师先带着孩子们回顾了小课题的研究过程。随后，科学教师带着学生一起认识豆子和豆苗各部分之间的关系。在了解完豆子的结构后，数学老师又跟学生们探讨起了豆子的发芽率。再接着，语文老师带着大家一起分享了学生们自己写的豆豆系列日记。

　　体育老师的出场是课堂最欢乐的一部分，他带着孩子们跳起了根据豆子发芽姿态自编的"豆豆操"。在锻炼完身体后，学生们又在德育老师的带领下思考起了"对豆子发芽的感悟"。最有意思的是，美术老师带着学生们一起画豆豆……

　　整堂课都有现场配乐，这活儿音乐老师当仁不让，音乐老师和板书老师以及巡视老师都成了服务课堂的幕后英雄。

　　一堂课下来，学生直呼不过瘾："时间太短了，要是能上一天就好了。"学生们很喜欢这种"能学到很多种知识"的综合课程。

　　"北京市三级课程整体建设现场研讨会"在人大附小召开，同时并开的9节"发表课"让与会者眼前一亮。大家一致认为，"发表课"众多教师同研、同上一节课，关注了每一位教师和每一个孩子。同时还认为，"发表课"是动态更新的校本化课程实践，它开辟了教研新途径，提升了教师的综合素质，形成了课程文化，更重要的是形成了学校独有的课程特色。

　　"发表课"一炮而红，老师们都兴奋了。研究课后，郑校长提议：哪个组还想上这样的课就报名，团队共同探索，一起成长。一个月后，接踵而至的是《有趣的对联》《"毽"构七彩课堂》《梨园新芽》《小故事，大学问》……再接着，创意无穷的数学、英语、艺术、科学、体育等学科"发表课"陆续诞生。

　　谁也想不到，发表课的蹿红，源自郑校长提出的一个简单想法。三年级组做了一个关于"开学第一课——目录教学"的研究，并在全校做公开课。这个公开课在试讲的时候暴露出了专业单一性问题。郑校长给主讲老师出主意说："给你找个伴儿，既然是全组研究的，那就全组老师一起上吧！"大家一起上，全组教师同上一节课，真是可以试一试。然后，全组重新分工，9位教师齐上阵，催生了人大附小第一堂精彩的"发表课"。

有限学年无限成长

六年级下半学期，短短 4 个月时间，部分同学因为已经有了明确的就读中学，便会产生小学毕业综合症，表现出课堂纪律涣散、缺乏学习动力等状态。

在孩子们不多的小学时光里还需要小学老师们做点儿什么？如何在有限的时间里，最大化地提升孩子们的综合素质与能力？如何帮助孩子们克服小学毕业综合症，安稳度过毕业前期？在对学生的学习状态、心理状况进行了调查并且对调查结果进行了深入的分析和思考后，以关注学生的多元需求，促进学生的多元发展，提升学生的多元领导力为目标，人大附小研发了《毕业特色系列课程》。课程共分 4 个模块，其中学生用 1 周时间走进十一学校参与课堂、社团等活动，完成模块一《中学生活体验课程》；设立项目主席，策划活动方案，自主管理、实施，用 1 周时间完成模块二《毕业旅行课程》；关注社会问题，调查采访，毕业展演，呼吁社会，增强责任，用 3 周时间完成模块三《关注社会问题课程》及毕业展演；改革考试方式，发现七彩菜地中的学问，答辩考核，用 12 周时间完成模块四《学业水平课程》。

《中学生活体验课程》涵盖课堂体验、选修课、社团活动、专题讲座、自我管理 5 个领域，侧重在学生的自主学习、自主管理及自我适应与调整能力的提高，消除了学生对中学生活的畏惧心理，对未来的中学生活充满向往。

令老师们难忘的是，《中学生活体验课程》激发了学生自主学习的欲望。

孩子们看到中学生自己拍摄的短片，她们搂着校长的肩膀要求自己拍电影，郑校长听取了孩子们的想法，当即拍板表示支持。人大附小创办了首届"霓之

星"电影节，并在学校的"六一小妙会"上，专门增加了电影展演区。孩子们把电影票钱款全部捐献给希望工程。毕业典礼上，学校请来了冯小宁、石钟山、许亚军、何晴等电影艺术家为获得人大附小奥斯卡各奖项的学生颁奖。

《毕业旅行课程》打破了以往教师统筹安排整个行程的局面，此次研发为一门课程，转变了学生传统的思维模式，侧重在学生未来领导力、自我规划管理能力方面的培养，增强学生意志品质，给予学生生命的体验。这一课程提高了学生的未来领导力、统筹能力、团结协作能力、交流表达能力、自我研究能力、自我反思能力等综合能力。

令老师们难忘的是，项目主席组织撰写了 24 页的项目策划书；孩子们创造了 19 种方式，呈现出毕业旅行课程成果；项目主席发出了"主席就是公仆"的呐喊。

《关注社会问题课程》使学生从 74 个小问题着手，侧重学生发现、调查、分析、解决问题的研究性学习意识的提升，通过毕业展演的形式，向家长展示学生小学 6 年的综合素质。在课题研究过程中，孩子们联系到理工大学校长，走进理工大学国家级实验室做实验；走进行政机关、农民工工地、医院、街道等调查访问，为养护流浪猫的阿姨捐款……

令老师难忘的是，孩子们把关注的问题创编成剧本，运用了语文学科知识；制作统计图表海报，运用了数学学科知识；废物利用创作道具，运用了科学学科知识；布置背景、制作幻灯片，运用了美术、信息学科知识；配乐演唱运用了音乐学科知识；向社会呼吁增强社会责任感，这是品德与社会学科所要完成的学习目标。演出中孩子们表现出合作分工、团结协作的精神……独特的社会感悟表现得淋漓尽致，不仅提升了孩子们的综合素养，更增强了学生走出小学校门的社会责任感。

《学业水平课程》改革了毕业考核方式，孩子们自主探索七彩小菜地蕴含的数学问题，他们在发现、论证、答辩的过程中，提升了对"生活即数学，数学即生活"的认识。

令老师难忘的是，孩子们提出问题独特的视角，答辩过程中的敏锐思维，彬彬有礼的仪态，充分展现了附小毕业生的特质。看到孩子们了不起的表现，老师们欣慰的同时，不禁感叹后生可畏。

在毕业典礼上孩子们流下难舍的泪水，紧紧的拥抱以及发自肺腑的话语："太留恋附小了，多想再留一年。"甚至感慨道："离开附小，美好的生活就结束了。"

在毕业课程的整体实施过程中，老师们深感孩子们的成长远远大于四个半月的课本学习。同学们也认为，六年级毕业生活课程令人欣喜，校长和学校、教师给他们打开了一扇了解社会的窗，让他们在亲身经历中学会知识、大胆创新、增长才干！比学习书本知识更有趣！

大课小课有规则

科学实验课，需要学生自主探究；美术课，需要学生课上完成一部作品，但是40分钟一节课学生或是探究不够充分、讨论不尽兴，或是创作作品制作了一半，意犹未尽。

人大附小为了提高课堂教学实效性，把国家课程、地方课程、校本必修课程三级课程有机融合，相互补充，在保证开齐开足国家课程及学生在校不超过国家规定时间的同时，从2009年9月开始实行了大小课时改革，大课时40分钟，小课时30分钟。实行大小课时后，人大附小将科学、美术课两节小课时连排，由原来两节课80分钟减到两节课60分钟，既满足了学生的学习需求，又解决了一节课40分钟课时不够，而两节40分钟的课连排又过长的矛盾。这些改革还激发了老师的研究热情，激励老师根据学情和学时，对教材进行重组或删改，合理安排教学内容和教学时间，做到省时高效。

学校对有些学科进行了大胆的改革。将品德与社会和品德与生活这两门课程与班队会整合，加大了书法课的力度等。将写字课与语文教学融合，变一周一节写字课为一周两节写字课，坚持每天中午"练字10分钟"，低年级练习生字，中年级练习成语，高年级练习古诗，持之以恒，让学生在调节身心、稳定学习情绪的同时提高书法水平。

另外，科学、美术课小课时连排省出的课时被人大附小的老师们根据学生需求，开发成学生喜欢的校本选修课程，培养学生多元发展、多元成长。校本选修课，学生打破年级、班级界限，利用每周五下午的时间充分自主选择。

学校根据国家课程信息技术课时总数不少于 68 课时的要求及现在孩子对信息技术应用的普遍性，在征求教师、学生意见的基础上，整合了四年级至六年级的信息技术课程内容。

现在，四年级学生一周上一节信息课，两个学期共 40 课时，剩下的 28 课时要求学生要过两个模块，满足 68 课时国家课时要求。五年级和六年级学生自主选修电脑模块学习，要完成两个必修模块和一个提高模块。

实施大小课时，不仅给学科教学带来便利，更符合学科学习的特点。它不仅满足了大多数学生的学习需求，而且分层次教学，选修、必修的同步选择给孩子更宽广的实践天地，满足了不同层次学生的学习需求。

/三/ 让作业可爱起来

作业如何才可爱

人大附小"处心积虑"让作业从形式上可爱起来。把传统的作业内容加以归类，以游戏的形式加以呈现。立意新颖，形式多样，有许多创意蕴含其中。

"更重要的是，我们让作业从内容上可爱起来。"人大附小的老师说："以'把思考的权利交给学生'作为指导思想，发挥学生的潜能，自行设计作业，让学生做作业的主人。"

现在，人大附小学生书包里的作业本相比之前已经瘦身缩水。

语文一科，低年级只有学校自行研制的写字本和听写本，中高年级有梳

理本、听写本、可爱作文本。取消了生字本、抄词本、预习本、练习册，将生字、抄词、预习与梳理合并，统一用一个梳理本，而且根据学生的差异，变"统一梳理"为"分层梳理"，既减轻了学生书包的分量，又降低了梳理难度，减轻了学生的课业负担，激发了学生的学习兴趣。

数学有课堂作业本和可爱作业本两个本。数学学科把传统的作业内容加以合并归类，并让学生根据同伴提出的问题结合已有生活经验及已有的知识背景，进行数学实践活动和同伴交流、合作，并把思考、探讨、交流、合作的结果用自己喜欢的形式，如表格、图形、幽默故事等记录在学校自己设计的可爱作业本上。

英语也是可爱英语本和听写本各一本。英语学科尝试多样的作业类型，别具匠心的作业栏目，让学生参与作业设计，作业难度分层，让学生合作完成作业，促进学生之间的多向交流。例如，每个单元的梳理让孩子们自己设计、自己取名，并配上插图。

在形式上还有"自助餐"式作业。分别名为A、B、C三类"套餐"的作业各有层次："基础套餐A"是比较简单的必做的巩固性作业，"基础套餐B"的作业在难度和要求上略高，而"升级套餐C"的作业则偏重于理解、想象和运用。同学们并不需要全部做，只需根据自己的能力和需求选择套餐作业种类即可。

每周五的早晨8:00—8:10，孩子们在学习委员的带领下进行一周作业自主评议，整个评议过程教师回避。每周一，教学研究中心则会对学生最喜欢的作业和学生的合理化建议作出反馈。

我的作业我设计

在学习因数倍数中，学生经过学习认识了因数倍数，无意的一句"为什么有的数因数的个数是奇数，而有的是偶数"引起了教师的关注。因为这个内容书上没有涉及，学生提出来，说明他们在认真思考。

是直接告诉他，还是……

"把思考的权利交给学生"，在老师的引导下，他们开始讨论，并慢慢形成一些思路。把握住这样的机会，老师将这个问题当成作业留给了孩子们："我们回家和同学、家长一起思考吧。"

第二天的汇报出乎意料。学生的作业精彩纷呈，列表归纳法是比较普遍的，大家通过所列表格找到了其中的规律。

老师认为，这个作业对学生而言不但学会了知识，更重要的是学会了一种解决问题的方法，遇到不会的问题能主动寻找方法，比教会这个知识更重要。

更让老师们欣喜的是有部分同学用图形加以解释，把这个数看作是一个矩形的面积，这个图形只能画成长方形时，则因数的个数就是偶数个。如果可以画成正方形时，则它的因数的个数就是奇数个。在研究过程中学生还自己学会了"完全平方数"。

这个意外的收获，使教师们看到了，学生喜欢的不是简单的机械式重复作业，而是具有挑战性的、形式多样的问题。

作业变得可爱多

更多具有特色的可爱作业被设计出来。

作业一："实践活动"，设计一个能装下 1000 个橡皮（长 5cm，宽 4cm，高 2cm）的盒子，多设计几个，看哪个表面积最小。

作业二："种蒜苗"，自己试着种蒜苗，关注蒜苗的生长过程，并制作一张图表达蒜苗是如何生长的。

作业三：用自己的办法求出不规则物体的体积。

老师们说，"作业一"主要引导孩子们设计出应用表面积公式，而且要求最小的面积，不止求一个图形的面积。传统的作业就是求表面积，并且列出无限多个情形对这个求表面积的公式进行练习。而经过改造的作业，看似简单，其实把求表面积的练习融入活动中，另外还加上分类计算加以对比，在计算过程中寻找规律都是不知不觉地在进行。可能实际解答题目时工作量有所增多，可反而没有学生说作业增加了。

这种开放式作业，学生从中学到得更多，如有序思考，应用了排列组合，最后知道了可以用推理与想象。这样的一次作业，可以代替一个单元的作业，变枯燥为兴趣，变单一为综合，变计算为思考，变知识为方法。

"作业二"主要是引导孩子们实践，关注蒜苗的生长过程，就是收集数据的过程，也让学生体会制作统计图的全部环节，即收集数据、整理数据、分析数据。开始时，学生不明白，这不是科学课的内容吗？数学老师留的意义是什么？最后他们根据自己收集的数据，设计统计表加以统计，绘制统计图加以分析。还把观察过程中注意的事项讲给大家，分析蒜苗的生长情况，每个同学都充满了兴趣。

"作业三"改变了传统的老师和学生在课堂上动手实践操作的方式。学生动手操作虽然可以得出结论，但课堂上实践操作需要由老师事先准备一些教具，如量杯、水槽、不规则物体等。这时学生的动手操作充其量是一个验证的过程，没有真正调动学生的思维。

这份作业给了学生极大的探索空间。在做作业之前，孩子们就要思考：用什么方法、准备什么用具、怎么操作、如何测量、如何减少误差、家里的用具不全怎么代替等一系列问题。事实是同学设计了幻灯片给全班讲解，甚至录成视频让大家观看。知识学会了，但更重要的是学会了解决问题的方法，以后当他们遇到困难时也会开动脑筋，找到解决问题的途径，这比简单地学会测量体积更重要。学生通过动手实践操作，既可以提高兴趣，又可以培养分析、研究问题的能力，从而加强数学教学的有效性。

这些作业，涉及阅读、收集整理、手工制作等多项训练，且富有一定层次性。让具有不同水平、不同方法、不同个性的学生都有机会表达自己的数学思想。整个过程中学生可自主选择内容，充分发挥其学习的主动性和积极性，展示自己、发展个性。这样的可爱作业比简单的制作统计图更容易接受。

作业不多欢乐多

每到放假，假期作业也被提上议事日程，人大附小也不例外。2010 年寒假，郑校长创造性地提出以"小课题研究"取代寒暑假作业，由头脑风暴中心全程策划组织。

那年的寒假，人大附小在寒假作业设计上"吃了回螃蟹"，率先取消传统的语文、数学两科寒假作业本，作业就是一句话：做一项社会调查，并写出一份调查报告。

开学后，调查报告交上来，这些各具特色的报告涉及的领域五花八门，如《保护人类的朋友——青蛙》《微波炉对水的影响》《一次性筷子的使用》……

学生们的课题涉及地理、历史、天文、生物、化学、科技等多方面。全校 3800 多名学生利用晨读时间、班队会时间交流着丰富有趣的课题。

"小课题研究产生了很多我们没有想到的教育结果。比如，一个学生为了进行一次性筷子使用情况的调查，前前后后去了二十多家不同类型的餐馆用餐。学生有了这样的经历，以后不用老师教他如何进行环保，他都会主动环保，而且还会带动和影响身边的很多人。"老师在课题研究会上说。

郑校长笑言："让孩子自己去明白一个道理，比说教的力量强一百倍。"

假期作业催生了诸多小小明星和获奖作品。

比如，王祖位同学撰写的关于蚂蚁的小论文，获得了北京市创新大赛科技论文一等奖，2013 年又荣获北京市青少年科技创新大赛生命科学一等奖。此外，他还获得一位老教授的邀请，入读中学后和老教授一起继续研究生命科学。

沈嘉琦同学在科学课上，听了老师讲的生物分布一课，萌生了绘制社区植物分布图的想法。为了完成这张分布图，她用了近一个月的时间考察了她生活的社区——空军指挥学院社区生物分布情况，拍摄了 50 多种植物、30 多种小动物，她不但不觉得辛苦，反而把观察这些生物当成最大的乐趣。最终将调查结果绘制成了密密麻麻的平面图。

熊唯佳的小课题研究——"复合渗水透气井"不仅获得了校级的"小小诺贝尔奖"，还获得了北京市专利局的审批，并推广使用。不仅他的研究项目获得专利，而且他的建议《关于在更多公园中开展鸟类保护措施》，还获得北京市科学建议提名奖。

/四/ 让考试轻松起来

智力闯关成考试

2008年2月，寒假过后新学期开始的第一天，一位一年级的孩子来到学校问王老师的第一句话就是："老师，什么时候还考试啊？"

王老师把这句话告诉了校长，校长无比感慨，她要的就是这样的教育效果。

对于刚入学一个学期的一年级小学生而言，刚刚适应这里的一切，传统的纸笔测试在不同程度上会给他们的学习增加负担，带来压力。如果让他们也参加期末考试，也许会挫伤一部分同学对学习的热情，减少他们对学习的兴趣。

从2008年始，一年级期末考试改变形式，变一张试卷为"智力闯关"的形式考查，至今已坚持了六年，这种没有统一试卷的考试就像参加智力游戏，家长带着孩子一起参加生动活泼的"智闯三关"，孩子们都兴奋地经历了前所未有的"快乐期末考试"，让考试真正轻松起来。

闯关测试的内容均为本学期学生应知应会的基本内容。语文学科通过"智闯五关"（我会听、我会说、我会背、我会读、我会写）对学生的听、说、读、写能力进行分项考查。

数学学科采取"智闯三关"（我是计算小能手、我能解决生活中的问题、我敢于向难题挑战）的形式对学生的计算能力、解决实际问题的能力、综合应用知识解决较复杂问题的能力进行考察。

每科的"智闯三关"都分设在不同的教室，学生可以根据自己的兴趣爱好选择不同的题目，如果答不上来，还可以再换，直到满意为止。

学生答完后，老师当场给出成绩，学生每过一关，将根据他们的表现在成绩卡上分别盖上不同等级的标志，最后根据学生的综合成绩授予"语文小博士""数学小博士"称号，对于单项成绩优秀的学生，分别授予单项称号奖。

还可以去兑换礼物。

这样的考试学生没有压力，减少了孩子的恐惧感，他们还可以自主选择题目，极大地调动了积极性。测试的全过程由家长陪同，让家长对自己的孩子有一个全方位的了解，也能让孩子感知到学习和考试挺快乐的，从而尽快地融入学校学习氛围中。

我有免考通行证

2008 年开始，人大附小每学年的第一学期末，当各个学校的学生正在进行期末考试时，在北京科技馆、欢乐谷、人大附小的图书馆，你会看到有一部分人大附小的学生的身影。他们有一个特殊身份——免考生。

附小的免考生也分级别，达到三科免考的学生可以去北京科技馆参观，达到一科或两科免考的学生可以到学校图书馆选书看。在考试期间免考学生由学校统一组织活动。

学校为此特制定出优秀生免考制度。要求各学科任课老师根据学生平时课堂表现、平时检测成绩、完成作业情况、实践活动等各方面内容，评定出学生是否获得免考资格（严格按照平时成绩占 60%，单元测试占 40%）。每学科每班获得免考资格学生的人数，根据本班实际人数的8% 确定。

获免考资格的学生在学期末可根据自己的情况向任课老师提出免试申请，填写学校统一的免考申请表，经家长、任课教师、班主任同意签字后，任课老师将免考申请表提交教学研究中心。有免考资格学生的期末考试成绩

视同"优秀"，该生该学期期末成长手册上成绩填写为"优秀"。

同时为了体现免考的公正，让学生留下美好的回忆，获得免考资格学生由学校统一颁发免考荣誉证书及"高娃奖学金"。

每学年的第二学期初，当免考生从郑校长手里郑重地接过"高娃奖学金"时，脸上洋溢着无比自豪和幸福的表情，他们觉得分量很重，意义很深。因为这是靠自己平时的努力得来的，它比几百几千块的压岁钱都令人欣喜和激动。

选修护照伴我行

在人大附小，每学期每位同学都可以申请学习一门或两门选修课，经考评合格后，老师会在他们的"七彩成长之路——小护照"的相应位置加盖可爱的小印章。小学 6 年学习的校本课程最多能集齐 20 个小印章，还能获得"七彩奖章"。

2009 年学校结合选修课，设计了折叠式的小护照，铺展在眼前就是一幅学校经典建筑荟萃图——绚丽多彩的彩虹门、鲜花衬托的开放式学术苑、学生放飞气球庆祝揭幕场面的水艺芳、银装素裹衬托的百米画廊、充满智慧数学思想的艺术园、庄严宏伟的学术苑……——映入眼帘，沿着蜿蜒的路径，一一抵达，记录学生 6 年的成长历程，放飞学生美好的梦想。

上下对折，左边是必修课程框架图，右边是选修课程框架图。左右对折封面是"小护照"的名称及学号、姓名。封底是选修课程说明文字。

匠心独具的设计，记录着同学们今天在附小多姿多彩的课程生活，播下选修课的"种子"，怀揣成功梦想踏上人生的七彩成长之路。明天走出附小，这是一份美好的回忆，一枚枚小印章记载着学习的点点滴滴，苦辣酸甜，这如画的评价满载着七彩的梦想远航！

小学期末考答辩

2011 年在校舍抗震加固的校园文化建设中，郑校长请全校同学提建议，2800 多名学生交来了建议方案，老师们也积极参与其中。校长认真阅读了每一位师生的建议，发现学生提的最多的是"如果有块地能种东西就好了"。郑校长与总务后勤副校长于猛商量，能否把原来的雕塑园还给孩子们种地。于副校长一听，当然好了，既满足了孩子的愿望，学校还能省出买草皮、维护的费用呢，真是一举两得的好办法。

于是，学校开辟了达 1200 平方米的七彩小菜地。校长请教学研究中心的金立文副校长在这块小菜地中绘制出圆形、椭圆形、三角形、平行四边形等形状各异的几何图形，因为校长要让菜地中蕴含隐性课程。校长还特别嘱咐工人师傅用不同颜色的围板组合、分割出 20 多块实验田。

2012 年，学校对六年级毕业考试进行了大胆的改革。数学毕业考试尝试以"小菜地中的数学"为题的实践活动形式。让同学们充分挖掘小菜地中的数学问题，调动他们的多种感官，发挥团队的作用，可以应用 6 年学过的所有数学知识及方法、策略，进行创造性的设计。

形式的新颖带给同学们的是喜悦，课间、中午、放学甚至周末都能看到他们忙碌的身影。测量、计算、分析更是讨

论得热火朝天。最后学生以答辩的形式把他们的智慧结晶展现给大家，答辩中的每位同学俨然是一个个研究者。

这样的考试我们可能都经历过，但那是大学生的毕业论文答辩，现在小学生开展这样的考试对他们的后续学习一定会起到积极的作用。

孩子们在没有压力的环境中综合能力得到了提升，也为他们美好的小学生活画上了一个圆满的句号。孩子们是幸运的，他们是本次七彩课程改革的最大受益者，他们学会了研究，掌握了方法。

特别考试超好玩

2011年5月下旬的一天，如果你来到人大附小的校园或走进校园西面的绿地，就会看到孩子们三五成群地或紧贴墙壁举起双手，或蹲在地上眯着眼睛目测，或趴在地上丈量……这时你也许会问，这些孩子在做什么游戏？期末了怎么还不学习？

其实，这不仅仅是学习，而且是期末考试。看看数学考试题——我为学校抗震加固做贡献。就感觉这不是一般的考试。考题要求各年级分别进行综合实践活动，小组合作解决实际问题，并写出了实践报告。

各年级的题目如下。

一年级：人大附小于2011年6月至8月进行教学楼抗震加固，完工后需要更换每个班的窗帘，请你帮助学校数一数窗帘的数量。

二年级：教学楼抗震加固中，将在雕塑园下方建设雨水回收系统。施工前要拆除雕塑，为了使雕塑便于按原位置恢复，请你为学校画出雕塑的位置图。

三年级：教学楼抗震加固中，学校计划把楼内地面的地砖更换成塑胶地板，请你测算塑胶地板的用量。

四年级：我校将进行教学楼抗震加固，请你帮助学校测算教学楼内的粉刷面积。

五年级：教学楼抗震加固施工之前需要把每个班的储物柜搬到学术苑。请你测算一下学术苑能摆下吗？

六年级：教学楼抗震加固施工之前需要把每个班的课桌椅搬出教学楼。

学校行政会商议的方案之一是把所有课桌椅堆放在操场，为了保护这些课桌椅，需要用防雨布把这些课桌椅遮盖起来。请你测算防雨布的用量。（希望你们的方案能被学校采纳）

在寄语和期望的暗示与强烈的参与意识下，全校学生以考试备战抗震加固。

语文考试——情景作文，英语考试——课本剧表演……

独特的期末考试更注重学生对知识的综合运用和感受学习的乐趣，学生无须经历漫长而紧张的反复复习历程，在数学综合实践、语文现场作文以及英语小组自由创编中锻炼了能力，享受了学习过程，也学会了合作和探究，受到了学生、家长、教师的欢迎。

数学老师赵凤奕在试卷分析中这样写道："孩子们在活动过程中快乐地互相学习。在测量时，孩子们动起手来非常兴奋，有的组不断推翻方案，测量，再推翻方案，再测量，乐此不疲。大多数孩子喜欢这种考试方法。他们认为测量塑胶地板的用量，用到了很多知识，面积的计算、单位换算、估测等，感觉数学真正有用。在合作中，同学之间增进了了解，有的同学说'我以前认为他很笨，但是现在觉得他的主意很好。'同学们都体会到了合作的重要性，他们不约而同地说'团结就是力量'。"

数学老师周艳明说："学生热情普遍很高，很喜欢这种考试形式。学生体会到了团结合作的力量，也对自己在团队中的表现有了更加深入的认识。在合作过程中，学生能够根据每个人的优势来分配协调工作，体现出了较好的计划性。学生参与面广，学到的不仅仅是面积的测量知识，还有更多隐性经验。"

英语教师梁葛妹说："由原来的'一张卷'变成由四人至五人一组组成的英语短剧的表演。孩子们可以充分发挥自己的才能，根据自己的实际水平，选择适当的内容，进行短剧的编写。组员照顾到不同层次的孩子，让不同层次的孩子都有展示自己的空间。本次考试的改革，极大地调动了不同层次的学生的参与热情，激发了他们的学习兴趣。"

参加英语考试的学生说："这次考试超级好玩。""这次考试提高了我们的表演能力，收获了喜悦。""通过这次考试，我们学到了新知识。""通过考试，我们懂得了团队精神，团队合作得更棒了。同时增进了我们深厚的友谊，提高了口语能力。""这次考试非常好，有意思。下次我还来。"

/五/ 让学习好玩起来

巴学园里七彩节

大树下的体育游戏课

"老师，什么时候还上《小小飞行员》这样的体育游戏课啊？我都没上够！"

"老师，我爸爸就是飞行员！长大后我也想像他似的在天上飞！

"老师，我还要折纸飞机，我的飞机飞得最高了！"

……

与昆玉河畔遥相呼应的夺目的彩虹校门内，三棵历经风雨的百年古槐映入眼帘，就像三位慈祥的老人，静静地守护着这片美丽的校园，见证着孩子们的朝夕成长。大树下一群刚下课的孩子围着体育老师久久不愿离去。

这是怎么回事？说来话长。

为了更好地促进小幼衔接，创设适合一年级学生年龄身心特点的活动场所，郑校长根据东校区的环境特点精心设计并打造出独一无二的蓝天下最美丽的校园——人大附小东校区，这是学生与家长眼中的"巴学园"。

为了将这三棵古树融入美丽的校园环境之中，让孩子们更亲近地接触它，感受大自然带来的美，学校将这三棵古树打造成孩子们的文化娱乐中心。一棵树下是孩子们喜爱的转转椅，旁边是秋千、梅花桩，两边是跷跷板；一棵树下是"人与自然"相结合的旋转滑梯，被孩子们称为"旋转舞台"；还有一棵树下安放着石头的棋桌、棋凳，活动的图书车，每天早晨、午休时间，你都会看到孩子们聚精会神地读书、下棋。

面对这么有特色的场地设施，体育教师们时常在想：我们如何因地制宜，将有效的校园文化设施融进我们的校本课程，设计出富有童真童趣的体育游戏课呢？

这节《我是小小飞行员》的课，国家课程的内容是持轻物掷远，课程目标是让学生掌握原地正面投掷的正确方法。我校的校本课程是《小小飞行员》游戏课，老师把二者整合，创设了这节国家课程校本化的体育游戏课。于老师也有幸成为这节课的实践者。

在开始部分，老师创设情境引出教学内容。于老师首先和同学一起蹲在地上模仿飞机准备起飞的动作，再模仿飞机降落和飞机在空中飞行的姿态。此时此刻，老师和学生完全融合在一起，学生忘我地投入似乎把于老师当成了机长。

进入准备部分，校园文化设施成为学生课上准备活动的资源，学生利用各种设施进行准备活动，游戏情景为飞行前训练。于老师将全班学生分成五组，听哨音安全有序地进行分组轮换进行练习。转椅就是飞行模拟器；旋转滑梯就是安全逃生通道；秋千是练习前庭觉的；梅花桩是练习平衡感的；跷跷板是锻炼失重感的。学生们充分体验并感受着场地器材带来的快乐。

学生充分活动后，老师集中带领学生折叠出纸飞机，让学生投掷纸飞机，自由体验投掷动作，游戏情景为驾驶轻型飞机。于老师先教学生每人叠一架纸飞机试着放飞，目送飞机，看谁的飞机飞得稳。进入基本教学部分，在学生自由体验的基础上，老师为学生示范讲解投掷的动作要领，教学生每人制作一个"摔炮"看谁甩得响，练习快速甩臂，游戏情景为防空炮火。学生模仿老师的动作练习，孩子们投出"啪啪"的声音。

学生模拟练习后进入实物投掷部分，国家教学用具是沙包，我们采用彩色软球代替沙包，模仿击落敌机练习，向高处投掷。模仿打击地面部队练习，向远处投掷，落实了国家课程原地正面投掷的内容，为学生在中高年级学习侧向投掷、上步投掷奠定了基础。就这样在于老师的引领下，孩子轻松愉快地上完了体育游戏课。下课铃声响了孩子们还不愿离去，脸上流淌着愉快的汗水。

这节课的录像片段曾在人大附小承办的北京市课程建设现场会上展示，因为它的设计与校园文化紧密结合，而且营造了一种轻松的课堂氛围，使学生爱学、乐学，受到与会专家、同行的高度评价。

开心的"玩具节"

2013 年 9 月 4 日早晨，小雨淅淅沥沥，这是新学期开学的第一周，人大附小东校区特别为孩子们组织的玩具节，恐怕要因为天气的缘故推迟了。

郑校长在校门口撑着伞将孩子送进教学楼，她问孩子：

"你今天带了什么玩具啊？"

"我今天带了塑料玩具车，小时候我没有伴儿，它就是我的伴儿。"孩子一边说一边从书包里掏出玩具给校长看。

郑校长听到孩子的话，越发觉得为孩子们组织"玩具节"是那么的重要。

刚刚走出幼儿园的他们，随即迈入小学的校门，稚嫩的他们，天真的童趣，爱玩的天性，会一直伴随着他们在七彩校园成长，玩具节可以帮助孩子顺利完成"小幼衔接"，实现让孩子喜欢上学的目标。

孩子们这样喜爱这个节日，启发了郑校长的灵感，她希望把玩具节研发成一门课程，相信孩子们一定很感兴趣。

查老师承担了这项任务，东校区的教师团队群策群力，这堂课，融合进哪几门学科、分几个环节、侧重于哪一门学科、韵律练习用什么音乐……郑校长都细心地进行指导。大家帮助查老师做前测、做上课准备、听试讲、改教案……就这样，一节课包含"口语交流、游戏时光、作品展示、韵律练习"四个环节，融合了语文、数学、英语、美术、科学、体育六门学科的多学科融合课诞生了。

在这一天，孩子们的学习与活动精彩纷呈：语文老师带领孩子们学习如何介绍自己的玩具；在数学的课堂上，学习如何将玩具分类；而科学老师会让孩子们认识到玩具的构造；在美术的课堂上，孩子们学会如何画玩具；在音乐课堂上，孩子们学习歌唱玩具……将各个学科的课堂融入玩具趣味，使孩子们真正享受玩具带给他们的乐趣，孩子们还可以通过玩具共同分享快乐。

从玩具节的策划，到孩子们自己主持玩具节；从孩子们带着玩具走进教室，到充满灿烂笑容的课堂；从老师们感慨的交流，到今天的反思……每一名老师心中都荡漾着温暖，幸福着孩子们的幸福，快乐着孩子们的快乐。因为郑校长总有崭新的创意，在她的领导下，老师们才能够把一份普通的工作，做得这样有滋有味！

走进人大附小校园的孩子有多幸福，我们老师最清楚——因为他们的校长妈妈是那样的爱他们、宠他们、了解他们、尊重他们！难怪家长给老师发来这样的短信："孩子们太幸福了！我真想回人大附小再上一次一年级！"

多彩的泡泡节

2013 年 9 月 22 日课间操时间，伴随着孩子们热烈的欢呼声，郑校长"打响"了"七彩泡泡 梦幻世界——人大附小首届泡泡节"的第一"枪"。泡泡枪中喷射出的七彩泡泡，载着孩子们的梦想，载着孩子们的欢笑在人大附小东校区的天空自由飞翔。

泡泡节的创想来自于郑校长力争把人大附小东校区打造成"精品校区"的"每月一节"理念。对于刚刚迈入小学大门的六岁儿童，如何让他们喜欢学校、喜欢上学、喜欢老师，郑校长认为，组织富有童趣的精彩活动是打破孩子对学校的陌生感，吸引孩子，让孩子爱上学的重要因素。

在泡泡节启动仪式上，一年级 22 班班主任、科学老师刘怡与同学们共同创编了情景剧"泡泡诞生记"！

只见刘老师走上主席台，神秘地说道："刚才在台下，我就听到有的同学说会调制泡泡液，那我先考考你们，想要配置泡泡液都需要哪些材料？"

"洗发液、洗手液……"

"你看，他们来了！"

刘老师的话音刚落，只见由 22 班几个同学扮装的小"道具"蹦蹦跳跳地登场了！有"洗衣粉""洗发露""洗手液""洗涤灵"，他们穿着用废旧材料制成的服装，手里拿着装有这些东西的瓶子神气活现地上场了！同学们看了笑得前仰后合。

刘老师继续问道："你们制作泡泡知道为什么要用到它们吗？"

同学们抢答道："因为它们都能产生许多许多泡泡！"

"哎呀，你们说得都对，但是却忘了最重要的一个东西。你们能想到是什么吗？"

一个男孩子大声说道："是水！没水哪儿来的泡泡啊！"

"对呀。下面让我们以热烈的掌声欢迎自来水先生闪亮登场！"只见"自来水先生昂首挺胸，迈着四方步，无比自豪地上场了，他夸张的神态又一次赢得了同学们的一片欢笑声。

笑声过后，刘老师又说："很多同学都知道这些材料与水能产生泡泡，但是你知道怎样才能使你的泡泡吹得又大又圆，而且不容易破吗？"

孩子们面面相觑，都陷入了沉思，因为大家也都不知道究竟还有什么秘密配方藏在泡泡液里面。这时，只见一个穿着"胶水"服的男孩子得意洋洋地走上了台。

"哈哈，同学们好！我是胶水！我可以增大泡泡的粘性，有了我，你们的泡泡就不容易破啦！"

同学们一下子恍然大悟，终于知道为什么以前配的泡泡液总是吹不出大泡泡了。

这时，两位小主持人走到台前，激动地说道："同学们了解了泡泡的科学知识后，肯定都已经按捺不住了，现在就让我们尽情地吹起泡泡，玩起泡泡秀，让七彩的梦想与泡泡一起飞……"

"泡泡秀"开始了，看，孩子们尽情吹着泡泡，有双珠泡泡、泡泡姐妹、连环泡泡、泡泡龙还有棉花糖泡泡！操场上到处是七彩的泡泡，到处是欢歌笑语，就连郑校长也返老还童，和孩子们尽情地吹着泡泡，尽情地欢笑着。师生们仿佛进入了令人向往的迷人七彩梦幻世界。

精品校区，精彩活动，郑校长的先进理念为孩子们创造了尽情挥洒、自由飞翔的七彩天地！在人大附小东校区——这个梦开始的地方，七彩的泡泡载着孩子们的梦想、带着孩子们的希望飞向蓝天，飞向未来。

快乐的数字节

上午的数学课上，贾老师向孩子们宣布明天的数字节。"'数字节'会有什么好玩的事情？"小果心里盼望着明天赶紧到来。

因为明天的数字节要根据自己最喜欢的数字来制作一个数字头饰，所以回到家里，小果犹豫着："我该选哪个数字好呢？"妈妈对他提醒道："果果，快到你生日了，你准备请哪些小朋友来家里做客呢？""嘿，正好，我的生日是下个月的 9 日，我就选 9 这个数字吧！"晚上，爸爸又给小果讲了一些关于数字"9"的故事："9"在 10 个阿拉伯数字中是最大的，而且在古代"9"象征着至高无上的权力。于是，小果拿出彩笔，精心制作了一个关于数字9的头饰。

第二天，孩子们带来了各种各样精心准备的数字头饰。班里，他们互相谈论着

自己喜欢的数字，好像每一个人都对所选的数字情有独钟。小果的好朋友畅畅喜欢 5，同桌的佳佳喜欢 8，而且他还发现涛涛选择的也是数字 9。

课间操，同学们拿着自己的数字卡片跑到操场上。主席台上方张贴着"奇妙的数字王国"。"数字节"开始了，数学贾老师和几个小朋友走上了主席台。首先，贾老师先让孩子们认识彼此的数字，小果把昨天晚上爸爸给他讲的一些知识介绍给了佳佳。佳佳也向小果介绍了自己喜欢的 8，还说这个 8 横过来就是代表"无穷大"，这让小果感到既新奇又有趣。

第二个游戏，贾老师让大家用这些数字凑出 10。小果找了半天也没有找到 1，就在这时，他发现邻班的一个男生头上戴着一个 1，赶紧跑过去，两个人就组成了 10。玩得兴致正浓时，小果忽然看到了郑校长也来和他们一起过数字节。他赶紧把校长邀请到自己的班里，孩子们簇拥在校长周围，纷纷展示着自己的数字。郑校长和蔼地问："你们最喜欢哪个数字？"小果兴奋地抢着说："我最喜欢 9，因为它最大！"其他孩子也兴奋地说："我喜欢 6，谐音有顺顺利利的意思！""那你们不喜欢哪个数字呢！"郑校长又接着问。有的孩子说："我不喜欢 4，因为它看着像把刀！"这群可爱的"小豆包"们，对于数字的理解，实在让人忍俊不禁。

中午时，老师们给大家放了一个有意思的动画片《神奇的数字》，这个动画片讲述着数字之间产生的矛盾与摩擦，原来每个数字都对其他的数字不服，总在争论谁大谁小的问题，并在最后向孩子们揭示了只有大家凝聚一起力量才能积少成多、源源不断的道理。

一天的学习活动很快就要结束了，回到家里的小果眉飞色舞地对妈妈讲起了今天的数字节。刚入学的一年级"小豆包"们，所学到的新知识、新技能并不只是局限于作业和课本，如"数字节"的体验引发了孩子们对数学中学习数字的乐趣，寓教于乐也就"让学习变成一件好玩的事情"，这让刚刚从幼儿园跨入一年级的孩子们每一天都对"巴学园"产生着浓厚的兴趣。

奇妙的苹果节

为了"让孩子喜欢上学""让一年级孩子当家作主"，人大附小东校区在成功举办了玩具节和泡泡节后，又再次迎来了开启创新思维的苹果节。

为了让每一个同学好好想想苹果的积极作用和深刻寓意，杨老师先在班上进行了一场头脑风暴，鼓励孩子们讲述与苹果有关的各种故事。

孩子们从苹果的用途、寓意以及背后的故事热烈地讨论起来：有的说苹果可以用来做水果沙拉、苹果派；有的说苹果很有营养、富含维生素；有的说苹果代表健康和平安；有的孩子抢着给大家讲著名科学家牛顿从苹果落地发现了万有引力的故事；还有生活中的一类电子产品……

接下来开始了紧锣密鼓地创作故事、分饰角色的任务安排。为了能够突出苹果在生活中的重要贡献，也为了使不同个性的孩子能够借助角色来展示独特的故事，表演以小品串烧的形式来演绎"小苹果的大故事"。爱跳舞的李墨楠饰演苹果仙子、爱美的汤梦朵饰演苹果公主、爱思考的阚喆饰演科学家牛顿、机灵可爱的刘霄晗和王家喆饰演红苹果和绿苹果这对"欢喜冤家"、热衷于高科技产品的王登骏和孙锐涵分别饰演苹果电脑和苹果手机、有着一双巧手的赵昕顿和张皓然则负责动手制作能媲美南瓜灯的"苹果灯"、古灵精怪的任晓晓则扮演了"舶来产品"苹果派……

在老师们的帮助下，孩子们利用废旧纸箱、废旧纸盒、灯泡、彩色包装纸、彩色塑料袋、彩色气球，甚至搜罗了地上的树枝，在短时间内制作了演出所需的道具和服装。为了让每一位孩子都能够在苹果节上展示属于自己的苹果故事，除了参加演出的小朋友以外，鼓励班上的其他小朋友根据自己心中的苹果故事打造专属于自己的苹果角色。

到了苹果节这天，全一年级的同学都千方百计地将苹果元素以各种方式展示出来，有的同学头戴自己亲手制作的青苹果头饰，有的同学手里抱着象征着富贵吉祥的金苹果形状的糖罐，有的同学身披斗篷扮装成神秘的苹果仙子……

在一片欢呼声中，13班的"苹果家族"在八百多师生面前闪亮登场了！他们以独特的造型和生动的方式演绎着五花八门的苹果故事："红苹果"和"青苹果"向大家展示着自己的营养价值；"苹果灯"表达了孩子们对正义和光明的美好向往；"小牛顿"生动再现了利用苹果发现万有引力的全过程！外来产品"苹果派"则俏皮地告诫小朋友们甜食热量过高、少吃为妙；"苹果仙子"和"苹果公主"为小朋友们敲响警钟：不要像白雪公主那样随便吃陌生人给的苹果；憨态可掬的"苹果电脑"和"苹果手机"提醒大家为了身心健康，不应过分依赖电子产品……

台下的小朋友和老师们听得津津有味，掌声、笑声、欢呼声，回荡在"巴学园"的上空。郑校长来到苹果节的现场，她问孩子："我们的校门口有什么？"孩子们齐声高喊："绿苹果！"校长说："答对了，它祝福我们东校区师生的每一天都平平安安……"此时，台上台下的师生们手举苹果齐唱"苹果歌"，热烈的气氛将苹果节推向高潮。孩子们余兴不减，"咔嚓、咔嚓"地吃起了手中的苹果，一个小家伙在郑校长婉言谢绝他赠送的苹果后，调皮地咬了一口苹果后放到郑校长手里："校长，送给您！我已经吃过了！"

第一个落在牛顿头上的苹果使他发现了"万有引力"，第二个苹果则是乔布斯在信息时代中缔造的"苹果神话"……今天我们附小校园里的"苹果节"是为了激发孩子们身上的创造力和创新思维，在开放、活泼的"苹果节"中，激活了孩子们的思维，让七彩精神中的青色创新，领跑他们的成长之路。

神奇的树叶节

秋天，校园里的树叶随风簌簌飘落着。这时你会惊奇地发现叶子的形状千姿百态，像金鱼，像小蝌蚪，像飞鸟，静静地躺在地上朝孩子们扮着各种鬼脸。

一年级18班的杨艳老师来到了操场与孩子们一起捡起了树叶，她给孩子们讲了关于印象派画家的故事，还有画家们是如何表现树叶的，孩子们听得津津有味。他们对五彩斑斓的树叶产生了浓厚的兴趣。一个小男孩手里拿着一幅画，跟大家分享道："你们看这幅画用什么做的？"孩子们被吸引着，纷纷踮起脚尖伸长脖子好奇地看着："原来是树叶做的啊。""哇，这是树叶做的画！"

这时，杨老师向孩子们问道："有谁知道树叶画如何制作吗？"

"我知道，先找到合适的树叶然后贴在纸上。"

"不对，不对，要先看叶子能摆出什么样的画。"孩子们争先恐后地说着。

杨老师微笑着说："你们说得都对，的确是要把小树叶摆好后，看看像什么，粘贴好在画面中，再用水彩笔用添加的方法完成这幅作品。""我好想做一幅树叶画啊！"孩子们的脸上流露出创作树叶画的兴趣。一阵微风拂面，散落在七彩操场上的落叶就像翩翩起舞的小精灵，孩子们欢呼雀跃着："捡叶子喽！"

学校决定为一年级学生过"树叶节"，当杨艳老师携手一年级18班的孩子们朗诵了孩子们熟悉的课文《秋叶飘飘》后，她还兴致勃勃地展示了18班小

朋友们的树叶画作品：“你们想不想也做一幅这样的作品呢？”孩子们手舞足蹈地欢呼道：“我想做……”“那我们把你手中的叶子组合一下，看看你们组合的树叶像什么？”孩子们找到了很多可以与自己手中树叶组合的伙伴，有的伙伴树叶组合成小鸟，有的树叶组合成蝴蝶，有的组合成青蛙，孩子们玩得不亦乐乎。

之后，每个班的孩子们都开始制作树叶画，老师们惊奇地发现，在这些稚嫩的小手中，一幅幅饱含童真童趣的作品“问世”了：有树梢上啾啾鸣叫的小鸟，有水中活灵活现的鱼儿，有江上泛舟采莲的渔夫，也有垂柳旁放风筝的少年……从这些呼之欲出的画面中，老师们看到了孩子们细腻的心思和对生活的热爱。

“树叶节”激发了学生制作树叶画的兴趣，更培养了他们的创造力和想象力。人大附小“巴学园”里的七彩节日，使他们迈出了逐梦的脚步，张开了梦想的翅膀，在这个七彩的校园里承载着多元的幸福与梦想。

毕业课程为终身

让孩子们不想毕业的“毕业课程”

2013 年 11 月 19 日，人大附小承办“北京市‘整合课程 科学减负 促进发展’暨人大附小现场会”。在师生沙龙环节，学校请来了七位来自七所中学的 2012 届附小毕业生，畅谈着让他们不想毕业的毕业课程。

《体验中学生活》单元，在让学生体验到中学的学习与生活氛围的同时也塑造了他们自主学习的能力，这让他们至今难忘。

来自北京101中学的付谷薇春说："我可以很自信地说，我们附小的毕业生在综合能力上就是最强的！"从孩子的话中，我们不难体会他们升入中学后身为班里的佼佼者的那份自豪感。

现场的人大附中老师说："附小的毕业生在进入中学后，各方面表现都特别突出，难能可贵的是语数英等学科成绩始终位于前列，被班里的孩子们戏称为'学霸'。"

《上海毕业旅行》单元，是孩子们第一次离开父母和家庭，面对陌生的环境独立自主地生活，这不仅培养了项目主席的策划和未来领导力，还增强了孩子们独立生活的能力，也让他们拥有了一次弥足珍贵的旅行经历，每每谈及，他们仍然抑制不住当时的兴奋。

来自中关村中学的欧阳启新说："我记得当时的上海毕业旅行，我们住在东方绿舟基地，去了地球村等很多个地方，最后我们还自主游逛了城隍庙，买了很多东西，毕业时我们还在谈自己的感受和心愿。我觉得这是我们童年一个完美的句号。"

来自八一中学的张雅琪说道："当时承担项目主席的时候我经历很多人生当中的第一次，比如说第一次写策划书，真的是要事无巨细，什么时候出发，有多少人要去哪里，哪个班先走，哪个班后走，特别特别细，晚上的时候项目主席还要在一起开会。一次，金老师把我叫到旁边说：'雅琪，你来作总结。'然后我真的是硬着头皮上去作了一个总结。下来之后发现，没有那么紧张、没有那么可怕。还有第一次用一个半小时来准备一个全年级的联欢会。其实这些事情可能带给我们更多的是组织、临场的应变能力，对我来说，到现在都挺有用。比如说前几天大家都开家长会了，在我们年级家长会上要有一个学生作总结，当时年级组长找到我的时候，我就欣然接受了这个任务。"

主持人金老师有感而言："我记得咱们这届的郑兆元同学，被选为项目主席之初特别荣耀，从上海毕业旅行归来后他写了一篇名为《主席是公仆》的总结，从中我们每个人都能感悟到，毕业旅行不仅培养了他们的领导力，更锻造了他们的责任感以及在行使职责过程中的服务意识。"

《关注社会问题》单元，旨在通过社会热点问题的研究，培养孩子们的责任感。他们之中有的走进理工大学实验室，有的到街头做调查问卷，在发现问题、研究问题、解决问题的过程中，他们成长了。

虽然已升入中学，但他们无不由衷感受到："因为之前做过很多年的小课题研究了，所以在做这部分的时候就没有觉得措手不及。我们先是以班为单位定题目，然后分几个不同的题目，以题目来分组，分组之后，每个小组要以自己小组不同的特点来做一些行动的计划，计划了整个过程之后，我们自己外出去调查、去研究，回来之后我们又以海报或小话剧表演的形式来呼吁大家去更好地关注这些问题。"

在《学业水平》的单元，为了让毕业年级的孩子们在最后一年过得充实而不枯燥，学校进行了国家课程整合，将四个半月的课程用不到两个半月就完成了，为后期的微电影拍摄、放映和毕业展演提供了充裕的时间。《学业水平》单元的改革不只在整合课程方面，也改变了从前一张试卷定乾坤的毕业考试形式。语文一篇作文《致郑校长的一封信》考查了学生的逻辑思维和语言运用能力；数学以小菜地命题，从中挖掘并解决数学问题。整个过程都让学生兴致盎然，一扫毕业考试的紧张和压抑，从很大程度上减轻了学生的学业负担。

从十一中学体验归来的孩子们，向郑校长表达了拍微电影的愿望，郑校长当即答应了，就这样人大附小诞生了"第一届'霓之星'电影节"。

来自海淀进修实验学校，获封当年"霓之星"的最佳导演奖的刘子卓说道："我们学校有一个金帆话剧团，就是因为小学有过导演的经验，觉得导演挺好玩的，我自愿当了我们班的导演，也知道如何分配自己导演组的人员，然后学习写剧本，谁和谁在一起配戏可能会更合适。附小曾给我们请来了著名的冯小宁导演指导我们拍摄电影。现在到了中学以后，就觉得自己如鱼得水了，我觉得这就是我在小学毕业课程中最大的收获。"

在首届"霓之星"电影节上，学校邀请了冯小宁、石钟山、何晴、许亚军等著名导演、编剧和演员，为孩子们颁发了最佳导演、最佳男女主角、最佳编剧等奖项，期望并激励着他们能在今后的成长之路上不遗余力地追求着艺术之梦。

毕业课程究竟赋予了孩子们哪些品质，从他们的话语中我们得到的答案是：分数以外比分数更加难能可贵的品质……

来自人大附中的梁艾琦说道："我在中学当过一次综合实践课评委。有一组我印象特别深，因为这一组一共有 4 个人，其中 3 个人都是附小的。外校的一位同学只是拿着演讲稿就发抖，之后就一直读着念，要不然就是忘了按 PPT，要不然就忘了自己说到哪。第二个上场的就是附小的毕业生，他一上来就昂首挺胸，连演讲稿都没有带，然后就用 PPT 给大家报告自己的研究成果。就是自己的报告自己很自豪的那种感觉，后面两个人也同样是如此，结果这一组总评分是最高的。从这方面我就发现他们的勇气来源于哪里？就是咱们附小的毕业课程。"

来自世青学校的谷雨兰说道："我们学校是国际学校，所以在班里会有许多外国人，听课的时候中国学生那部分一片寂静，然后有时候老师喊他们名字他们也不怎么回答，外国孩子反差就特别明显，就不停地在跟老师互动，参与课堂活动，特别积极。当时我首先是觉得怎么会这个样子，然后在小学的时候校长也是经常教育我们说错了也要理直气壮，所以我在课堂上也是比较自然，毫无拘谨的。另外既然说到国际学校，通常会做演讲、报告、调查研究之类的，你就不可避免地会和不同国籍的同学合作。到了国际学校后我跟外国人交流、相处都是非常自然的，这两点在小学已经锻炼过了，所以在我上国际学校进入一个新的环境时也是适应很快，这两点对我学习帮助非常大。"

现就读于北京市第十九中学的郭帅说道："有一次我发现在我们学校的一个楼梯口，有一个行为举止都很奇怪的学生正在被欺负，当时我并不认识他到底是谁，我也不知道他是哪个学校的，在被欺负的同时我看到附小的同学就会去帮助他，我也不知道这些人到底互相认不认识，但是附小的同学就很有爱心地帮助他，去抵抗那些学生，然后我就想了解一下这个人到底是谁，为什么这么奇怪。然后我知道他是附小 2013 届的毕业生，曾经在附小的资源教室接受训练，也是一个挺特殊的孩子。就是从这件事情吧，我看出了附小的学生特别有爱心会帮助别人，帮助弱者。"不久前，郭帅曾在一封给校长的邮件中提到："人大附小的荣誉是我一生的牵挂。"感动了所有附小人。

时任数学教师的赵俊强老师幸福地回忆道："在 2012 年毕业课程中，我觉得学生成长了，老师也成长了。以前我们可能关注的是课堂、是教材、是学生，现在我们关注的是社会大课堂，是我们身边的'教材'，着眼学生的未来：毕业课程虽然只是两个月，却能对学生的一生产生深远的影响。"

毕业课程为孩子们的一生奠基，更被他们念念不忘，当时的班主任郑金红老师说："我曾接到一个来自江西的毕业生的短信：'现在好希望收到这样的短信：尊敬的家长您好，您孩子为期一年两个月的初中社会实践体验生活已经结束，请提醒孩子于下周一早上七点返回人大附小正门集合，穿校服，不许迟到。学校将于八点在礼堂举行'八年级开学典礼'，记得带上六年级的期末考试试卷，我们还未讲评，预祝孩子的小学八年级学习愉快，谢谢您的配合，郑金红老师。'他以我的名义发了这样的短信，当时读完以后，深感作为一名老师的幸福之余，还感触到毕业课程给了孩子们太多的惊喜、太多的感动、太多的成长和太多的收获。

时隔两年之后，当每个人谈到毕业课程带给他们的影响时，脸上都洋溢着自信和幸福的笑容，自信是因为他们在小学还未毕业时，就做好了升入中学的心理准备；幸福是因为他们在小学毕业后，就做好了迎接升入中学的崭新人生挑战，在这一过程中毕业课程赋予了他们面对人生的责任、困难的勇气和解决问题的能力，使他们在成长的旅途上不再彷徨、勇往直前。

第五章

七彩社团造就绚丽人生

校长心语

阿基米德说过：给我一个支点，我能撬动整个地球。

彩虹的意义告诉我们，每个孩子都是独特的个体，都有不同的色彩。我希望人大附小的孩子都能多元发展。丰富多彩的社团就是让孩子们都能找到自己的生长点，给孩子一个机会，给孩子一个舞台，给孩子一个支点，让每一个孩子与众不同，让每一个孩子充满自信，让每一个孩子都有成长的舞台。挖掘每一个孩子的特殊潜质，满足每一个孩子成长的需求，造就每一个孩子多彩而绚丽的人生。

在维也纳金色大厅，在纽约联合国总部，在泰国合唱节的赛场，在世界头脑奥林匹克的赛场，在世界健美操的赛场……我为我的孩子喝彩！我为我的孩子骄傲与自豪！

/一/ 给一个机会——享受自信成长

不放弃，都有成功机会

王毅的身材很难让他自信地参与学校组织的跳绳比赛。

人大附小每年第一个学期末都会举行跳长绳比赛，紧张激烈的气氛，扣人心弦的比赛，摇曳着每个人的心旌。流光飞火的长绳，驱散了笼罩在心头的寒冷，看着同学们踊跃参加，身材肥胖的王毅心里也痒痒的。

"今年冬季跳绳比赛，我们要团队合作、全员参与。每班除了要组成男女两支参赛队伍——A、B队外，要将余下的所有同学组成第三支队伍——C队参加比赛。我们不放弃一个孩子，让每一个孩子都有成功的机会。"那一年的冬天，在讨论当年跳绳比赛规则的时候，还是德育副校长的郑校长这样提议道。

当班主任宣布了这个消息后，王毅终于鼓起勇气对班主任说出了心里话："张老师，其实我早就想参加冬季跳绳比赛了。可是因为身体胖，技不如人，每年只能眼睁睁地看别人比赛，心里挺自卑的。这下可好了！我终于有机会参赛了。我报名参加C队！我一定刻苦练习，为班级争光！"于是，王毅从这天开始就在家里努力地练习着，即便腿脚肿痛，也咬牙坚持着。

"58，59，60……"比赛场上，孩子们如轻盈的燕子小心翼翼地穿过摇得发出呼呼风响的跳绳，负责摇绳的同学目不转睛地盯着长绳，嘴里念念有词地轻声数着。

"啪……"绳子打在了王毅的腿上，王毅一个趔趄，差点儿摔倒。同学们鼓励着王毅："王毅加油！挺住！"王毅挺直身躯，忍住疼痛，紧咬牙关继续跳着跳着……"嘟……"一声长哨，短暂而又漫长的3分钟跳绳比赛终于结束了。"咱们C队一共跳了245次！"同学们欢呼着，一起拥抱满头大汗、满脸写着自豪和满足的王毅。

体育竞赛场，一直都是佼佼者竞逐胜利的舞台，那些无缘参与的孩子，只能艳羡地看着别人尽情奔跑、跳跃。可是在人大附小的赛场上，他们打破比赛的常规局限，创造性地让每一个孩子都走上同一个起跑线，让每一个孩子都享受参与比赛的乐趣，让每一个孩子都能分享冲过终点、挑战自我的喜悦。

小小奥运一个不能少

"老师，老师，今年的'小小奥运会'什么时候举行啊？"自从学期初校长在全校会上公布了今年将举行第三届"小小奥运会"的计划后，孩子们每天都要围着吴老师热情又急切地问起"小小奥运会"的事。

4月初，阳光体育中心便出台了此届"小小奥运会"的比赛规程，项目齐全，种类颇多。接到比赛细则后，体委兴奋地贴在了班级最醒目的位置上，全班孩子一哄而上把这面墙壁围了个水泄不通，孩子们热烈地讨论着各个比赛项目，有的孩子甚至激动地开始报名了。

"老师，我天天练跑步，男子100米、400米，让我上吧！"黄胤庭挤出人群，这个一向沉稳的男孩，此刻涨红了脸，语速快得惊人。

"我参加50米蛙泳……"

"我参加4×100接力……"

"我跳高……"

"履带战车，我参加……"孩子们欢快的呼喊声震耳欲聋，蓬勃的热情如夏日的烈焰般燃烧着。

"此次奥运会秉承往届的理念——全员参与！"几次击掌后，班级稍稍安静一些了，吴老师连忙温馨提醒。吴老师的话音刚落，又一轮争论开始了。

"啊，全员参与？全校四千多名学生都要参与吗？"

"操场容得那么多人吗？"

"校长给我们借好了对面人大附中的操场！"吴老师被孩子们的热情感染着，"以往是三千多人一起参加，今年四千多人仍然一起参加，太了不起了！"

"是啊，任何活动都全员参与不是我们的传统吗？""对，一个都不能少！"看着孩子们认真地议论着、欢呼着，吴老师仿佛看到了42名即将走出国门代表中国队冲入伦敦奥运战场的体育健儿一般——对体育丰盈的热爱，在比赛面前凝心聚力的团队精神和勇于向前的责任感使他们更加英姿飒爽、斗志昂扬。

4月26日清晨7点，初阳刚刚露出粉红的小脸，人大附中操场上人声鼎沸，热闹不已了。7：40分，礼炮鸣响，主持人宣布"人大附小第三届小小奥运会开幕式正式开始"，操场上响起了雷鸣般的掌声。主席台上郑校长和中国人民大学、海淀区领导代表早已微笑等待各班代表的各个国家正式入场了。

此时，操场边上热闹非凡，五彩缤纷的各国服饰汇集成绚丽的海洋。吴老师的班级代表的是美属维尔京群岛、萨摩亚群岛。早在一周前孩子们就利

用课余时间自发用废旧物品制作了各种各样的特色服饰，今早更是提前到来，换衣服、化妆，忙得不亦乐乎。

马上就要上场了，孩子们伸出"v"字手势，彼此鼓励，暗暗加油。"老师，小梁不见了……"就要上场了，体委急促惊慌地汇报着。大家都知道小梁是个特殊的自闭儿童，每次活动他总是悄悄躲开。"全员参与是我们小小奥运会的宗旨，必须把他找回来，"吴老师告诉孩子们，也告诉自己。

几个班委好不容易在学校大门边上找回了小梁。他没有穿戴准备好的服饰。大家纷纷从自己的头上、身上脱下一些衣饰递过来，吴老师匆匆帮他套上了一个用花衬衫即兴改成的小裙子、戴上体委借来的牛仔帽……

该入场了！吴老师一边匆匆走着，一边帮小梁把帽子边上的花环别好。经过主席台，校长灿烂地笑着挥手表示鼓励，孩子们更加兴奋了，已然忘却

了刚才缺人的焦急和尴尬。虽然由于没来得及整队练习，队伍稍有凌乱，但吴老师依旧开心，"五（1）班一个都没有少，大家都在……"

七彩课间操我最棒

四年级抽中了广播操比赛的武术与太极融合操，张明心中不由紧张起来，武术操是三年级才接触的，自己一直做得不太好，如果能不参加就好了。

"老师，每个人都要参加吗？"同学的问题打断了张明的思绪，廖老师的回答又坚定了他对这次比赛争胜的信念："对，全员参加，一个也不能少！"

为了培养学生的团队意识及集体荣誉感，郑校长要求一年一度的七彩课间操评比，全班都要参加，一个不能少。

这次比赛的七彩课间操为武术与太极融合的自创操，在将精气神表现出来的前提下，还要求动作与音乐的完美配合。

说起来容易，做起来难。虽然比赛仅短短几分钟，却凝结了辛勤的汗水：一个个数不清的细节，让同学们有些左支右绌；然而，一声声短促有力的

呐喊，却又让同学们斗志昂扬；一次次虎虎生风的冲拳，让同学们显得坚毅顽强。

细节决定成败，坚持就能制胜！在所有人的不懈努力下，张明与大家的练习成果显著提高。以前做操时耷拉的手臂变得有力而富有美感；以前做操时此起彼伏的发声，变得整齐而洪亮。

终于迎来了决战时刻，身着蓝色服装的男生与身着红色服装的女生入场。在观众热情的掌声中，张明再一次感觉到了前所未有的紧张。但是他无暇他顾，在脑海里不断回忆着练习时的动作要领。不及想完，武术操《精忠报国》的音乐就响起了。由于紧张走神，他一连错了好几个动作。他急忙将思绪拉了回来，投入武术操的比赛中。每一个动作他都做得认真有力，每个细节他都让自己做到最好，努力弥补之前造成的失误。音乐停止好一会儿，张明心中的惴惴不安才被场中评委赞许的目光和场边观众的掌声所平复。

在另一场的低年级的七彩课间操比赛中，二年级的小同学们表演的是他们最热衷的兔子操。三年级表演的是青蛙操。"我是一只小青蛙，呱呱呱呱……"稚嫩的身体随着音乐有趣地律动起来，虽然动作有些滑稽，但是每个人的脸上都显得认真而可爱，就好像他们是来表演而不是比赛。

"阳光体育节"我最爱

"阳光体育节"百米项目，经过几轮的淘汰，只剩下 8 名选手，这几名选手可谓是棋逢对手。跑道上，在 100 米终点的两侧人头攒动，五年级 (3) 班的班主任刘老师和同学们屏住呼吸，紧张地盯着 100 米起点准备起跑的本班选手小马。

"砰……"，比赛开始了，所有选手嗖地冲出了起跑线，起跑不分伯仲，所有选手争相奔向终点。

跑在第四道与第三道的两名选手，逐渐与其他选手拉开距离，优势已经凸显出来。第三道上的小马，矫健而有力，两臂快速摆动着，插上翅膀就像要飞起来了。第四道上的选手，也是咬紧牙关，一步都不甘落后。

最后，马同学不负众望，取得了百米冠军。在百米跑道的终点，刘老师和同学们把小马紧紧包围起来，一起欢呼雀跃。因为小马的胜利，不单是他个人的胜利，更是五（3）班集体的胜利。因为"阳光体育节"的每一位参赛选手都是在为班集体的荣誉而战。

每逢春暖花开的季节，"阳光体育节"就成了孩子们的节日。"阳光体育节"贯彻的是学校"全员参与、集体作战"的理念。每届都历时一个月，而且设置很多项目，为每一个有体育梦想的孩子搭建展示自我的舞台。

"月赛"越快乐

体育班长，走进教室对全班同学大声宣布道："同学们，咱们五年级这次月赛的项目是迎面接力，虽然没有太多技术含量，但是交接棒却是一个很大的难题，咱们班的同学速度不慢，我想再减少交接棒的失误，冠军非咱班莫属。"

王老师说："再上体育课的时候，交接棒的技巧同学们一定要请教咱们体育老师，只有准备充分了，比赛时咱们才能发挥得更好。"

当阳光体育中心的老师们一切准备工作就绪后，筹划许久的体育月赛终于要鸣响第一枪了。

五年级的比赛真是一场声势浩大的趣味赛，这场比赛考验的是孩子的心理素质和面对各种器械时的身体反应能力及协调性，整场比赛下来，同学们都是面色红润、气喘嘘嘘。在磨炼意志的时候，对身体的磨砺也是不小。

低年级的比赛也非常有趣，同样是迎面接力比赛，但是要两个人以两根体操棍将球夹到对面，看似简单的项目可让孩子们费了不少劲。

"你再稍微使点儿劲儿，球要掉下来了……"身材矮小的两个一年级男生正在费劲地夹着球，眼见着球就要掉下来了，一个男生忍不住对同伴嚷着，眼见着就要到终点了，还是"嘭嘭……"球应声落地滚远了，急得两个小家伙眼泪都快出来了。在一旁指导的班主任赶紧安慰："先别哭，把球捡回来就行了……"低年级的孩子们是第一次面对这种比赛，兴致勃勃之余难免会有些紧张。

月赛掀起了体育竞赛的热潮，年级间、班级间早在比赛前就利用每天一小时的体育活动时间，抓紧练习着。"太棒了，等升入六年级，就有篮球联赛了。"两个男生兴奋地期待着。"老师，咱们下个月的比赛项目是什么啊？""抱

球接力，你们要好好准备啊！"比赛刚结束，四年级的男生就关心着下一次的比赛项目。

结束裁判任务回到办公室的老师们同样是感触颇深。"场面实在是超出想象，月赛无异于是一个单项运动会啊！"林老师感慨地说道，"好嘛，以前上课只要说跑步，孩子们都咧嘴，现在说练习月赛项目，一个比一个来劲。"

"通过比赛提高孩子的运动热情和练习密度，月赛确实是一个一举两得的好法子。"年轻的杨老师补充道。

体育月赛把班级的每一个学生紧紧联系在一起，在这个凝聚团结力量的赛场上，他们互相激励、彼此包容，创造着胜利的奇迹，也体验着月赛的快乐。

校长，能给光盘吗？

2004年9月26日是附小人值得终生珍藏的日子，这一天附小迎来了50周年华诞。在中国人民大学世纪馆举行的庆祝建校50周年"这边风景独好"的音乐会上，33面"威风锣鼓"敲出了附小人的自豪；红绸舞出了附小人的阳光；40架数码钢琴奏出了附小快乐与和谐的音符；老师们迈着矫健的步伐，带领我们《走进新时代》，特别是当全体师生一齐起立，在郑校长的亲自指挥下，一起引吭高歌"附小，我的骄傲，祝福你，我的附小……"这首《祝福祖国，祝福附小》的歌时，热烈的情绪将音乐会推向了高潮……全场1800多名师生饱含深情的演唱打动了在场的每一个人。

散场后，一个小男孩跑到郑校长身边，问道："校长，音乐会能给光盘吗？""孩子，还想再看看是吗？""不是，刚才我恐怕自己举旗举慢了，影响学校荣誉，光盯着梁老师的指挥旗了，没看演出。"郑校长一下子把孩子搂在怀里，感动地说："谢谢你孩子！一定给你张演出光盘。"

第二天，郑校长收到了三年级（7）班蒋和颐妈妈陈雪梅女士的来信，信的题目是"以学生为本的校庆"，她写道，人大附小50周年校庆的特别之处在于，它在某种程度上打破了"一边是纯粹的舞台，一边是纯粹的观众"这种传统的庆祝会格局。怎样才能让所有学生都能真正融入校庆活动中来，都能真正发自内心地来庆祝、来参与、来体现自己作为附小小主人的骄傲与自豪，对于这一难题，校领导费了心思。当我看到全校学生一次又一次手举花束，手举气球，手举旗帜，沉浸在庆祝仪式中时；当我捕捉到孩子们在跃跃欲试，准备起立时那闪亮的目光时；当我听到全场学生在校长的指挥下高歌"附小，我的骄傲"时，我完全能感觉到我身旁的孩子们都在用最大的嗓音吼唱，我不能不为附小这种充分尊重学生热情、充分爱护学生热情、充分激发学生热情的"以学生为本"的理念所感动……

是的，附小的校庆演出的特别之处就在于颠覆了演员与观众传统格局。全校师生都是观众，又都是演员！这就是郑校长一贯倡导的"全员参与"，让每一个孩子都有成功的体验。

2009年的6月28日全体师生庆祝建校55周年，在庄严神圣的人民大会堂举行"在灿烂的阳光下"主题音乐会的情景，依然是3800多名学生齐诵古诗文、口琴齐奏"欢乐颂"，以及全校师生在郑校长的指挥下齐唱《凝聚每份爱》《在灿烂阳光下》时，感动的空气飘荡在整个人民大会堂上空。嘉宾、老师、家长，约6000人共同参加了这场音乐会！每个孩子都是最出色的，许多老师、家长都流下了激动的泪水。

七彩班歌我们创

"我们的班级是一个家，我们的班啊我们爱她；老师是家里的爸爸妈妈……无论我们走到哪里，都会在记忆中找到她。"五年级（4）班的学生在艺术节的原创班歌比赛中正充满激情地演唱着，一个个是那么认真、那么真诚、那么自豪……

望着孩子们一张张可爱的笑脸，班主任崔颖玮老师不禁回想起孩子们创作班歌时的情景。

当崔老师告诉孩子们，此次艺术节学校要举办班歌比赛，而且要自己编词谱曲时，孩子们又兴奋又紧张。兴奋的是他们可以通过班歌表达心声；紧张的是全班41名学生，大家谁也没有写过歌，这可怎么办呢？

下课后，孩子们三三两两地热烈讨论，你一言我一语，虽然想法很多，但不知从哪儿下手。这时，崔老师语重心长地对孩子们说："这个班级承载着你们的梦想，你们要把对班级、同学、老师的热爱之情融入歌词中。"

听了老师的话孩子们茅塞顿开，很多美好、难忘的回忆呈现在眼前。于是他们商量每个人都把对班级的感情写出来，哪怕一句话，然后再统一编写歌词。有的写老师像父母，严厉而慈祥；有的写同学像兄弟姐妹，团结友爱；有的写班级像希望的种子，大家一起浇灌……一句句对班级深情的话语汇聚成这首以"班级就是家"为主题的班歌。

班歌比赛那天，全班41名同学满含真情地唱出了对班级的热爱、对老师的敬爱、对同学的友爱。五年级（4）班最终获得了"班歌创作奖"，孩子们高兴地跳啊唱啊，像过节一样。

后来，学校把班歌整理成册，出版了《七彩班歌集》。这是孩子们的真情和智慧的结晶。它唱出了一个团结、友爱、奋进的班级。

创新科技节我最巧

在科技周期间，学校的垃圾是一天比一天少，连保洁阿姨都很奇怪，垃圾都去哪儿了？这都要感谢四年级的同学积极踊跃参加变废为宝的比赛！

一幅幅用手纸、笔帽和纸巾筒制作而成的"名画"使人拍手称赞；一个个用瓶盖、垃圾袋、废旧布料制作的艺术品更是美轮美奂、巧夺天工！用一名四年级同学的话概括就是"创意有时候就是这么简单"！

学生们用自己的想象和创意将生活中毫不起眼的废旧物品变成一个个精美的背景、道具和服装，配合他们自编的原创短剧。还真有一个誓要将创意进行到底的劲头。

科技节源于郑校长的自主创新的理念，要求全员参与，让每个孩子在科技节中得到一次锻炼自我的机会，科技节也是一个展示自我的舞台。

科技节开始时，虽然一年级的小朋友入学只有一个来月，但他们仍能感受到科技周的热度。他们的比赛项目是自制飞机掷远，自主设计的飞机各不相同，做得也有模有样。一个胖胖的小家伙最吸引人的眼球，火红的机身配上银色铝箔纸的装饰，令在场选手都好奇地多看两眼。

他的动作更是滑稽得让人捧腹，他在投掷的一瞬间居然还给自己配音，"啊——啊——啊——"！虽然成绩只有两米。可他说："这是我自己用了一个星期的时间做的，明年我还要参加！"最后他得了"最佳造型奖"。

如果你只有一张纸，你能让它变成多长？1米，3米，5米，7米？没错，你没有看错。这就是三年级同学的挑战，尽你所能，把一张A4纸变长。

比赛的开始阶段，很多同学想出了各种折叠的方法，但最多也就是二三十厘米。随着一声"咱们把它撕开吧"，这一个极具想象力的启示，同学们如梦方醒，各显神通。最终的记录被定格在了10米！

虽然老师没有强调，但节约环保的意识早就深植在孩子们的头脑里，大部分同学参加比赛用的纸都是废弃的已经进行双面打印的。

从五年级同学的赛场传来的是让人心惊肉跳的声音。他们进行的是桐木承重比赛——对不超过18克的桐木结构进行承重测试。从25公斤到180公斤，再加一个人。

"桐木三人组"——五年级（10）班的三名同学：王蔚然、于浩翔、马家驹组合让全场沸腾了。当在接连要了 7 个 25 公斤的杠铃片之后，裁判、家长、观众全都屏住呼吸。却听见马家驹说："王蔚然，你站上去，其他的杠铃片太轻，没意思。"观众一片哗然，当王蔚然在家长的帮忙下成功地站上结构，而结构依然没有损坏，全场爆发出雷鸣般的掌声，三个小参赛队员紧紧地拥抱在了一起。人大附小桐木承重比赛创造了 260 公斤纪录。

六年级同学的比赛是兼顾艺术性和承重的纸桥承重比赛。平时茶余饭后用来看的报纸在他们手中变成这些或威武雄壮、或婀娜多姿的纸桥。最终获得第一名的同学还给全场的参赛者讲解了有关桥梁方面的各种知识，寓教于乐，让大家获益良多。

/二/ 造一个支点——助力追求梦想

不掉队就走向世界杯

两年前，现任健美操队的队长蒋雨馨还是一个名不见经传，可以说是矮小瘦弱的小姑娘。站在队伍最后排的角落里，跳操时总是比大家慢半拍，跳跃难度总是略显笨拙。现在，她站在队伍最前面，笑容灿烂、身姿优美、活力四射！

最初，杨老师对蒋雨馨选择参加健美操训练的决定产生了一丝疑虑，说："孩子，你喜欢健美操吗？"杨老师难忘那双透着渴望与坚定的大眼睛。

"杨老师，我非常喜欢健美操，我知道我现在跳得很难看，但是我一定会努力练习的，我一定会跳好的。"听到蒋雨馨这番话，杨老师决定帮助她实现这个简单梦想。

从那以后，蒋雨馨总是最早出现在训练场上，她的话不多，休息时旁边孩子们叽叽喳喳时，她常常沉默，或是搭在把杆上继续练功，或是反复练习强化，别人练习一次的动作，她总会反复练习好几遍后再找老师检查。杨坤老师也曾怀疑："天分不高的人，是不是真的可以成功？"

蒋雨馨给了杨老师答案。半年后，她拿着北京市健美操第一名的奖状哭着说："杨老师，我做到了！"杨老师激动地对她说："付出就一定会有收获，你的进步这么大，我真的很高兴，你一定会做得更好的"。

从那之后，蒋雨馨就更加坚定了自己的选择，有了成绩的肯定与坚持不懈的努力，蒋雨馨走上了全国比赛的赛台，这一次她不仅表现出色，更是自信满满，又是第一名，全国比赛的第一名！

蒋雨馨听到比赛成绩时，除了高兴还多了一丝渴望："杨老师，我们是不是可以参加世界的比赛了？"杨老师看着她坚定地说："一定可以的！"

杨坤老师见证了蒋雨馨"不想掉队"的誓言里藏了多少心酸。从市里的比赛，再到全国比赛，两年间杨老师看着她压腿压得掉眼泪，看着她因为重复一个动作，累到连发梢都滴汗，看着她的基本功一点点变得扎实，看着她的动作渐渐流畅到几乎无懈可击。

杨坤老师还见证了健美操队的同学们经历了全国健美操比赛的各种磨砺与洗礼，人大附小健美操队终于凯旋。"校长我们爱您，人大附小我们永远爱你……"在返回驻地旅馆的巴士上，一群还没有来得及卸妆的小姑娘，对着电话发自肺腑地喊着。电话那边的郑校长，听到孩子们的呐喊，被这些孩子们深深感动了。

杨坤老师说："健美操队取得的每一份成绩和每一座奖杯，都离不开郑校长的关爱，离不开学校提供的经费保障和技术指导。在附小你想做什么，校长都会帮你实现这个梦想。2013年8月我们参加在美国拉斯维加斯举行的世界青少年健美操比赛，力争捧杯，为附小争光，为祖国争光。"

如今，杨老师的梦想实现了，人大附小取得了第十六届世界青少年健美操锦标赛的亚军，身处大洋彼岸的他们把这个消息第一个告诉了校长。

憧憬未来要做冠军梦

从4岁开始，小明就坚守着一张小小的球台，球台犹如一面镜子折射出的是每天挥汗如雨坚持练球的记忆。在这期间有汗水，更有泪水，他几度想放弃，而支持他一如既往走下来的动力，只是圆自己一个冠军梦。

一次看完体育节目的时候，懵懂的小明饶有兴致地问爸爸："打球的那个阿姨好厉害啊，她是谁啊？"爸爸笑着道："那个阿姨是前国手，蝉联过好几届世界冠军，囊括了所有大满贯金牌，创造了 23 枚金牌的记录，她叫邓亚萍。""有那么多啊，我要跟她一样厉害就好了！"小明一脸羡慕，并憧憬未来当冠军的表情。

就这样，小明怀着对未来的憧憬走进了人大附小彩虹门，走进了人大附小彩娃乒乓球队。小明一练就是 4 年，4 年中不知洒下多少汗水，不知流过多少泪水，但他始终有一个梦想，就是要像邓亚萍那样夺得世界冠军。

2012 年 9 月 3 日，一个令小明终生难忘的日子。学校请来了邓亚萍女士为人大附小"毛毛虫充气乒乓球馆"揭牌。当小明亲眼见到偶像的那一刻，仿佛做梦一样，激动得一句话也说不出来。

在毛毛虫乒乓球馆，邓阿姨拿着球拍，站在小明的对面，两个人你攻我防地打起球来，小明心里激动极了，攥着球拍的手都是汗水。邓阿姨鼓励道："小朋友，你要努力啊，阿姨小的时候可没有这么好条件，一定要珍惜啊。"邓亚萍阿姨轻轻搂着他，主动叫摄影师拍合照，照相机记录下让他至今难忘的瞬间，也激励着他继续朝着自己的梦想进发。

自从见到了邓亚萍后，小明憋足了一股劲，训练更加刻苦。功夫不负有心人。在 2013 年的北京小学生乒乓球"和谐杯"比赛上，经过几轮的奋战，小明终于站在了冠军领奖台上，此刻，他体会到了什么叫苦尽甘来，体会到了金牌背后凝聚的无尽心血。

小玥是一个打乒乓球很有天赋的小姑娘，在为挑选彩娃乒乓球队员举办的二年级至六年级乒乓球联赛中，老师发现了个子矮小，但是发球、挥拍、杀球却比同龄的孩子更显得有章法的小玥。

赵老师找到小玥，问道："咱们人大附小现在成立'彩娃乒乓球队'，你想不想来啊，以后就代表咱们学校参加比赛！"小姑娘眼前一亮，高兴地说道："真的吗？我从小就喜欢打乒乓球，爸爸妈妈都非常支持我，如果我来彩娃乒乓球队训练，就再也不用去其他陌生的地方练球了，也省得爸爸总是送我！"

别看这个小姑娘岁数这么小，考虑起事情来还挺长远，当时赵老师就断定，这个孩子将来一定能够有所发展，所以就格外用心地对她进行指导起来。

经历了 3 年漫长而艰苦的训练，当年的小姑娘终于成长为一个独当一面的乒乓球能手。

在第三届"小小奥运会"的开幕式上，正式启动的人大附小阳光体育俱乐部也以"彩娃乒乓球队"为发展龙头，带动阳光体育俱乐部的整体运作。将已完工投入使用的"毛毛虫"馆作为"彩娃乒乓球队"的训练场馆。

本来这个场馆想用做科技博物馆，但看到师生努力拼搏的劲头，郑校长决定把这个场馆送给乒乓球队。这个决定鼓舞和激励了"彩娃乒乓球队"的每一个选手。每到放学后，"彩娃乒乓球队"的孩子们，顾不上一天的辛苦，迫不及待地开始乒乓球练习。懂得感恩的孩子们，要用他们优异的运动成绩来回报校长。

"水娃游泳队"里有喉糖

游泳池里从不缺少激情，从不缺少坚韧，从不缺少关爱，但我们被这个小小的喉糖点燃了、升华了。

　　一年一度的北京市中小学生游泳比赛年底就开赛了，这两个月"水娃游泳队"整日集训。没多久，老师们的嗓子几乎全部哑掉，轻伤不下火线，训练仍无休止。

　　一天，老师们像往常一样走进馆里训练，刚把训练计划放在桌子上就发现上面放了一颗喉糖，小小的喉糖皱皱地静静地躺在那里，一种莫名的情感涌上心头，当抬起头的时候，老师们发现彼此都以同样的目光在对视。

　　相互看了一下之后，默默地低头坐下，都在凝视这颗小小的喉糖，它俨然不只是一颗喉糖，更像一颗跳动的感恩之心。

　　老师的心被孩子们幼小的心灵碰撞着，并因此认定，这是一种责任，一种激情，更是一种动力，让老师们义无反顾地向前，带领一颗颗稚嫩的心，简单而富有热情地向前冲，去追求心中的梦……

　　2009 年 5 月 5 日，"水艺芳"游泳馆正式落成之际，"水娃游泳队"成立了。现在，"水娃游泳队"已蝉联两届市团体总分第一。

　　"今天，终于出比赛公告了，果然不出所料，人大附小'水娃游泳队'又是北京市团体总分第一"，李昆瑜妈妈站在池边与游泳老师兴高采烈地说着，接着她又如释重负地说道："这一星期可别提了，真是煎熬啊，水娃的好

多家长，一天恨不得都长在网上了，不查三五次不罢休，这下成绩可算是出来了。"

说这话的时候，她还时刻不忘关注着自己的孩子——在池中练习的李昆瑜。在葛老师的指导下，李昆瑜正在认真划水和摆腿，协调的姿势，流畅的划水，就像一条小鱼一样。站在岸上的母亲目光里闪动着骄傲与感动。

"水娃游泳队"每天将近两个小时的训练课对于身体负荷相当不小，而且每周还要保证至少四次的训练次数，如果没有毅力，是很难坚持下来的。但是，小水娃都挺过来了，而且人数也从原来的十余人锐增至70人。

"宝贝儿们，经过一段时间的刻苦训练，你们每个人的成绩都有了明显的提高，每个人游得都是顶呱呱！"看着孩子们被夸得兴奋的脸庞，葛老师又认真地说："能够参加'水娃游泳队'的孩子，应该是最优秀的孩子，不但游泳最棒，学习最强，其他方面的才艺也顶呱呱！"

在游泳老师无微不至的关心和呵护下，"水娃游泳队"里的孩子们个个品学兼优，不仅能在游泳项目上出类拔萃，还具有相当好的艺术素养，有拉小提琴的、有合唱团的，前面提到的李昆瑜同学更是能演奏一手漂亮的钢琴。

获得北京市50米蛙泳第一名的何锦潼被光荣地选为升旗手，郑校长亲自为他颁发了获奖证书及校长币，并与孩子紧紧相拥。

曾经，这孩子向游泳教练刘彦老师提出退出游泳队："刘老师，我不想练了，我腿骨折刚好了，现在游起来特别别扭，我实在不想游泳了。"听到何锦潼沮丧的话，刘老师并没有怪他，因为曾经作为专业运动员的刘老师，也曾面临过伤病的困扰，这对于一个小学生来说，确实是一个不小的打击。

"我在想，你的退出应该是不甘心的，你不想游了并不是你不具备这方面的能力，是因为你伤病的困扰。"刘老师看着他默认的面孔，继续说道，"并不是所有运动员都始终走在巅峰上，如果你能够克服伤痛的困扰并锻炼好骨折后的腿，那么你回到最初的状态上，是绝对能办到的！"看着何锦潼有些犹豫的样子，刘老师硬了硬心肠说："你是哭着离开，还是笑着流泪，你自己决定吧！"

"我不想输，我不想输，呜……"何锦潼终于不能压抑心中的苦恼，流下了眼泪。刘老师拍了拍他的肩膀说道："去洗手间洗洗脸，把自己悲伤的一面隐藏起来，以后你要比别人付出更多的汗水，去找回你曾经失去的成绩！"

"水娃游泳队"不简单，并不是因为它硕果累累，取得了诸多奖杯与荣誉，而是每一个可爱的、了不起的、有特质的不断感动着我们的"可爱的小水娃"。

足球——有背后推手

"快……传球啦，没有人防守我！"一名身着足球套服的少年嚷道，在他身后是几名追赶他的防守队员，从后面能够清晰看到，少年的短袖后背清晰地印着"人大附小"，这是五年级正在展开的一场足球联赛对抗赛。"来人啊，快截住他，他跑得太快了，我追不上了……"从侧面蜂拥而至几个孩子，急忙来堵截这个少年。

偌大的足球场被开辟成四大赛场，孩子们像风一样地奔跑着，你来我往地追赶着足球。即便没有校园比赛的时候，人大附小的孩子们热爱足球也超出了你的想象，只要中午一有休息的时间，他们选择的第一运动就是足球。

在刚刚结束的历时8个月的北京市校园足球联赛——"小西甲"中，人大附小"三高"足球俱乐部以38连胜，捧得了桂冠。当这一消息吹遍校园，整个校园再一次刮起了强烈的足球旋风。

在本次"小西甲"联赛中表现非常抢眼的就是足球队长——赵瀚冰。在奔跑的人群中出现了他的身影，在他的背后清晰地写着"人大附小"，他就是那个带球突破的少年。

在足球队中，他是认真刻苦训练的优秀队员，回到班里，他是带领孩子们赢得比赛胜利的领军人物，所以班上的孩子都非常崇拜他。因为爱好足球运动，他已经在"三高"足球俱乐部度过了整整五年的时间。

　　每到放学后，你就会看到一个个低年级的孩子，在学校体育教师的指导下，像模像样地踢着足球，虽然动作有些笨拙，但是他们踢得很投入。在足球场的另一侧是年龄大一点儿的中年级孩子，经历了一年启蒙训练，他们的身体素质得到了提升，并形成了一定的足球素养，踢起球来显得更有意识和战术。

　　在这里，学校为了让孩子们能够快乐地踢球，为他们建造了儿童标准足球场；为了能够保证训练时间，特别在足球场的周围装备了照明灯。

　　在这里，学校为鼓励孩子们踢球，在月赛中及每次"小小奥运会"时都举行年级足球联赛，让更多孩子有参与足球比赛的机会。

　　在这里，每一个喜欢足球的孩子，在尽情享受足球带给他们快乐的同时，也在执着地追求着自己的理想。

　　从1992年至今，人大附小足球队携手"三高"足球俱乐部走过了21个寒暑，学校成为北京市足球传统校，更是"三高"足球俱乐部的基地，取得过16次全国及北京市足球比赛的冠军，在这期间，人大附小足球队不仅奠定

了在北京市小学足球令人难以企及的地位，更为国家队、国家青年队、北京青年队、中超联赛输送了多名优秀球员。

像人大附小这样坚持了 21 年的足球队，恐怕在小学还很罕见。正是学校为中国足球努力的信念及良好的足球氛围，使人大附小成为一所能够真正做到足球运动"从娃娃抓起"的名校。

篮球让她快乐

小女孩任丽 9 岁爱上篮球，天真可爱的笑容流露出对篮球的热爱与向往，篮球带给她无限的激情。这样积极主动的她，在基本技术能力上比别人扎实得多，很快她便成了球队的核心。

新学年训练的第一天，老师没有找到任丽。与任丽同班的队友说："任丽被妈妈接走了，她妈妈不在北京。"任丽的班主任告诉老师说，孩子的父母离异，孩子被妈妈带去上海了，过些日子可能会回来。

一个月后她回来了，老师激动地走到她身边，想给她一个大大的拥抱，但她却躲得远远的，流露出来的表情是那样悲伤。老师叫她的名字，她连理都不理，巨大的反差让所有人都不适应。

任丽仍爱篮球，可训练中表现出来的是她的脾气变得很大，很倔强。老师担心任丽会被她内心的悲痛击垮，认为当务之急是尽快让任丽融入球队，于是，动员全体队员帮助她走出内心的伤害，用篮球特有的魅力一起去影响她、帮助她成长，试着从责任这方面去给她施加压力、建立信心。

老师召开了篮球队全队会议，投票选拔篮球队长，善解人意的孩子们全部投票给任丽。任丽笑了，笑得虽有些勉强，可这一刻多少给了她安慰和鼓励。从此，队长的重任她要担负。老师布置给她一些任务，每天要负责推球车，带领大家做准备活动，负责协调球队的关系，负责监督大家的训练状态，更要求她要用最佳的训练质量去影响全队。任丽答应了，并做得很好。

老师给予的奖励，队友给予的鼓励，加上她对篮球依然存在的那份热爱，变化在悄然发生。每一次的教学比赛中，她得到的掌声、呐喊声永远是最多的。这份成绩，源于她自己的付出和日常训练的积累，更重要的是她对篮球的挚爱。

她走出了悲伤，从此不会封闭自己的内心。她热爱的篮球已经帮助她找回了从前的快乐。篮球或许对她来说意味着责任、伙伴、走出自我封闭的桥梁以及共同收获成功的喜悦。

阿乔，一个阳光少年，作为学校篮球队的队长，每天都与篮球形影不离，他视马布里为偶像，更把他当成激励自己的目标，马布里打球的形象总是在他的意识里闪烁着，久而久之，能与他同场切磋已经成为一种渴望。

一天，王老师不经意地说："再过两天，马布里要来咱们学校进行篮球交流活动……"

马布里真的来了，阿乔和马布里配合打球，让阿乔心中阵阵窃喜。"Good, boy。"阿乔接到马布里的妙传投篮，虽然没有投进，马布里仍然送出鼓励。阿乔运球突破，将球传给了马布里，只见他轻轻一投，球应声入篮筐，全场沸腾，马布里跑回来，拍拍他的肩膀："hey, guy, sweet pass！"听到这个鼓励，阿乔高兴地说："thank you, man！"

"咔，咔……"摄影师将马布里与孩子们愉快的一刻定格成永恒的画面。走进彩虹门的马布里携篮球训练营进驻到了人大附小阳光体育俱乐部。更多像阿乔一样喜欢篮球的孩子，可以尽情享受篮球带给他们的快乐。

/三/ 送一片天空——致力脱颖而出

琴声朗朗圆梦想

周溯泓老师一来到人大附小就接任四年级（4）班的班主任。开学第二天，学生左彤交给她一份申请书，申请每天只上半天课，中午回家练习钢琴。

这个下马威让周老师不知所措，哪有小学生为了弹琴只上半天课的？更多的疑问让周老师有了否定的想法：学校能同意她的申请吗？她的学习成绩能得到保证吗？

周老师找到郑校长，让周老师没有想到的是，郑校长平静地说："哦，左彤啊，她上学期就已经只上半天课了。她有音乐方面的天赋，应该给她提供足够的时间和空间呀！"

更没想到的是，在这期间左彤凭借自己的自主学习能力，学习成绩一路领先。她还凭借自己的多才多艺，担任了学校少先队大队长的工作，每周主持升旗仪式。

在人大附小50年校庆演出中，40架钢琴合奏，左彤是领奏。左彤在中考前一个月，去上海举行了个人钢琴演奏会。高三时，她申请的7所美国常青藤大学都给她发来了录取通知书。她选择了更符合自己艺术成长与发展的耶鲁大学。

去美国之前，她特意来到母校看望和感谢郑校长，她说："人大附小的教育理念和教育环境让她的天赋得以发展，让她的梦想得以放飞。是郑校长给她插上了梦想的翅膀，撑起了梦想的广阔天空。"

2013年1月，周溯泓老师带领13名学生去美国游学，左彤与周老师和学弟学妹们相约耶鲁大学。见面后，左彤饱含深情地向自己的学弟学妹们介绍了自己的成长经历，介绍了耶鲁大学和人大附小教育风格的相似之处……

周老师转述左彤的话说："每个人都要有自己的梦想，有了梦想就要努力去实现。人大附小就是你成就梦想的地方！"

研究蚂蚁梦成真

一次，王祖位正好参加学校组织的赴美太空夏令营，他在机场给妈妈打电话说："您今天就别出门了，肯定有大雨！"这是王祖位研究的蚂蚁告诉他的信息。没过多久，一场大雨倾盆而下。

2010年新年，校长在广播里说："从今年寒假开始，学校不再留语、数、英假期作业。"听到这个消息，王祖位和同学们立刻欢呼起来。没有作业取而代之的是小课题研究，校长是这样说的："这个寒假同学们做什么呢？就做你们感兴趣、喜欢做的事。学校鼓励你们自主创新，进行小课题研究，充分发挥你们每个人的创造潜能，喜欢什么，关注什么，就研究什么。开学后，要把你们的研究过程和成果用喜欢的方式，向全班汇报。"

王祖位兴奋地在心里盘算着，这个假期，我要研究我喜欢的计算机，还要继续研究各种航模飞机的飞行，还有一到夏天就成群结队涌入我家的蚂蚁……最终，在妈妈的帮助下，研究蚂蚁的小课题付诸实施。那时王祖位刚读三年级。

王祖位经过查找相关资料和网上查询了解到，这些蚂蚁是北京市民家中常见的小家蚁，数量庞大，分布在地下，每到夏季就源源不断地侵入室内觅食，无法彻底消灭。通过调查走访居委会和卫生防疫部门，王祖位了解到，当前北京市民对付家蚁的方法主要是药物喷杀、开水烫，有的用泼洗衣粉水淹。

他通过观察发现，夏天的蚂蚁喜欢喝水果的汁和饮料。于是，他每天都在餐桌上摆上切开的西瓜、桃子和葡萄招待它们。通过长期观察研究，他掌握了家蚁进入室内觅食的季节规律和取食特点。

一天，他发现餐桌上有一听没喝完的啤酒，忍不住试着尝了一口，觉得啤酒很香很爽口。他突发奇想：这些蚂蚁会不会也喜欢喝啤酒？蚂蚁会不会醉酒？这个有趣的想法，促使他做了一个有趣的试验。

晚上，王祖位把剩余少量啤酒的啤酒罐放在餐桌上，第二天早晨起来，他果然看到有上百只蚂蚁聚集在啤酒罐里，啤酒罐周围到处都是喝醉的蚂蚁。醉酒的蚂蚁爬行时一瘸一拐、东倒西歪的样子让人忍不住捧腹大笑。这个试验给王祖位带来了极大的乐趣，从此他每天都在餐桌上放一个里面盛有少量啤酒的啤酒罐，招待那些馋酒的蚂蚁。经过一段时间的观察，王祖位发现蚂蚁酒瘾很大，只要有酒，即使餐桌上摆满各种水果和其他食物，它们也不屑一顾。

根据这个发现，王祖位发明了利用啤酒"防治家蚁的新方法"。这种方法科学、环保、效果明显，具有普遍适用性。2011 年参加北京市第 12 届金鹏科技论坛，获得一等奖，并得到有关专家的一致认可。

根据专家的鼓励和建议，2012 年王祖位对蚂蚁进行了继续研究。实验证明：在酒类中，只有啤酒有诱捕蚂蚁的明显效果，白酒和红酒不具有诱捕蚂蚁的明显效果。

王祖位的创新研究成果"关于使用啤酒诱捕方法防治家蚁的研究"获得北京市第 33 届青少年科技创新大赛一等奖，并通过初评和终评，被选拔参加第 28 届全国青少年科技创新大赛。

2013 年，学校鼓励学生自主创办丰富多彩的社团。王祖位发起设立了"蚂蚁工作室"，开设"蚂蚁工作室网站"。

现在，社团已有 32 名一年级科学爱好者参加。虽然王祖位 2013 年毕业了，但他还会继续带领社团成员，走进科学探索中，培养他们从小发现问题、研究问题的创新意识和探索精神。

一位生命科学专家对王祖位的小课题研究寄予很大的期望，鼓励他上中学后，能继续这个项目的研究实践。

照片记录生活路

吕浅浅同学是一个热爱生活的孩子，自从学校取消寒暑假作业那天起，她就像一只快乐的小鸟，展开她稚嫩的羽翼开始了自己对梦的追求。

她放眼世界，跟随父母先后游历了非洲、美洲、欧洲的四十多个国家。她被异国风情、风土文化深深吸引，开始学着用手中的相机记录所见所感，每次假期一过，开学小课题汇报时，她都会把一张张照片展示给大家看，并把照片背后的故事娓娓道来。

同学们被张张照片吸引着，被照片后面的故事感染着，正是大家对她的认可，使她从此爱上了摄影，不仅参加了学校的摄影小组，还利用周末、假期开始系统学习摄影技巧。

从此她一发不可收拾，文静的她变得活跃起来，她期待着每一个假期。学校的春假、十一长假她都不放过，从四年级起她开始用照片记录生活的点点滴滴。2012 年的"小妙会"，她有了一个大胆的想法——举办个人摄影展。

这个想法得到了郑校长的大力支持，专门在水艺芳为她开辟了一块地方，孩子听说可以举办了，高兴得一晚没合眼。她精心选取了照片打印出来，布置会场，用期待的目光等待着大家的到来。

当老师和孩子们走进会场后，都被眼前的景象震撼了！这是一个只有11岁女孩的作品吗？画面太精彩了，内容太丰富了！照相技术太专业了！欣赏着一幅幅作品仿佛能让人置身其中，能感受她当时的心境。瞬间的捕捉，让我们感受着她对生活的品位。

郑校长看过后欣喜万分，当场答应孩子为她出摄影集。

这个愿望在孩子六年级毕业典礼上得到实现，一本本精美的画册发放到孩子们手中，她激动地哭了，紧紧抱着画册，感慨道："附小的6年生活，是我最充实、最快乐的日子，我爱附小！"

怀揣梦想小李白

记得三年级的时候，有一次刚下语文课，李炎泽主动拿来自己的一篇题为《建长城》的诗给何磊老师看。何老师看过之后，伸出大拇指表扬了他，随口说了一句："你真棒！我有知音了！"李炎泽惊讶地看着何老师，面带笑

容问他："怎么？您也写诗吗？"何磊老师会心地一笑，打开了自己计算机中"我的诗集"文件夹，李炎泽读了两首说："真好！真好！我得几年才能写这么好！"何磊老师拍了拍他的肩膀说："多读，多看，用心，你一定会超越前人，未来的小诗人。"他点了点头，从他的眼神中，何磊老师看到了梦想。看着他欢蹦乱跳地跑开了，何老师觉得这正是附小学生的阳光所在。从那之后，有一段时间，李炎泽没有给何老师看过他写的诗。有一次，他错把他的"小诗集"当作业本交给了课代表。上面满是他的作品，虽不算工整，但却尽显"推敲"的味道。何老师惊奇地发现，他是真正地把写诗当作了自己的爱好，何老师被他的执着震撼，为他的成功而感到骄傲。何老师想在上面写上几句评语，但最终没有下笔，实在是不忍破坏这原生态的蓝本。发本时，

他们只是相视一笑。一年的时间，他们有时也会像老友一样切磋一下。

李炎泽爱上了写古体诗，并将自己的才华展现到更广阔的领域——2010年，他为《祖国山河一片红》这首歌谱曲，得到了中国著名词作家们的赞誉，并得以发表。

2011年春节，李炎泽发给郑校长一条特别的短信——小诗《洛水礼赞》，被惜才的郑校长如获至宝，她将此诗推荐至校报发表。后来这首诗又刊登在2011年4月15日的《洛阳日报》上。

更值得一提的是，在李炎泽毕业前夕，郑校长特邀中国人民大学出版社为李炎泽出版了诗集《李炎泽诗文集》，而且还亲自为诗集写序。这是人大附小首次为一名怀揣创作梦想的学生出版诗集，它成为李炎泽诗文创作的里程碑，也是他迈向成功、扬帆远航的港湾。

翻开他的这本集子，可以感受到漫卷的真知、美丽的辞藻、渊博的知识、睿智的思考、真挚的童心……那一首首灵动的诗就是他一个个的梦，富有自然的气息，字字句句用心谱写，让人从跳跃的文字中体会到艺术的存在，独特的创造性和感染力令人动容。

歪歌达人一炮红

蒋豪展，"00后"，人大附小13届（17）班的学生。小小年纪创办了"歪歌工作室"，被网友称为"视频专家，恶搞达人"；他的作品，半年来总点击量超过三百万次，作品被多家知名网站推荐；他曾经被《新京报》独家专访，访问被多家电视台及媒体转载，在网上引起了不小的轰动。

当同龄人都在对动画片情有独钟时，他却津津有味地看着《新闻联播》；当同龄人沉迷在网络游戏中如痴如醉时，他却在电脑前浏览社会热点问题。慢慢地，关注社会热点成了他最大的兴趣。看新闻，议新闻，在网上和网友一起评论新闻，成了他业余生活的一部分。

五年级暑假，蒋豪展看到有网友把当时的热点——春运时人山人海的车站"盛况"及购票时"几家欢喜几家愁"的情景用改编歌词的方式创作出来，在搞笑娱乐之余，通过歌声把离乡之人那种无奈与期盼的心情表现得淋漓尽致。这使他受到很大的启发，他心里暗暗发誓，自己一定要成立"歪歌工作室"。

那时，即将面临海淀区六年级学业质量监测，他不敢跟老师提出自己的想法，可成立"工作室"的愿望让他彻夜难眠。有几次他做梦都梦见自己创作的歌发表后，网友点击量超过了一万，他一下子笑醒了，可醒来后发现原来是一场梦。

就在他一筹莫展时，郑校长郑重地对全体六年级同学宣布："孩子们，虽然面临监测，但是校长向你们保证一定做到'负担不重质量高'，请同学们放松心态。"

蒋豪展觉得自己的梦想一定会实现。告别了题海，他有了充沛的课余时间进行创作。他决定进行一次全新的尝试，每次一有热点发生，或时政，或民生，他都会运用流行歌曲的旋律改编，《泛滥穿越风》《坑爹的伦敦》《坑爹的十一》等相继出炉。

六年级寒假，他终于自己创建了网络社团——"歪歌工作室"，并担任社长，每每写完歌词，他都会请网友进行演唱，再自己做成视频发到网上。"嬉笑怒骂 歪唱天下"是他的口号，"针砭时弊"是他的宗旨。

这些爱好并没有影响他的学业，他在监测中，所有科目都取得了优异的成绩。

郑校长知道后和学校艺术中心主任建议，给孩子办一场"蒋豪展作品演唱会"，但由于第二学期的毕业课程时间紧，没有实施，校长至今提起来都特别遗憾。

如今，蒋豪展已经走出了彩虹门，他说"如果没有附小这样有着先进教育理念的学校，可能就没有这么多时间供我进行创作，然后就没有然后了……"

羽翼渐丰终翱翔

2013年6月1日，人大附小第三届"小妙会"拉开了序幕。蓝天阁多功能厅仍然是"霓之星"电影节微电影展映区。

在电影播放期间，郑校长特意来到同学们中间观看电影。突然，一个熟悉的身影闯入了她的视线——冯一驰，那个去年刚刚毕业，考入北京市重点中学二中的附小明星。他能主持、会演戏；能翻译、会说相声；能筹划、会管理，而且还是学校获得世界头脑风暴比赛第二名的主力队员。

"冯一驰，是你吗？"郑校长好奇地问。

"是我啊，校长！我是不是长太胖了，您有点儿认不出我来了？今天我们放假，我来学校看看您和老师们！"

"真是个懂得感恩的孩子！在二中的生活怎么样？"

"挺好的！校长，我真得感谢您，感谢附小给我们组织了那么多的活动，特别是毕业课程让我们受益更多。您知道吗？现在班里排演节目或筹划一项活动，非我莫属！如果我遇到困难了，我还是愿意把我原来在附小的同年级同学请来一块商量策划，因为我们经历过了毕业课程，经历了自主学习，所以我们的视野更开阔，我们的经验更丰富，我们的组织领导力更强，因此一拍即合！"

郑校长望着冯一驰阳光乐观的表情，听着他坦然自信的表白，脑海里不禁回想起冯一驰在附小 6 年生活中的一幕一幕。

每年寄宿班的圣诞晚会上，都能看到冯一驰的身影，他是金牌主持，大气的台风，严谨流畅而不失松弛幽默的主持风格给每一位观看演出的老师、家长、同学留下了深刻的印象。

在诸多迎接外国友人参观校园的活动中，时常能看到冯一驰的身影，他是金牌翻译家，未来的外交官，一口流利的英语让外国友人刮目相看，连连竖起大拇指。有时他还参加校外的"小记者"团活动，向大牌编辑提问，自然亲切，成熟老练。

在赴美国参加头脑风暴比赛的赛场上，冯一驰高超的演技和标准的英语发言，博得了全场观众的热烈欢迎，他是世界亚军团队中的一位佼佼者。

望着眼前更加成熟、更加自信的小男子汉，郑校长不禁感慨：尊重学生的个性，并为他们搭设成长的平台，才能培养出有特质的孩子。

头脑风暴重塑泽

崔泽是附小 2011 届毕业生，如今已初中毕业。

在小学五六年级时，崔泽是学校头脑奥林匹克训练队的主力，曾代表学

校到美国参加世界头脑奥林匹克比赛，他与被印在第一套附小币赴美参加头脑奥林匹克的马家驹同是世界亚军的主力队员。上了初中后，他自信地报名参加了学生会选举，因开朗的性格而当选为宣传部长，用无限的创意组织同学开展了丰富多彩的活动并给大家带来了欢笑。

"你别看我们家崔泽现在爱说爱笑、开朗的样子，你们知道吗？他曾经是个性格内向、极其不爱说话的人。是头脑奥林匹克的注重创意和团队合作潜移默化地改变了崔泽，使他变得开朗乐观，善于沟通和交流。"每当有人夸奖崔泽性格开朗，是个阳光少年时，他妈妈总是情不自禁地说道。记得，崔泽当时入选头脑奥林匹克校队只是因为动手能力强，而对于表演和表达都不是很擅长。头脑奥林匹克离不开团队合作，在队里，崔泽不得不与队员开口交流。更让他难忘的是老师专门设立的表演练习，不但演人，而且要扮演各种动物。

一次，老师让队员在楼道里学大猩猩走，要求第一，下唇包上唇，下巴往前挺；第二，双臂像抱水桶要下垂，不时转动双肩；第三，一般情况下双手着地，有时可以站起来挥舞双臂拍打胸脯。

起初，无论老师同学怎么鼓劲，崔泽就是不敢迈出第一步，他害怕楼道里的人向他投来异样的眼光。这时，老师扶着他的肩膀说："崔泽，今天你只要迈出这一步，你就向头脑奥林匹克迈进了一大步！"

在老师的鼓励下，崔泽鼓起勇气走到了楼道，开始表演大猩猩。尽管表情还有些羞涩，动作还有些拘谨，但是他终于战胜了自己的胆怯，迈出了勇敢的一步。

接下来，训练时的一道道即兴题，一次次表演练习，使崔泽越来越敢于展示自我并与其他人聊天说笑，渐渐地他和队友们成了好朋友。

有一次训练时，演怪兽的同学缺席了，老师突然提出让崔泽代替。崔泽竟没有一丝犹豫，立刻入了戏，只听他一阵狂吼，其他人都吓了一跳，纷纷惊讶道："没想到，你演怪兽演得惟妙惟肖，太精彩了！"

从此崔泽开始了他的头脑奥林匹克"怪兽"生涯！在表演时他嚎叫，在即兴题中他畅所欲言。他彻底改变了，变得开朗自信了！这才有了他多次代表学校赴美国参加世界头脑奥林匹克比赛，并取得了世界亚军的好成绩；有了他上初中后参选学生会干部的毛遂自荐，才有了创意无限并给同学们带来快乐的宣传部长。

"我的成长离不开头脑奥林匹克，我不清楚没有头脑奥林匹克我现在是什么样，但我相信现在的我是最棒的我。"崔泽如是说，他始终认为是头脑奥林匹克改变了他。

亲子活动"益"义多

在学校教育活动中，郑校长一贯倡导亲子活动，她认为孩子在幼年时更多参加有家长陪伴活动，一可以增进家庭的亲情关系；二可以使父母在学习与活动中成为孩子的偶像，孩子上初中、大学也会和父母亲近。为此，学校组织了亲子植树、亲子阅读、亲子艺术节、亲子头脑风暴大赛、亲子家庭美术等系列活动。

亲子头脑风暴大赛

"我校首届家庭亲子头脑风暴大赛将于本月月底在学校多功能厅举行，每个班要选出 5 名学生和两名家长组成一个团队。你们要在 7 分钟的表演时间之内展示一个原创的短剧。在你们的短剧中要去展示两个探险的过程，其中一个地点是真实存在的，另外一个是原创的……"这是头脑风暴中心魏積老师正在向五、六年级的同学们讲解家庭亲子头脑风暴大赛比赛要求。

"这块废旧的泡沫塑料板是我们先捡到的，我们要用它来制作城堡！"

"不行！这是我们先看到的，理应归我们！它可是要用来当我们主角的防弹衣的！"

"你们别争了！我看这板用来做我们的背景"星空"挺合适的……"

楼道里，经常出现这种争得面红耳赤的场面，在别人眼中的废旧物品，在他们眼里，可是比金子还珍贵的宝贝。

"儿子，老爸今儿发动同事们收集了好多易拉罐，咱们用它做个可旋转的龙椅怎么样？"

"哇，老爸，你太有才了！我搭建，你固定如何？"

"闺女，快瞧，刚从姥姥家取来的报纸，整整一箱，够吗？奶奶家那边也帮你收集呢！"

"老妈，我爱死你了！"

楼道里，经常能听到这些兴奋、欢乐的对话。叮叮当当，一个个光鲜亮丽、富有创意的演出道具在家长和孩子的手中初现雏形。

原本应该在放学之后人去楼空的五年级和六年级的教室，现在到晚上六七点钟依然灯火通明。教室里依然传出同学们为了剧本某个细节而争论的声音。

原来孩子们想在自己的表演中加上一个通电之后可以自动旋转的道具。而孔德宇同学突然想到微波炉里面的转盘就是自动旋转的，于是恳求父母贡献出自家的微波炉为大家所用。

得到信息后的家长们抱着好几台微波炉走进了班里。孔德宇的老爸忍不住笑着说："听了孩子们的想法，我们都觉得很新奇，也很想试试，谁都想把自家的贡献出来。后来我们几个家长决定都拿来，让孩子们自己试验然后挑选一个转动效果最好的！"

紧接着，就看孩子和父母聚在一起，利用螺丝刀等工具三下五除二就把微波炉分解了。经过简单改造之后，通上电，里面的转盘就开始自动旋转起来，欧可航又及时配上了他们事先制作好的有 LED 彩灯的道具。

为了更好地准备比赛，孩子和家长们都使尽浑身解数。不仅有帮着收集废旧材料作道具的，还有把导演都请来排剧的。训练时，孩子们经常是练得汗流浃背，十分投入。欧可航更是十分卖力，一会儿指导大家的动作，一会儿亲自示范，忙得不亦乐乎，甚至饭都顾不上吃上几口。

家长有的时候看孩子们排练太辛苦，劝他们歇一会儿，孩子们却说："等一会儿，我们正投入呢！"家长看到孩子们的认真劲儿，都忍不住跟老师赞叹道："孩子这么投入真难得呀！"

比赛的当天，这群孩子抽到了第一个比赛。对于大多数人来说，都觉得第一个上场特别吃亏，因为裁判通常会把第一个参赛的队伍当作标准来衡量后面的队伍。再看看欧可航他们在准备区的表情，好像第几个出场根本不重要，那个神态就像冠军的奖杯早已是他们的囊中之物了。

真正到了比赛时，台上每个班的学生和家长都卖尽力气，不仅表演配合得天衣无缝、夸张幽默，道具制作更是创意无限、丰富多彩，引来了台下的阵阵掌声。

欧可航、孔德宇夸张、幽默的表演和他们身上穿的利用废旧物品制作的服装和道具相得益彰。欧可航的表演更是可圈可点，笑点十足，逗得大家捧腹大笑。当表演结束的时候，大家都有一种意犹未尽的感觉。

当裁判宣布他们是本届家庭亲子头脑风暴的冠军时，全场响起了雷鸣般的掌声，就连其他班的同学都过来向他们庆祝。

由郑校长倡导的，五、六年级全员参与的家庭亲子头脑风暴大赛就这样在笑声中结束了。但这也是一个新的开始，创意的旅程是没有终点的。

亲子艺术课堂

怎么才能使艺术与生活沾边，并且能使家长与孩子共同融入艺术的氛围中，这是王书丹老师在亲子艺术课堂中始终都会面临的课题。

坐在电脑前的书丹老师思考良久，突然拿起手机拨通了电话，情绪有些急切地说道："杨艳老师，下一期的亲子艺术课堂我有一个创意……"在电话的两端，两位老师快语连珠地讨论着，仿佛手机也随着思想的碰撞变得滚烫。

再次回到电脑前，王书丹老师打开亲子艺术课堂的博客，手指在键盘上跳跃如飞地敲打着最新的亲子艺术课堂通知：参与课堂的每个家庭准备100个易拉罐，具体活动内容当天揭晓，望有兴趣的家庭踊跃参加。在等待家庭报名的时间里，在最初的亲子艺术课堂上，孩子们与家长完成艺术创作的情景涌上了王老师的心头……

"家长们，对您能够参加我们的亲子艺术课堂，我们感到十分荣幸，相信这将是您一次非比寻常的艺术之旅。"站在讲台前的王老师微笑着道："为了我们的家长与孩子们都能够融入艺术的创作氛围中，我们要兵分两路，杨艳老师先带孩子们到操场上搜集素材……"孩子们出去了，当看到台下的家长疑惑和尴尬的表情，王老师温和地说："艺术的品质是可被塑造的，如果一个家庭能够营造一个艺术的氛围，那么就很有可能培养出一个艺术家，只要艺术的种子播种在孩子们的心里……"说话的当儿，王老师发现一个家长爸爸准备"临阵脱逃"，继续提高嗓音道："如果妈妈能够参与进来，孩子们的感情会变得细腻，创作会变得富有意趣；如果爸爸能够参与进来，孩子们遇到困难就会在你的鼓励下学会坚持，在坚持中学会创造……"这个家长爸爸听到王老师诚恳的话语，讪讪地朝着她点了点头，退回到座位上，王老师对他报以会心一笑。

这个时候，孩子们手里拿着采集的叶子鱼贯而入，坐回到自己的爸爸妈妈身旁。王老师开始分工了，爸爸们将采集的树叶烧成灰，并带领孩子们将木炭在药钵里碾成粉末，而妈妈们自制黏合颜料的胶水，最后由孩子们将所有原料搅拌在一起，制成被孩子们称为"幸福黑色"颜料，当自制的颜料搭配在孩子们亲手描绘的图案上，当一幅幅妙趣横生、别开生面的画卷映入家长们的眼帘，他们对自己孩子的创作能力点头称赞。

　　王老师想到这些亲子活动的场景，她对这次安排的活动非常有信心。刚一刷新页面，留言的帖子就不断地跳了出来，这些留言都表示对这次活动非常感兴趣，却猜不出 100 个易拉罐是做什么用的，王老师回复道："谜底留在周末揭晓，赶紧行动起来吧。"

　　周末如期而至，步入学术苑的王老师刚一走进美术教室，就发现教室里坐满了人，桌子上摆了一摞摞废旧的易拉罐。见老师来了，一个家长紧张地说道："王老师，实在不好意思，算上家里有的，再加上从小区里拾到的，我们家才 50 个，跟您规定的 100 个还差了一截呢！"王老师微笑地点点头说："看到咱们家长能来，又看到桌子上摆满的易拉罐，这一周咱们家长过得肯定不容易啊。"王老师这么一说，所有家长都笑了。

　　"生活中有很多垃圾，并非是一无所用，在今天的亲子艺术课堂上，我们就要变废为宝，进行一次艺术源于生活的体验。"当王老师如此交代后，家长们恍然大悟，王老师正色道："如果易拉罐不充足，咱们可以量体裁衣，创作一个手里材料允许的造型。"话音刚落，孩子与家长就要开始动手，王老师温馨提示道："由于裁剪易拉罐需要用到剪刀，这个任务必须由我们的家长负责，孩子们要设计造型的草图，这样我们的父母才能够进行剪裁。"

　　布置好分工，家长与孩子们先对构思进行讨论，然后教室里画笔的沙沙声，剪刀的咯吱声此起彼伏，好不热闹。一个小男孩手执画笔，伏在桌上尽情地画着，在他的笔下，一个个俏皮生动的海洋动物跃然纸上，他画得极为专注，甚至连海草与鹅卵石都不落下，妈妈负责将图案剪贴在易拉罐上，爸爸开始了剪裁。

　　和男孩子不同，女孩子们对美的事物总是那么情有独钟。于是，在她们的画卷上就呈现出了一幅幅枝叶茂盛绽放的花朵图，由于花瓣的层次太过丰富，剪裁时，有的爸爸划到了手，即使这样，他们创作的兴致仍然丝毫不减。

　　3 个小时，在表盘中秒针要枯燥地跳动 10800 下，但是在亲子艺术课堂里，我们的孩子与父母用他们的双手制作出了一件件风格迥异、造型新奇的艺术作品：海洋世界、绽放花朵、动物森林……

　　如果说我们的家长与孩子们刚开始拿着收集而来的 100 个易拉罐是疑惑不解，那么当他们看到这些与孩子携手创造的艺术品时，收集 100 个易拉罐的辛苦已经被艺术创作的快乐所取代，而这个快乐正是源自生活，源于亲子艺术课堂。

亲子阅读

"一阵狂风刮来，只见 10 米外，有一只白额大虫盯着你……"

学校多功能厅的舞台上，随着装扮成武松的二年级同学匡音霓声情并茂的念白，只见匡音霓的父亲扮装成老虎步步为营。父女两人惟妙惟肖地表演故事《武松打虎》，时时引起场下观众的阵阵掌声和笑声。

这是一个寒风呼啸的冬日，学校正在举行首届"七彩杯语文亲子阅读竞赛"的决赛。低年级是讲故事，中年级是表演课本剧，高年级是诗文朗诵。

著名演员鲍国安和自己的孙女共同激情朗诵了岳飞的《满江红》，爷孙俩精彩的表演赢得了在场观众的热烈掌声，将比赛推向了高潮，冬日里的多功能厅倍增暖意。

"亲子阅读比赛"最受学生和家长喜爱。在比赛过程中，每一个家庭的父母和孩子都做足了准备，各种服装道具齐上阵，有的连爷爷奶奶都加入节目中。

一位家长说："感谢学校组织这样的活动！亲子阅读，使我们家长和孩子都受到感染，使孩子更加热爱阅读、热爱语文。"

家庭是不可或缺的阅读场所，亲子阅读是一种美丽的休闲。因为孩子与父母在轻松愉快的家庭氛围中读书，父母陪伴孩子成长，享受孩子成长的乐趣，不但能增强两代人的感情交流，营造浓郁的家庭阅读气氛，而且能激发孩子的阅读兴趣，培养孩子的阅读习惯，促进孩子智商与情商的综合素质提高，可以让孩子记一辈子。

第六章

七彩精神铸就幸福团队

题目: 《"笑长"真谛》

人物: 陆玲（英语教师）

材料: 吹塑纸、红豆

校长心语

我常常对附小的老师们说，每天我们走进彩虹门，就是在一起做一件幸福的事！那你就会觉得每天的生活都是那么美好。

多年来，我始终坚信：幸福的团队滋养幸福的教师；创新的团队造就创新的教师。因此，打造一支具有高幸福指数和强创新精神的教师团队是我始终不懈的追求。在我心中，每一位教师都是我的家人，我愿把幸福和温暖传递给他们；在我心中，每一位教师都是我的贵人，我愿把创新和提升的舞台提供给他们。

在我做校长十年的时间里有两个习惯常与我相伴，那就是思考和创新。如何将学校的管理做到规范化、人性化、个性化是我永远的思考和创新。因为有了"七彩教育"这一办学之魂，因为有了幸福团队这一办学之基，学校的管理制度日趋体系化、多元化、特色化，而且我的身心也不由自主地浸润在七彩芳泽之中并努力散发出能够感染他人的七彩人格魅力。

/ 一 / 培训文化浸润幸福团队

一位管理大师说过："你能用钱买到一个人的时间，你能用钱买到劳动，但你不能用钱买到热情，你不能用钱买到一个人对事业的追求。而这一切，都可以通过文化争取到。"

如果你问老师们在人大附小最深刻的体会是什么，老师们会干脆地回答："享受成长和体会幸福。"由此可见，人大附小的文化给教师们带来愉悦以及满足感，就像是心灵鸡汤一样。

郑瑞芳校长唤起教师的自主意识和创造精神，营造出人大附小独特的管理文化，促使教师真正成为学校和工作的主人，最后打造出一支幸福的团队。

要大幅度提高教师整体水平和学生素质，使附小成为社会认可、家长满意、学生向往的素质教育优质品牌学校，就要在教师培训上做文章。从 2007 年寒假开始，郑校长提议开设"七彩名家讲堂"，每个假期邀请各行各界的学者、专家、特级教师对全校教职员工进行为期一周的全员培训。

在持续至今的 6 年时间里，58 位全国著名教育专家、特级教师、各界名流走上人大附小讲坛。这些讲座涉及的知识面很广，包括师德建设、专业技能、国际形势、经济危机、军事法律、文学历史、形象设计等各个领域。

每次假期培训，除专业教师参加外，还包括寄宿部生活老师及食堂人员、保安等所有教职员工，有时还邀请部分其他学校的教师参加。

每次假期集中培训，因为培训规格和质量都非常高，所以老师们满怀期待，热情高涨。培训期间，单场讲座需 3 个小时，但是在 3 个小时中会场里听不到一声手机铃声，听到的只有在报告精彩处老师们情不自禁发出的会心笑声和热烈掌声。

有的老师在培训期间正值哺乳期，因培训地点多在远郊需驻会，学校特批可不参加培训，但是老师宁愿每天让家人来接，也不肯放弃任何一场精彩的讲座。有的老师回学校之后，将培训反思及时记录在《教师随笔》上；有的老师在平常的教学中将在培训中学到的知识传授给学生，与学生分享多元文化的魅力，在文化传递中点燃学生智慧，照亮学生人生。

附小教师享受着学习带来的幸福。

走近名家——修养人生

与名家品尝幸福

白岩松被认为是一个敢于表达内心真实、为正义振臂疾呼的有良知的新闻人。张老师是位普通的数学老师，当年读到白岩松的《痛并快乐着》，对作者崇拜至今。

人大附小组织的"七彩名家讲堂"的活动，让她做梦也没想到，会与央视名嘴白岩松面对面探讨"幸福"的话题。

直到身着绿色 T 恤的白岩松如约步入会场，张老师才相信这一切真实地发生了。那天，白岩松比平日在电视里看到的略显疲惫，嘴角还有一个依稀可见的"大火泡"。

白岩松用一贯看似轻松、不着痕迹的方式开始了他的演讲，从他的书到他的工作……他的话很平实，却把最深刻的人生哲理蕴含在了质朴的语言中。在演讲最后的时刻，他给了老师们三个进行互动的机会。

张老师鼓足勇气举起了手："白岩松先生，您好！我的心中有三位偶像——一位是我父亲，一位是周总理，另一位就是您。听认识您的人说只要您有时间，就一定亲自去接女儿放学，您能谈谈如此繁忙的您是如何平衡生活与工作的关系，创造自己的幸福吗？"

白岩松回答道："您的父亲我不认识，但他一定是一位可敬的人；周总理不但是你的偶像，也是我的偶像。至于你提到的接送女儿的事，我从不认为它是一种负担或是值得炫耀的事，因为作为父亲，能与自己的女儿在一起，为家庭尽份责任，是一个男人应尽的义务和一种只有自己体会得出的幸福……"

张老师激动地和同事说："能和这样的'名家'面对面地交流，将成为我人生中一份永远磨灭不去的收获与回忆。"

人大附小邀请的培训老师不仅有像白岩松、阮次山、庄则栋、徐晶、马俊等这样的各界"名"流；还有中央党校、国防大学、中国人民大学、台湾师大等大学的"大"家；也有丁榕、魏书生、任小艾等教育"专"家。

与专家切磋思辨

"可以大胆去想，任何可能性都会有的……"来自台湾专门研究创新教育的陈教授，操着一口地道的台湾腔，脸上洋溢着微笑，用他充满鼓励的语言，一次次不断肯定着老师们给出的一个又一个充满奇思妙想的答案。

"玻璃瓶里竟然有只鸭子！"一幅多么有意思的图画。

"窄窄的瓶口，拳头般大小。肥肥的鸭子，比瓶口大多了！"

"不许打碎瓶子，您猜猜这鸭子是怎么进去的呢？"

答案一个一个"冒"了出来：从"鸭子小时候就塞进去养"到"瓶子里根本就没有鸭子"……

一个个答案从"靠点儿谱"到"风马牛不相及"。一次次精彩回答引发培训会场内的一阵阵掌声和欢笑。

面对着一个个天马行空的答案，陈教授脸上充满了幸福的微笑，不断伸出大拇指夸赞附小的老师"有创意""爱思考"。

当大家翘首期盼答案揭晓的那一刻时，陈教授神秘地一笑："你们回去再想想吧，相信你们一定能猜到。"

是一场气氛热闹的联谊会？是一场富有思辨精神的辩论会？其实，这是人大附小七彩教师培训的现场。就是在这种热闹、思辨、开放的氛围中我们附小教师在享受着成长的快乐和幸福。

与大家学为师之道

2012年8月底，学校举办的"为学为道为人为师"暑期培训让莫群生这位毕业于中国人民大学中文系的研究生，在炎炎夏日中感受到浸润在知识甘霖中的清凉和喜悦。

对外经贸大学张建平教授的《教育与道》带给她很多启示与思考。莫老师深刻感悟到要以一颗感恩惜福之心面对生活和命运，遇到挫折要多反思自己，坦然接受任何已经发生的事情。

中国人民大学国学院吴洋教授以深厚的学养讲述了《国学概论》，措辞严谨，资料翔实，让莫老师对国学有了更清晰、深入的了解。

首都师范大学张同印教授在培训中一面挥毫泼墨，一面侃侃而谈，书香氤氲中讲解《汉字的艺术素质》，教授的才思和书法功底令莫群生这个年轻人敬佩不已。

"为学为道为人为师"的培训历时短短3天，老师们觉得自己享受了丰盛的传统文化与现实生活相结合的文化大餐。

莫群生老师说，自己走在一条通往幸福的路上，体验着幸福的三个层次，得到、达到、领悟的幸福全过程。

刘叶翎老师一直在为自己成就国学教育的高度而奋斗，她一度猛读国学著作，可其中充满的智慧很是深奥，常常让她盼望，如果有大师能给她讲解作注和条块梳理就好了！

终于有一天，中国人民大学国学院吴洋教授针对《国学概论》对所谓"经典"进行了讲解，正可谓是"一语点醒梦中人"。"原来经典是唤醒人性的著作，不是来压迫你，不是来宰制你，不是来奴役你。"这使刘叶翎发现很多作品重新复活，成为她心灵需要的东西。教授所言，令她很解渴，她享受到了"得到"的幸福。

出国圆梦——丰富人生

彩虹桥"梁"

2012 年 5 月 27 日这一天，对于年轻的梁葛妹老师来说，是一个喜从天降的好日子。

郑校长掩饰不住一脸的喜悦之情对梁老师说："今年 8 月的中美交换教师项目的名额下来了，学校决定派你去，有困难吗？"听到这个消息，梁老师一时缓不过神来，愣住了。虽说早在 2 月就参加了中美"牵手计划"的面试，但是当时也只作为后补，并没有预料到自己能真的扣开美国这扇门。

"宝贝儿，不要有任何心理负担，在人大附小你是一名优秀教师，校长相信你在美国一样可以做到优秀！"察觉出梁老师的顾虑，郑校长轻松地宽慰和鼓励道。在梁老师的心里，她知道再多的感谢也比不上在美国出色完成教学任务，只有这样才能够回报校长的信任。

想到要离开附小的七彩校园整整一年，让梁老师割舍不下对附小的浓情厚爱。但是想到校长的嘱托与信任，以及一年后自己要交出一份怎样的答卷，她毅然坚定起来，背起行囊，奔赴美国。

来到美国，梁葛妹老师走进了位于密尔沃基市的一所公立学校。一周 39 节课，而且还要在短短的 5 分钟课间休息时间里赶到下一个班级，一天下来虽辛苦，但是收获着感动与成长。

自从梁老师来到学校后，整个校园学习汉语的氛围浓厚了不少，经常能听到孩子们在楼道里用中文问候。这也使梁老师感觉美国变得亲切了不少。

在美国教汉语，并没有梁老师之前想的那样困难重重，可是在筹备"中国新年"晚会时，她又犯难了。梁老师自恨才疏学浅，缺乏艺术细胞。此时她看到临行前，郑校长赠给她的红色心形的八音盒，聆听着从里面荡漾而出的优美旋律，再想起校长的鼓励，一直纠缠盘错在梁老师心中的心结，松动了、释怀了。长吁一口气的她，鼓起勇气对自己说："不能让前面的努力化作泡影，一个走出国门的附小人更不能被一个我们熟悉的中国年击垮。"

为了能够展现整场晚会的特色，思虑再三的梁老师，决定先从最难最有代表性的国粹入手，于是选定了传统京剧曲目《苏三起解》。为了能够诠释这个节目的韵味，梁老师特意挑选了中文学得有声有色的 Ariel。外国人唱中国歌曲，我们都觉得难，更何况是一段传统京剧。果然，一分钟的一段唱词，梁老师先逐字逐句地教发音，每天掌握两句，待到唱词学会了，再从唱腔着手。就这样，花费了3周的时间，小姑娘Ariel终于能有板有眼地表演《苏三起解》了，Ariel的成功，更加增强了梁老师办好中国年的信心。

2013年2月15日，学生盼了许久的中国年晚会终于如期举行。"扇子舞"引得满场喝彩。这段舞蹈是梁老师在网上搜索了大量的视频与图片，再将它们编排到一起，对于一个没有从事或经过艺术培训的老师，真是隔行如隔山啊。为此，梁老师还特意叫妈妈从中国快递舞蹈用的扇子，孩子们在短短一个月的时间里，就掌握了所有动作。他们以前从未遇到过这么多才多艺的中国汉语教师。当最后登场的《感恩的心》响起时，全场孩子无一例外地认真地做着手语。梁老师的思绪被带回中国北京人大附小的七彩校园：郑校长站在台前，带领全校师生做《感恩的心》……

"梁老师，您是不是要离开这里了？"一个脸上流露离别之情的五年级孩子打断了梁老师的思绪。梁老师告诉孩子："我们永远会在一起，等你长大了，我在中国迎接你！"

望着孩子开心远去的背影，梁老师突然觉得她到美国这一年是多么的有意义，能够把中国文化植入大洋彼岸的这片土壤，架起一座联系中美文化的"彩虹桥"，是自己最大的满足与幸福。

"于"无声处

行政领导们有一句戏言：我们是一群灵魂出窍的人。说的是郑校长跑得太快，大家都快跟不上了。"您太聪明了，哪来那么多创新的点子？"每当问到这里，郑校长都会感言她34岁留学日本的经历，带给她日后工作的底蕴，因此做校长以后她的夙愿就是能让更多的老师有学习国外先进教育理念的机会，所以千方百计地为老师争取出国进修的机会。2004年和2005年先后两次把本该校长去俄罗斯的机会给了曲江及朱丹红两位老师。

于猛老师是搬到新校舍后出国留学的第一位教师。他当时已是学校总务后勤副校长，因为刚迁入新校舍，百废待兴，游泳馆还没建等，他向校长表达自己的工作性质就是踏踏实实做事，留学机会让给别人。至今他还记得校长听了他的话，脸一下子严肃起来："后勤人就不该学习提升吗？"接着校长充满期待地说："日本有很多值得我们学习的地方，我相信，你的学习一定会给人大附小的后勤服务领域带来新张力。"

带着校长的嘱托与期望，2006年10月于猛老师踏上了求学东瀛的旅途，他来到了福冈教育大学。研究生导师铃木先生作风严谨、计划周密。他先后完成了23门课程，感受到日本全新的教育理念与教学环境。

在学习期间，于老师对日本的学校运营模式，以及校园环境建设非常感兴趣，尤其是在生态校园建设方面，于老师走访了周边的所有学校，发现这些学校的环保教育做得非常好，而且生态校园的建设也初具规模。

一年半的求学后，于老师回到了他的工作岗位上，他努力学以致用，从学校2009年建设蓝天阁办公室、水艺芳游泳馆、开放式教室学术苑，到2011年教学楼进行抗震加固，他将自己在日本的所学所悟运用到附小的建设中，默默无闻地做了大量工作，提出了很多合理建议，进行生态校园的建设，如中水处理、屋顶绿化、厨余垃圾分类再利用等。

人大附小在生态校园建设的探索与实践中取得了突出成绩，2012年成为国际生态校园。当初校长的鼓励不仅改变了于猛老师的人生轨迹，同时也让人大附小有了一位具有国际视野的生态专家。他引领着学校教学辅助中心的老师们，成为学校教育教学的有力保障团队。

2013年初，人大附小收到赴澳门访问并参加生态校园建设成果展示的邀请，人大附小作为北京市唯一一所在生态校园建设方面取得突出成绩的小学参加了此次活动。

梦想成"积"

"不拿下世界冠军，决不谈恋爱！"这是魏积老师对郑校长掷地有声的承诺。

2009年5月由魏积老师带领的人大附小头脑奥林匹克团队，首次踏进位于美国爱荷华州立大学的决赛圈，虽然倾尽全力，却没有摘得桂冠。此时此地，在魏老师的心中，美国梦距离他还有一段很朦胧的距离。

2011年5月，魏积老师经过两年的磨砺与积淀，携着他的头脑奥林匹克梦幻团队，再次以中国第一的成绩闯入位于美国马里兰州立大学的决赛。在顶住各国强队林立的压力后，头脑奥林匹克梦幻团队终于斩获了世界第二的奖杯，赛场上魏稹老师和孩子们相拥而泣，这成绩背后的辛劳与汗水只有他们自己知道。

在全校师生都为之振奋的时刻，魏稹却立下前面的誓言。

校长注视这个几次征战国际赛场的小伙子，目光中饱含了无尽喜悦，言语中寄予了厚望："魏稹，要想拿世界冠军就要了解美国的文化背景，就要深入了解头脑奥林匹克比赛，如果有可能的话校长送你到美国学习。"小伙子瞪大了双眼，这可能吗？

学校领导集体一致同意校长的决定，因为他们太理解校长为培养教师的不遗余力。临别，校长对魏稹说："来之不易要珍惜，我不仅希望培养一个具有国际视野的人大附小科学老师，更希望你学成以后，未来能做头脑奥林匹克世界裁判，站在世界的赛场上，为中国人争光。小伙子，校长相信你！"

魏稹激动地拥抱校长。带着校长的嘱托，带着对附小的无限眷恋，胸怀着梦想，来到了这个他曾经征战过 4 次的地方。这一次，他要全方位接触美国文化，零距离感受美国的头脑奥林匹克文化，以及美国教育是如何培养创新型人才的。

在加州州立大学北岭分校，他进行为期 10 个月的学习与生活。魏老师跟随享誉全校的最优秀的科学教师——诺曼·赫尔（Norman Herr），他克服了语言的障碍，刻苦学习。

"美国老师们在科学课堂里，面临的最大挑战是什么？"魏老师问赫尔教授。在美国的课堂上，他敢于挑战自我，语言能力迅速提升。

"What really work in china"他参加了留美期间接触的最高级别会议。这个会议不仅云集了著名教授和国内各地大中小学的教师，而且还要求会议的参与者将所在学校的办学特色以事例辅以说明，魏老师做了充足的准备。当调试演讲稿时，与会者看到魏老师无可挑剔的幻灯片，内容含量远不是 5 分钟能够讲述透彻的，所以教授特别破例为魏老师延长到 15 分钟。

魏老师的演讲引起了不小的轰动，当得知校长鼎力支持他赴美留学后，许多人都纷纷索要学校的联系方式。

成为头脑奥林匹克的裁判是校长的期待，更是魏老师的美国梦，为此他是志在必得。他费尽周折，不惜给加州头脑奥林匹克总部，以及 8 个分会的所有负责人发邮件。分秒难耐地等待发出的四五十封邮件的回复，最终有 3

个人回应了，同意他先担任地区裁判的执裁。就这样，魏老师距离他的美国梦更近了一步。

若想成为世界总决赛的裁判，要通过组委会严格的资格审定：英语能力以及从事头脑奥林匹克比赛相关的成绩。在经过几个月融入美国生活的英语学习后，魏老师的英语交流方面已经符合要求。此时的魏老师特别感慨：如果不是校长这几年的不断支持，就不可能有人大附小的头脑奥林匹克世界排名从最初的第七名攀升到世界第二名，成就了学校头脑奥林匹克的发展同时，也让魏老师成就了自己。如此看来，成为世界头脑奥林匹克总决赛的裁判只待发榜了。

接到邀请函的那一刻，梦寐以求的愿望实现了，只有双手才能够掂量得出它蕴藏的价值。

在国际头脑奥林匹克的赛场，魏老师又多了一个新的角色。透过这个角色让他清楚，要在孩子的想象力、创造力、操作能力、团队合作能力，以及时间管理能力等方面着重培养，这是头脑奥林匹克组织的宗旨。当魏老师解读出头脑奥林匹克的内涵后，他也明确了回到附小后，自己崭新的目标：人大附小，向世界"头脑奥林匹克"比赛总冠军，进发。

焕"然"一新

陈然老师在她 40 岁这一年，做了一个让她自己都觉得大胆的决定：走出彩虹校门，到外面的世界闯荡。

陈老师在这个她钟爱的校园里度过了 19 载的光阴。如今的人大附小的校园里新事物、新发展应接不暇地涌现，也许是时候该为自己充电了。40 岁的她明显不算年轻了。

这个想法一直在陈然老师心中徘徊，踌躇的她始终不知道该如何向郑校长说起，她不忍面对郑校长，更不敢想象离开附小后的命运。

2010 年 11 月，在英国访问的郑校长，收到了一条内心挣扎的短消息：郑老师，我想暂时离开附小，至于离开的原因，是我目前越来越觉得自己走到了瓶颈期，我决定到一个全新的环境去充实自己，希望您能够同意……"从分配到附小的那天起到现在，陈老师对校长的称呼一直就是"郑老师"，校长也很喜欢这样的称谓。

2010 年 11 月 10 日，陈然老师眼圈通红，因为她的校长能够读懂她！校长短信回复："小陈然，我特别能够理解你，也支持你，人大附小永远是你的家……"

2012 年 2 月的新学期，在附小的校园里我们发现了一个熟悉的面孔，陈然老师回国了。

"校长，这个大学编制咱们是不是应该优先考虑其他老师。"当校长提议解决陈老师的编制时，领导们觉得这么做不妥。"老师们，我们是否需要换一个角度来看待这个问题。"郑校长推心置腹地说道："咱们的魏穑老师是在学校资助下到美国留学的，这体现出了学校对教师的培养；陈老师离开附小到新加坡工作，从学校培养人才的角度我们没有提供任何费用，就培养了一个国外学成的人才，这个性价比很值得，我希望附小成为一个海纳百川、多元教师存在的学校。何况陈然老师在人大附小已经工作了 19 年，没功劳也有苦劳啊。"虽然没有统一意见，但是却让领导班子成员看到校长的长远思考，也看到了郑校长对陈然老师的信任与期待。

"校长，请您把最难管的班交给我，我一定不会令您失望的！"周身散发着感恩与自信的陈然老师，对郑校长提出了这个请求。

学期初，陈然老师走上"附小教师七彩讲堂"，与全体教师共同分享她在新加坡的感悟与收获。

在异国他乡，陈然老师在补习中心教中文。

一个处在叛逆期的小姑娘，上课总是戴着耳机，并且特别反感陈老师对她的任何干涉。有一次陈老师为她辅导，俯下身时垂下的头发触碰到了她的手臂，她厌恶地瞪着陈老师，并且非常用力地擦拭着手臂。这让陈老师感到自尊心遭受了屈辱，泪花直在眼眶里晃。但是，陈老师依然诚恳地对她说："对不起，老师以后一定会为你束起头发！"从这以后陈老师十分注意自己在课堂中的每个举动，与之相应的是这个女孩儿上课时再未戴过耳机。

在新加坡，陈老师始终维护着自己的职业尊严，从不卑躬屈膝地恳求任何一个孩子续班，但是她却热衷于在课堂中不遗余力地解决孩子们的学习问题。在过去的两年中，她的续班率在这个培训机构中位居领先。坚韧的陈老师，在坚守职业信念的同时，又再一次塑造了崭新的自己。

如何看待孩子，如何对待问题孩子……她的教育观给老师们带来一股新风，大家都觉得受益匪浅。

"校长，这个自费留学的陈老师的教育理念带给大家很多启发！"

"校长，她这两年的提升有目共睹啊，这个编制给她，我们都觉得合适！"

当领导们再次对陈老师的考核进行评价后，得出了郑校长意料之中的结果。

精彩角色——体味人生

阅读的趣味

张立女扮男装的"跛脚道人"一上场，一曲嘹亮的《好了歌》震撼了所有人，再加上她那夸张的动作和腔调，更是惹得全场一阵哗然，只见观众席上的老师们直乐得人仰马翻。台上的人更是使劲地绷紧了嘴，不让自己笑场……

这时，舞台灯亮了，场上的演员阵容被大家尽收眼底。一身身古装，一个个造型，一张张熟悉而又陌生的笑脸，一下子就抓住了众人的眼球，好一个二年级组的集体亮相。这时候，张怡老师急匆匆地拖着唱腔上台："哎哟——老祖宗，天仙妹妹来了，我可不是故意晚来的，您可不许罚酒啊！""王熙凤！王熙凤！"场下又是一阵轰动。

这是一年春天，学校举行的一场别开生面的读书汇报活动。这次的读书汇报采取小组抽签形式，先抽内容，再抽形式。此次汇报的形式有诗朗诵、有情景剧、有运用本学科特点进行展示等。

二年级组的老师谁也没有想到，在这次读书汇报活动中，他们组抽中的内容是《红楼梦》，抽中的表演形式是情景剧。面对这部经典著作，全组老师陷入了深思：要想在规定的时间里，把书中的人物和精彩的情节搬上舞台，而且还要尽显他们当年的特点，尤其是要恰到好处地再现他们，无疑是摆在全组老师面前的一大难题！

单是这书里众多而鲜明的人物就够老师们忙活了，更不要说来演好他们了。演谁不演谁？让这些人物在一个怎样的情景中粉墨登场？老师们又将如何通过自己的言行来表现？所有的一切困扰真是让这些平日里活泼可爱的精灵们尝到了束手无策的滋味。老师们只有扎进书中，才能了解人物，才能在这次读书活动中为组争光。在读书酝酿的日子里，大家一有空就手捧红楼，

琢磨着书中的人物；一见面就谈论精彩的情节，评点喜爱的角色，每个人似乎一下子都有了红楼情结。就在这一天天的三番五次的争论和嬉谈中，红楼中的人物在老师们的眼里越来越清晰。

也许是一种缘分吧，当年二年级组共有老师30位，是学校最大的一个年级组，无论是数量还是才气真可以和红楼有一拼，一定要让大家全部上场来展示自己的读书成果。老师们先从主要角色下手，依据全组老师的不同性格特点，让书中的角色走进自己的生活。梁宝震老师是全组唯一的男老师，贾宝玉当然是非他莫属了，更何况他本身就是二年级组的"宝"呢！杨艳萍老师纤细漂亮，说起话来更是妩媚动听，这不就是一个活生生的林黛玉吗？张怡老师平时就干练过人，特会与学生斗智斗勇，扮凤姐那可真是本色出演啊！王爱民老师心宽体胖，慈眉善目，往那里一站连妆都不用画，不就是一个老祖宗吗……一阵犹豫，一阵推脱，一阵说服，最后郑金红组长三下五除二地来了个快刀斩乱麻，就把大家的角色都给敲定了。

几位编剧老师开始紧张地忙碌起来，经过一番绞尽脑汁的构思，剧本也是写了改，改了再写，直到最后剧情的完美呈现。可是，现在的关键是谁来出演这个跛脚道人？要知道我们组里美女如云，可男老师只有一个，大家又沉默了。就在这紧要的关头，张老师自告奋勇牺牲了一把，承担了此项重任。当然，组里的其他美女老师，为了服务剧情，甘愿装扮成形形色色的丫鬟，给剧情增加了不少的人气！

在接下来的读书汇报中，音乐组的老师用音乐剧展示了美国雷夫的《第56号教室的奇迹》，美术组老师用美术创作展示了《红楼梦》中的金陵十二钗……

社团的韵味

忙碌的一天结束了，当送走了学生校园恢复了宁静之后，这里的教师们又活跃起来了。

准备到"水艺芳"畅游一番的郑校长，遇上了正在打球的李老师。"校长，咱们的羽毛球场地应该铺上整块的胶皮，这样打起球来脚上才能使上劲儿，而且还不会磨损地板，一举两得，多好啊！"李老师"调侃"校长时，还不忘蹭点儿羽毛球，"校长，打球的老师是越来越多，您再给多来几桶球吧，您瞧我这球，打得连毛都支棱儿了……"

郑校长看着场上打得汗流浃背的老师们，点头道："好，回去我就跟后勤中心说，给你们更换羽毛球场地，再多来几桶球，这就没问题了吧！"听完校长的承诺，李老师使劲地点着头。

当看到"健美操王子"杨坤老师热力四射的舞姿后，方老师就立刻加入了热舞的阵营中。在时尚动感的音乐节奏下，她自信地跳着，尽情地舞着，与所有老师享受健美操带给她们的快乐。

学校开展了各种教师体育社团，足球、篮球、乒乓球、羽毛球、游泳、太极拳、健美操等。每逢社团活动的时候，老师们都踊跃而来，在运动场上畅快淋漓地挥洒着汗水。

"嗒、嗒、嗒、嗒……"伴随着李彩霞老师嘴里发出的急促节奏声，老师们绕着教室用脚尖走起了圆场碎步。"用脚尖走步，只要脚动，身体、手不要动。"李老师嘴里一边喊着，一边动手纠正动作，"注意眼神，眼睛跟着手走。"看似简单的动作，可袁媛老师几圈下来，已是气喘吁吁、大汗淋漓。"咿、咿、啊、啊……"扯开嗓子练发声、学唱腔了。"京剧的唱法发声、讲究以气催声,要提起丹田之气,把声音送出去。"李老师双手比划着,"沉下去、沉下去。气要深、气要深。"于是,袁媛老师那本就不小的肚皮显得越发丰满了。不过,她坚持练下来后,顿时感觉轻气上升,浊气下降,五脏六腑都清爽了许多。

在七彩校园,你能找到一个契合个人情感需要,符合个人兴趣的乐园,练就一副健康的体魄,赋予你展示自我的舞台。在这里,你可以解放束缚,尽情驰骋享受,这就是郑校长为教师们组建的七彩艺术社团、七彩体育社团。

春晚的回味

伴着欢笑与掌声,人大附小自 1999 年 12 月 30 日已经连续举办了 11 届教师"春晚",一路走来的附小人都将那些难忘的夜晚珍藏在心底,品味起来,抑或动人,抑或动情,回忆撩拨着人的思绪。

这一幕对于每一个附小人都不陌生。这是在 2010 年的《感动 2009,笑动 2010》的春晚上,科学组精心编排、真情演绎的《真心英雄》,它真实反映了发生在于猛副校长身上的故事……

故事中的"于校长"落泪了,故事外的于校长同样哽咽了,鲜花献给了于猛副校长,于校长转身送给身旁的郑校长,此时此刻,郑校长张开双臂与于校长紧紧地拥抱在一起。这一瞬间,真挚的情谊、真诚的感激交织在这深情的相拥中,这令人难忘的动人时刻,令在场的附小人潸然泪下……

在附小的春晚上你可以放声地唱,纵声地笑,颠覆白天站在讲台上的教师形象,走上舞台你可以演绎全新的自己。曾经很多一上台就面红耳赤、姿态扭怩的老师们,经过这些年的历练,演技都有长足的提高,被饰演的角色有的让人捧腹,有的引人深思,更有的让人情动泪流,这舞台已经不局限在三尺讲台上了。

2011 年春晚的总导演是郑校长,为了给老师们呈现出具有创意的别具一格的晚会,执行着如春晚般严格的节目审查制度。通过审查的老师们仍不敢丝毫松懈,继续绞尽脑汁地构思,被"枪毙"的节目组,也依然兴致不减地修改节目。这个一度为全校老师带来欢笑与感动的舞台,如今俨然成为老师们比智慧、拼创意的擂台。

其实,郑校长对春晚这么情有独钟是用意深长的。她认为:"如今在国外的企业与公司的文化中,演绎能力早就被视为激发员工激情与创意的培训。

一个老师，只有成功塑造了不同的角色，才能够准确定位教师这个角色。这其中团队合作编剧、表演、制作道具等，都成为教师隐性的培训。"附小的郝老师颇有感触地对郑校长说："校长，以前我是最怕领导听课的，但是自从登上附小春晚的舞台后，就克服了以往的恐惧心理，有时竟渴望有领导能来听课，感觉讲台就是舞台。"

人大附小的教师春晚是教师们创新的平台，是教师团队凝聚的舞台，是所有附小人心中幸福的情结。在这个夜晚，这座舞台上，永远都是掌声不断，欢笑一片。在那个时刻，所有人的脸上，也许挂着感人至深的泪水，也许洋溢着发自内心的笑容，也正是这么多感动与欢笑交织在一起，才有了属于附小人的那些"难忘的今宵"。

成长的风味

"郑校长来了。"围坐在三层开放会议室中的教师们心中很明确，估计校长又有金点子了，都在心里暗暗做好了准备。

"各位年轻的老师，在咱们这所七彩的校园里，有了七彩艺术社团、七彩体育社团，我认为还应该有一个引领教师们思想进步的七彩组织，今天找来的各位年轻教师，校长觉得能够堪此重任作为项目的牵头人……"

当7位教师看过手中"七彩组织"的项目后，主动"领取"任务。

"校长，我就负责读书组织吧。"

"我曾是智囊团的组员，我就做智囊团的牵头人吧。"

"我的专业是书法，如何练习书法是我的专长，我就成立书法组织。"

这几个年轻人带着任务离开后，就开始忙碌着筹备策划方案，在郑校长的倡导下，七彩教师组织在教师中间亮相了：有为学校发展"纳言献策"的智囊，有"行路名师"的读书，有"品墨挥毫"的书法，还有"思想上进"的积极份子，也有"不拘一格"的"小伙子沙龙"等组织。

这天下午，几个年轻富有朝气的男教师齐聚一堂，在"小伙子沙龙"里畅所欲言、思想碰撞。

"咱们大家虽然年轻，也许过不了多久就能挑起大梁，现在最需要的是磨炼的机会！"

"这次海淀区的世纪杯学科竞赛中，咱们学校一共有 16 名教师获一等奖，只可惜我们年轻教师没能建功。"

"得让学校看到我们的决心，明天下午举行的世纪杯比赛的总结会，咱们可都要抢着发言啊！"

"对，更要坚持平时不断的努力，明年咱们一定要申请报名！"

"潘老师，待会儿结束你有其他事儿吗？"

"我得去艺术乐团演奏乐器，校长说了，60 周年校庆，我们还要登台表演呢，现在抓紧时间练，到时我可不想滥竽充数。"

"我报名参加了积极分子组织，争取在 30 岁之前入党。"

耳目一新的七彩教师组织，能够让教师们找到前行的灵感，进步的阶梯，努力的方向，所以这里势必会成为老师们发展路上的"加油站"。

/二/ 精神文化凝聚幸福团队

幸福在人大附小

办公环境——享受幸福

为减轻教师的工作压力，营造"家"的氛围，人大附小开放式办公区集人性与功能一体化的创意设计，是学校管理层通识理念，以人为本，创建师生幸福成长的家园。

学校为每个教师创造了设施齐全的 3 平方米独立办公空间。教师办公室内设教师阅览区、休闲区、教学资源区。老师们足不出户，坐在阅览区舒适的沙发上，就可阅读到上百种报纸杂志。身边就有复印机，如果看到自己喜欢的文章可随时复印下来，作为资料保存。教师阅览时还可以使用按摩器按摩腿脚，边做保健边阅读文章。

在教学资源室里，有国内各版本的教材，有从国外带来的教材，有可通过校园网络调用的资源库。丰富的教学资源为老师们备课提供了理论和素材支撑。教研组听课后，把录像放到电视里，即时就能说课评课。

　　教师茶歇室就像家里的客厅一样。这里随时有学校免费提供的茶叶、枸杞子、菊花、冰糖及独立包装的小吃。每天第二节课后，食堂工作人员会送来水果、点心。老师们在办公时如果感到累了、饿了或渴了，可以到休闲区的茶歇室，坐在吧台饮茶加餐，放松心情。室内还有冰箱及微波炉，方便因各种原因未按时吃饭的老师储存饭菜及加热用，仿佛就在自己的家里一样。

　　2009年11月6日，老师们喜迁"新居"时洋溢着幸福的笑脸情景，至今还记忆犹新。记得老师们问校长："您建这么温馨的办公室，是不是不想让我们回家啦？"

开放式办公区为教师带来的不仅仅是工作的方便，而是一种全新的理念。郑校长曾说：让学校成为理想的校园，首先要让教师有职业归属感，有事业幸福感。

凡是来校视察的领导，都对人大附小的开放式办公室给予高度肯定。同行们都投来羡慕的表情及啧啧的赞叹。

自我实现——体验幸福

2011年，人大附小创建了"段庆峰书法工作室"。对此，段庆峰老师倍感荣幸和自豪！荣幸的是学校能以一个普通书法教师的名字命名该工作室，自豪的是中国传统艺术精髓——书法终于走进了人大附小学生们的学习生活，使他们能从这门艺术中领悟到更多的智慧！

这个书法工作室，装修别具一格，整个风格大气自然、厚重内敛，充满着中国传统文化的古典气息。多宝阁中摆有各式各样造型别致、极具代表性的工艺品，书架上摆满了关于书法的名人字帖及关于书法类的古籍。桌案上笔墨纸砚一应俱全，一阵阵墨香、书香充盈着整个书法工作室。

更重要的是，真正打动人心的地方是人大附小书法进课堂的教育理念。每天10分钟——"书法天天练"的活动早已渗透到了学生们的心中，书法沙龙、书法俱乐部、一堂堂生动的书法课，如磁石般吸引着学生，一幅幅各具特色、幼稚中不乏率真的作品应运而生。在各位书法教师的指导下，很多学生已经深深地喜欢上了书法这门独特的艺术。

建立这个书法工作室，最大的意义就在于为学生、老师提供一个展示与交流的广阔平台，更好地为人大附小书法教育的繁荣、发展做出积极贡献。这个屋子里不断地给学生们和老师们传递不同的情感信息。欣赏者、学习者在欣赏学习时，与书法艺术产生一种心灵的交流，情感的共鸣，精神得以升华，情感得到愉悦，心灵得以陶冶，情操得以培养。

为促进教师专业发展，为骨干教师营造温馨和谐的学术氛围，打造附小名师，学校于2011年为数学、语文、书法、体育、德育学科5名特色教师及市区骨干教师、学科带头人成立了以教师姓名命名的"工作室"。这是关乎学校教师队伍发展的前瞻性举措，这是对骨干教师学术价值的充分肯定，也为青年教师未来发展树立了榜样。

"音乐"在吴刚的人生中扮演着重要的角色，从 6 岁开始学习手风琴到现在，音乐已经伴随他走过了 20 个年头，已经融入了他的灵魂之中。"教育"

同样在吴刚的人生中有着举足轻重的地位，他从小对教师这一职业无比崇敬、向往。所以在上大学报考专业的时候，他毫不犹豫地选择了音乐教育专业。

毕业后，吴刚带着对音乐事业和教育事业的热爱，来到了"久负盛名"的人大附小。"当时作为新教师的我，对人大附小最深的印象就是，这里是个人才济济的地方，老师们不仅可以出色地完成教学工作，而且都有着自己各种各样的特长。而学校创设了各式各样的舞台，给了老师们展示才华的平台，当时校长有一句话让我记忆犹新，'老师们的心有多大，学校就给予老师们多大的舞台！'校长这句话深深地触动着我，在我的心中埋下了一颗种子，希望我有朝一日也能站在属于自己的'舞台'上，用自己的专长为学校做出自己的贡献。"吴刚老师回忆道。

2010 年，在艺术组召开的一次会议中，校长提到想做一间有特色的音乐教室，让音乐教师集思广益，当时吴刚脑海中就浮现出了"MIDI 教室"这一想法，在中国小学阶段开展这种音乐教学的学校几乎没有，而且它绝对可以对学生的音乐和创新能力培养提供很大的帮助。但建立 MIDI 教室投入较大，并且在小学阶段开展这项工作没有相应的经验，校长能否应允这个想法呢？

散会后吴刚找到校长谈了自己的想法，校长听后对他的提议有着浓厚的兴趣，完全支持他的创意，鼓励他大胆设计方案和计划，并表示帮助这个有专长的老师建立这间特色教室。

　　经过和校长以及领导们的不断交流与规划后，MIDI 教室正式投入建设。看着自己的教室慢慢成型，吴刚心中有着说不出的喜悦、兴奋、感动——为他可以带领自己的学生体会 MIDI 音乐创作的魅力而喜悦；为他拥有了这样高级的教室、设备、乐器，继续成就自己的音乐梦想而兴奋；为学校对他这样一名青年教师如此信任，给予施展自己才华的舞台而感动。

　　2011 年，人大附小 MIDI 音乐教室、录音棚建设完成，正式投入使用。学生们被这间高科技音乐教室震撼，为自己是一名附小的学生，可以享受如此优秀的教学资源而倍感自豪。它激发起学生们浓厚的学习兴趣。

　　在人大附小，这个释放孩子天性的地方，每个班中都会有几个"音乐天才"。这些学生非常喜欢音乐，在正常的音乐教学中，课堂所学的内容已经完全不能满足他们对于音乐的要求了。在这间 MIDI 音乐教室里，有音乐天赋的孩子就拥有了充分施展自己才华的空间。

　　吴刚将这些"小音乐天才"集中在一起，这些孩子在这里碰撞出创作的火花，在老师传授给他们作曲的方法后，他们可以很快创作出一首完整的乐曲，甚至是钢琴曲。

　　这些孩子的潜力远远超出想象，在不到一个学期的时间，吴刚已经为他们整理出一部学生的作品集了。

　　现在学习乐器的孩子越来越多，但是优秀的中国原创音乐却越来越匮乏，而附小的孩子有了创作和展示自己的平台，可以自己创作音乐，并且可以让自己的原创音乐飘荡在美丽的校园里。

　　虽然他们的作品还不是很成熟，但从小学就开始接触 MIDI 教室，激发了他们对音乐创作的热情，发掘了他们的潜能，培养了他们的创新意识。MIDI 教学让有才华的学生得到施展的空间。

　　在 2012 年毕业典礼上，颁奖曲的音乐就采用了附小孩子自己创作的原创音乐。看到自己培养出了这样的"小音乐家"，吴刚感到格外幸福，他看到了中国未来音乐的希望。

展示评价——传递幸福

　　"我最喜欢语文的可爱作业，可以创造闯关游戏。"这是学校在对作业进行调研时，沈冬梅老师班里的一位学生说的。现在，作业对于沈老师的学生来说，已不再是负担，而是一件快乐的事，沈老师心里非常清楚，这要归功于学校从 2008 年 6 月开始的教师展示性评价，它为教师和学生的成长搭建了有效的平台。

又到了一个学期的期末，沈老师和其他老师们再一次把学生的作业、自己的备课本、听课笔记、教师随笔本等在规定的教室展示出来，然后和老师们一起欣赏。

沈老师走着看着，来到了五年级肖辉老师的展台前，她随手拿起一本名为《好书漂流》的学生作业，一下子就被里面的内容吸引了。里面有学生阅读的书目名字、内容简介、推介理由，还有自己的读后感，有的是用文字表示，有的则是用漫画的方式呈现，形式多样、图文并茂。沈老师心想，如果我是学生，看到这本《好书漂流》作业，不但会迫不及待地找来相应的书赶快阅读，并把自己喜欢的书籍通过《好书漂流》这个平台推荐给大家。

沈老师继续走着看着，她发现了一本学生用签字笔画的漫画集，题为《成长的足迹》，里面用漫画的形式将自己在附小 6 年中印象深刻的事情记载了下来。有第一次竞选班干部，有第一次参加小小奥运会，有第一次执导"霓之星"电影节的微电影，有第一次走进十一学校体验中学课程等，惟妙惟肖，栩栩如生。这是六年级的一位学生的个性化作业，他用自己喜欢的方式记录小学生活。厚厚的一本漫画书记载着学生 6 年多彩的生活，这种激发兴趣，发挥特长，留下童年美好回忆的自主作业，学生何乐而不为？

沈老师又继续走着看着，她发现很多老师的作文评语更像是互动心语，老师就像一位读者、一个朋友在和小作者交流，在和他们产生共鸣；在很多班级的梳理本中都有"师生互动"的板块，孩子们在此倾诉着自己的心声和感受，师生情就在这"你来我往"的文字中飞扬；还有个性小报、"小作家集"、班级刊物"小苗才露尖尖角""我们的循环日记""语文绘本""小小说""调查报告"等，这些形式多样、内容丰富而又有独创性的可爱作业，学生能不喜欢吗？

沈老师不禁感慨，多年的展示性评价变被动地检查为自主地创新，在轻松的展示氛围里，老师们相互学习、相互欣赏，激发了"无需扬鞭自奋蹄"的创造动力，更传递着幸福，激励老师自觉成长。

感动他人——分享幸福

从 2008 年开始，学校的总结方式变成各组谈感动人的幸福的事。

每到期末忙完了手头的工作，郑金红老师静下心来与老师们围坐在一起，回顾一学期身边的故事，谈令自己感动的事，每每都会泪流不止。也许有人会感到不解，但老师们一点儿也不奇怪，因为每一次都是心与心的碰撞，每一次都是真情的流露。

记得 2012 年 7 月，组里谈感动人的事时，郑金红老师刚说完开场白进入到"感动"的话题，眼泪就抑制不住地往下流，因为这一年是人大附小六年级毕业课程改革的第一年，她回想起和老师们从困苦迷茫到相互鼓励支持走过的 4 个半月中的艰辛和坎坷、幸福与感动。

会议进行了三个多小时，泪水始终伴随着每一个人。大家一起回顾六年级经历的点点滴滴：有的老师为了不给同事添麻烦，忍着身体的病痛坚持工作；有的老师担心影响课程改革的进程，家中有事也不请假，只好拜托兄弟姐妹帮忙；有的年轻教师克服工作中的压力，多问多学，跟上老师们的步伐。这许许多多的故事老师们都是通过同伴的表述才刚刚得知，怎能不让人感动落泪？

郑金红老师不无感慨地说道："老师们此时讲述的不是自己的委屈，不是埋怨，而更多是对同事的感谢、感激与感动。虽然流出的是泪水，但享受的是在一起工作的快乐幸福，是一份深深的情谊。有了这份情谊，工作再繁忙，再辛苦，也会觉得是轻松和享受。有了这份感动，就算遇到再大的困难，也会有勇气迎难而上，因为我们是一个大家庭，我们有一个团结的集体。"

在过去的几年里，随着"感动人的事"在组内的讲述，五年级组语文教师肖辉记住了一张张真诚的脸，虽然老师们曾默默无闻，但都与她的生活常伴，是学校工作中的同行者。他们或是对学生温情的呵护，或是对同事贴心的帮助，或是敬业的坚持，或是无私奉献的崇高。从老师们身上，肖辉看到了一种理想，一种信念，一种精神，一种力量，他们以自己的行动从不同角度诠释了教师职业核心价值体系的真谛。这样的信念和精神总让肖辉振奋不已，促使她不要停下前进的脚步，也更坚定了她对教师职业幸福感的不懈追求。

"生活里不是缺少感动的事情，而是我们缺少发现感动的眼睛和心灵。"变期末教师工作总结为讲述身边感人的故事，这也是一种教师培训。当老师们静下心来回顾这一学期，常常感动于那些曾让他们触动、振奋、欢笑、感怀的人或事，这份质朴纯真的情感流露，能让他们深切体会到同事之间的真情与温暖，体会到生活在大家庭里的和睦与幸福。

节日相伴 创造幸福

近8年来，郑校长作为一所大校、名校的校长，虽然公务繁忙、日理万机，但是仍然关注细节，抓住一切机会把人文关怀送到每一个老师的心中。

2009年3月5日傍晚，孙伟老师开完男教师会回到办公室后，时常忍俊不禁笑出声来。相邻的女老师见此情景很是纳闷地问他："孙老师，遇到什么好事了？瞧把您给美的！"

"噢，那个，嗨，不能说，我真是不能说啊！"

"嘿，还保密啊？"

"对，保密！"

原来，为了庆祝"三八"节，工会主席秦老师特意召开了全体男教师的会议，会议决定男教师们准备为女教师牺牲一把形象，为女教师送去惊喜，而且郑重宣布了校长令："绝对保密，如有泄密者'勒令下岗'！"

2009年3月8日早晨，当女老师走进校园时，只见两排男教师分别站在通往餐厅的道路两旁，左边3位，右边8位，见到女教师齐声高喊："三八节——快乐！"

走进餐厅，只见餐厅门后，数名男教师上身着学校的白大褂，下身着女老师元旦表演节目时的花裙子，头戴彩色小卡子，脖子上围着从老婆或女朋友处借来的彩色围巾，都扮装成"小沈阳"的模样，笑容可掬地迎接女老师。他们边争抢着，"我的，我的"，边轮流将女老师从门口一直搀扶到餐椅上坐下，热情地为他们端上放有精美早餐的餐盘，餐盘中放着两个"三八"：3个鹌鹑蛋，8个圣女果；一个三鲜馅饺子，一碗八宝粥。男老师一边为女老师按摩肩膀一边真诚地道一声："祝您节日快乐！请您慢用！"

那一天，女教师们有的流下的是惊喜的眼泪，有的流下了感动的泪花。

那一天，所有女教师带着掩藏不住的喜悦走进教室，学生们不禁问老师："老师，今天您怎么这么高兴啊？"老师把过节的情景告诉了学生，孩子们也被逗得开怀大笑，有的小男生说："我回家也要和爸爸一起扮成小沈阳给我妈妈送去惊喜和快乐！"

郑校长看到老师一天快乐的笑脸，心里想，要为教师创造更多的幸福。于是情人节送情话、教师生日送祝福、男士节送惊喜等庆祝活动应运而生。

七彩精神展现附小人特质

在人大附小育人目标中有一句话，做一个有特质的人，何为特质？人大附小的精神文化诠释了这一特质所指。

郑校长在《附小精神之歌》的歌词中这样写到：红色是爱校，精神的领航；橙色是阳光，自信的飞扬；黄色是厚德，承载着希望；绿色是坚韧，挺拔的脊梁；青色是创新，发展的希望；蓝色是包容，宽厚的脊梁；紫色是凝聚，相伴共成长！当全校4500多名师生的歌声在校园上空回荡时，你能感受到一种巨大的力量，感动着每一位附小人。

"爱校"是附小人的精神归宿，"阳光"是附小人自信昂扬的状态，"厚德"是附小人的内在品质，"坚韧"是附小人历经风雨的内在品格，"创新"是附小人永远的追求，"包容"是附小人的人生态度，"凝聚"是附小人的团队风貌。

郑校长在一次关于精神文化与治校的访谈中说，"文化"是指学校在办学过程中以师生共同价值观念和信念的确立为核心，创造的物质财富和精神财富的总和。狭义地讲，是学校特有的精神环境和文化氛围，是学校办学理念、办学目标、办学底蕴、学校传统、校风校貌的综合体现。

爱校——精神的领航

"爱校"是每一个附小人对自己最基本的要求，也是"附小精神"最集中的体现和表达，更是附小人精神归宿的家园。爱是凝聚附小团队的源动力，因为有爱，附小人把自己的命运与学校的发展紧密相连，也是厚德无私奉献的基础；因为有爱，附小人毫无保留地奉献他人，体现了大爱的胸襟。

记得2009年10月18日，人大附小石秀荣、李峥、李增君三位教师参加北京市基本功比赛——从看课题到现场说课，经历了不寻常的24小时，至今还让这三位老师久久难忘。更为感动和让老师们铭记的是那24小时中人大附小教师团队集体智慧碰撞、合作、奋战的画面。

2009年10月17日15时30分，数学参赛教师石秀荣从北京市基教研网上看到了说课比赛的课题：《小数比较大小》。面对这样一个毫无准备的课题，在平静片刻之后，所有领导、老师的心凝聚在一起：从头开始。

从晚上到深夜直至第二天上午，郑校长亲临备赛现场，使大家无时无刻不感受郑校长无微不至的关怀和鼓励。金立文老师为总指挥，引领、调控。以赵娣、赵凤奕老师为核心的教材分析组，以贾海林、李爱民、蔡立革老师为核心的学生调研组，以李会然、张茂敏老师为核心的信息技术组，以石秀荣和赵俊强老师为核心的教学设计组等二十多位老师纷纷进入了筹备状态。时间一分一秒地过去，大家有条不紊地进行着，从数学本质的把握到学生前测的分析，从数学思想的提升到每一个环节的推敲，老师们的投入与虔诚深深地感染着每一位在场的人。当时针指向深夜12点时，准备已初具规模。老师们在交流碰撞中，不知不觉地聚焦在了学生的真问题上，谁知这一交流就好比一石激起千层浪，贾海林老师引发了大家众多思考，从迷茫到澄清认识，从困惑到豁然开朗，疑惑的焦急、久久的深思、碰撞的兴奋、共鸣的感动交织在一起。大家共同度过了一个难忘的不眠之夜……

"2009年10月18日15时30分,带着郑校长的祝福,带着附小人的重托,带着数学团队的智慧,带着附小团队的信任,我很自信地站在了北京市说课比赛的演讲台前——我也许不是说得最好的，但我一定是最自豪的。因为当一年多的备赛历程浓缩成24小时，凝聚的不仅仅是智慧，更多凝聚了附小人一份份深厚的爱。"石秀荣老师说。

对于石秀荣来说，收获是巨大的，其实早在参赛的过程中就已经悄然地影响着、改变着她！从参加中心基本功比赛，到海淀区基本功大赛，从海淀区选拔赛再晋级到北京市大赛，历时一年半之久。他们深深地意识到机遇与挑战并存。一次次突发奇想，一次次心动的顿悟成为记忆中一道道靓丽的风景，也是一次次实践中最为丰厚的收获。学习、研讨、备课、说课、评课、交流中相伴紧张忙碌的日子，随之而来的是沉甸甸的收获：有业务上的提高、观念上的转变，更多的是事业上的成熟与无尽的追求与责任。

对于六年级语文教师李峥来说，参加基本功比赛的经历让他对自己、对人大附小这个团队有了新的认识。

李峥从没想过进考场前自己会像一名待考的小学生一样紧张。"我行吗？努力会达到预期的成功吗？我从没这样怀疑过自己的能力。"李峥说。备赛的日子真难过！吃不下、睡不着、背不会。各种法规、条例、策略充斥着他的大脑，挑战着他的记忆极限。更难忘的是在刚刚获知要参加北京市教师基本功大赛之际，郑校长就对他说："好好准备，不要有压力，也不用担心班里的事，你的语文课我来上。"她是这么说的，也是这么做的。在后来同其他选手的交流中，李峥了解到这样的情况在整个北京市也是绝无仅有的。

而这样的绝无仅有还不止这些。最后一项说课比赛只给一天的准备时间。在这一天里既要设计一个成熟的教学设计，又要将它变成说课稿，还要完成课件的制作，难度相当大。这时候人大附小的团队精神又一次体现了出来。郑校长亲自给一些老师打了电话，这些老师纷纷放下家里的事情赶赴到了学校。查资料、探讨授课思路……一直忙到深夜11点，单秀梅、王丽霞、丁慧娟、刘淑慧老师才回家。为了让李峥的教学设计更加完善，课件更加完美，朱兰京、连洁、关旻、白文利、李会然老师及一位刚刚调入的电教老师一直陪他忙了整整一夜。一直到比赛前两小时的下午1点半，他们除去简单吃点儿东西就是在商量课程设计和在电脑前校稿。为了让李峥专心备战说课比赛，黄老师将班主任工作承担了起来。班级事务、社会实践、学生因发烧、放假每天的电话询问等一系列事全落在了一位即将退休的老教师身上，而她在少得可怜的电话中只对李峥说："班里挺好的，没事，放心吧。"借用她对同事的话："我把班带好，不出问题，就是对李峥最好的支持！"赶赴考场，哪位选手都没有人大附小的选手阵容大：为了免除参赛选手的后顾之忧，校长为选手配备了强大的后勤团队。李峥的专职司机——王靖老师，专门的电教老师——李会然、马洪松老师陪同以便解决突发的技术问题，还有从备赛开始就一直陪着李峥的，他的师傅连洁老师，这一切都令其他选手羡慕不已。

赛前郑校长短信的嘘寒问暖；强大的后勤团队进行支持，使李峥心里暖暖的；师傅和其他指导老师的点拨、教导让李峥有了更开阔的视野、更清晰的思路；像黄老师一样的同事们无私地帮助使他在本来很短暂的准备时间里有了更充分的准备……有这么多的人默默在身后，站在赛场上的李峥，充满自信。而这些，将是他今后受用不尽的财富。

"一次次超越自己，一次次倍加感动。能够努力地走完全程，我是幸运的，更是感动的。在跨越中我一次次挑战着自己，一次次在感动中诠释着附小的力量。在美术学科的备赛训练营中，每前进一小步都会是彻夜未眠，都会是竭尽全力，都会给自己带来全新的成长。"彩虹艺术中心的参赛教师李增君老师也是收获颇多。在跨越中，李增君一次次挑战着自己，也一次次在感动中诠释着附小的力量。

阳光——自信的飞扬

阳光的教师感染着阳光的孩子，带给他人永远的温暖。面对机遇与挑战，附小人勇敢地迎接生命中不可避免的暴风骤雨，成就人生的绚丽彩虹。

在游泳教师刘彦10年的教练生涯中，郑校长是他见到最坚韧、最有毅力的学员，并且没有之一。

　　郑校长学游泳时年值中年，为了给大家做表率，在泳池里克服身体不适、恐惧、呛水、体力、工作压力等障碍，终于可以独立地以标准动作在泳池里往返游行。

　　刘彦面对郑校长一定要学会游泳的要求时，心中暗自打鼓。

　　"行，没问题。"刘彦礼貌的回答却没有让他有自信，他的问题是，"校长那么忙，有时间学吗？大龄学员的协调性、体力问题，校长能克服吗？"

　　困难摆在面前，校长却以"明白"处之。最后，校长对刘彦说："我倒要看看学游泳有多难？刘儿，你就尽管教，别拿我当校长，就拿我当学生。哪儿不对，需要怎么做，该说就说，我无条件服从。"

　　第一次下水，从小怕水的她，确实有点儿害怕。身上绑上漂，手中拿着板，小心翼翼地做着教练教给的动作。她拒绝了教练助游："你看好教练哪有下水教的，国家队教练不都站在岸上吗。"

　　尽管校长工作忙碌，训练却从没间断。刘彦有时心疼地说："校长，您累了就休息一两次吧。"校长却说："那哪能啊，说话算数，咱得给老师做榜样。"

　　呛水、耳朵进水、偶感头疼，郑校长一次次向刘彦请教最好的解决办法。尽管脱漂后也时常喊救命，但终于还是战胜了自我，牢记指点，刻苦训练，学会了游泳。刘教练感慨地说："校长是我遇到的成年人中，最听话的学员。"校长老惦记着老师们的生日，校长48岁生日那天，领导们也想给她过个生日。校长说："别麻烦了，今儿咱过一个革命化的生日，跟我一起游泳庆生，怎么样？"大家一致赞成。泳池里，校长"泳"往向前。

　　老师们也经常用郑校长游泳的故事来自我激励。更让附小师生都能够深深地懂得，无论在我们生活、学习与工作中遇到多大困难，成功永远属于充满自信的人。

厚德——承载着梦想

　　阴历腊月二十九，杨超作为团支部代表早早来到学校，陪同校长到老师家拜年。

　　那天是个雪花纷飞的日子，而且雪越下越大，看着窗外银装素裹的世界，他想，交通肯定不畅了，校长还去拜年吗？为了学校日夜操劳的她，每到期末的时候都能让人明显地感受到她的疲惫，再加上这样的天气，她完全有理由在家休息休息，暂停拜年的计划，哪怕是改期呢！

然而，杨超的思绪还没有画上句号，不一会儿校长就身着盛装，满面笑容地出现了："快，赶快出发！别让老师们久等。"

郑校长当校长后，给全校老师立了一个规矩：老师不许到校长及领导家拜年，理由一是，好好工作就是对学校最大的回报，用省下来的钱孝敬老人；二是，帮助校长退休以后不得抑郁症。但领导要去老师家拜年，因为安居才能乐业。校长每到一家，都要向老师的家人表达三个意思：一是向老师的家人道歉，附小工作忙如果有照顾不到的地方，请您见谅；二是感谢，附小的军功章有您的功劳；三是祝福，新的一年万事顺意，全家幸福。

杨超看到，校长每到一家，老师们都远远来迎接，见到校长激动万分，激动地拥抱，热情地寒暄。校长的拜年起到了事半功倍的作用，家属们纷纷表示，请校长放心，一定支持家人工作！有的老师还把公公婆婆接来，家家都非常感动。

屈指算来，5年来郑校长带着党政工团的领导们，已经走访了176位老师的家，给老师们带去家人般的温暖、感动与幸福，纷纷表示为附小的梦想

而努力工作，回报校长的爱。

开学后，每位老师还会得到一张镶在镜框里的幸福合影。

人大附小举办的一场音乐会上，与会领导看了全体教师大合唱后感慨地说道："我看不出来在台上的老师哪些是有编制的，哪些是无编制的，哪些是既无户口又无编制的。每一张脸上都充满着一样的激情、一样的幸福和感恩。"

于成立老师和爱人都不是北京人，2010年元旦，说起为两人操办婚礼的事，两人都不知从哪儿开始。"郑校长就像妈妈一样为我筹划婚礼的每一个细节。"于成立老师说："校长找到我问我想怎么举办这个婚礼，是想传统一点儿，还是新潮一点儿？"

校长说："你出生于农村家庭，家里也不富裕，婚礼的一切费用都由学校出了，你和你家人什么都不用管。我给你办一个中西结合的婚礼怎么样啊？"

这让于成立老师激动得不知所措，心热腾腾的，手脚都出了汗。激动了半天才说："我相信学校更相信校长，校长就听您的吧！"

郑校长不止一次了解新人家里的风俗习惯、爱人及爱人家的想法。还有餐厅的布置、婚礼现场的布置、婚礼的各个环节等，郑校长一个细节也不放过。

最后学校老师扮司仪，10位帅气漂亮的男女教师做伴郎伴娘。中国传统的婚礼仪式，西方的餐饮。郑校长为他举办了一场最特殊、最难忘、最有意义的校园结婚典礼。

创新——发展的希望

华灯初上，校园里一片寂静，四年级（9）班依旧灯火通明，向内望去，不是老师们在批改作业，却是老师们坐在一起商议附小新年联欢会演出节目的景象。

大家伙儿你一言我一语，从"中国好声音"到"你怎么才来呀"再到"爱笑会议室"找灵感，好点子层出不穷，但又一一被否定，不是没新意就是刻意模仿。

四年级的所有老师都希望在一年一度的附小春节联欢会上给大家带来快乐，又不仅仅是快乐，更要体现一个"新"字，如何创新呢？

老师们的目光集中到了盛老师隆起的肚子上。盛老师已经怀孕几个月了，但依旧坚持工作，其间和学生、和同事出现了不少既有趣又感人的故事，老师们决定就用这个有"新"意的题材，把盛老师的故事加以改编和创作，形成四年级组附小春晚的节目。确定了题材之后，已是晚上九点多了，大家决定分头创编文案，第二天相约放学后再次商议。第二天放学，老师们再次集中到了四年级（9）班，带着各自的文案开始了汇总编创。

经历过4次大的变动，老师们怀着忐忑的心情，带着《蛇年宝宝诞生记》送给校长初检。郑笑长首先肯定了立意，却提出了新的创意。

见过怀孕的，见过做多学科发表课的，可就是没见过怀着孕讲多学科发表课的！郑校长的创意是将这个表演改成一节由怀孕老师讲授的一节多学科发表课的故事。

四年级组老师终于在附小春晚上为大家展现了一节生动有趣的《孕期发表课》。老师们在短短两天排出的小品，历经创编、合练等多个环节，他们的创新得到全校教师的认可。

"刘智斌，小心轻放！""大黎，慢点儿，慢点儿，好，有戏！"只见金立文老师戴着眼罩，趴在地上聚精会神地、耐心地指挥着。

"太棒了，我们终于胜利了！""我们第一名，六年级组万岁！"只听六年级组的老师们无比骄傲而兴奋地欢呼着，欢笑着。

这是 2012 年教师节，全校教师在多功能厅进行头脑风暴承重比赛的热闹情景。继 2010 年人大附小首次开展以行政组为单位的教师头脑风暴比赛——根据废物利用制作的道具创编情景剧表演赛后，此次承重比赛又一次掀起了一场猛烈的创新风暴。

21 克重的桐木结构最多能承受多少重量？老师们被这个创意的挑战吸引。在备赛的过程中，多少个夜晚，校园灯火通明，教师们忘记了一天的辛苦，全都陶醉在团队创意挑战中。老师们对校长说："这回我们可知道，科学老师真是不容易啊！"当教师们带着自己亲手制作的桐木结构汇聚在学校多功能厅时，是那样的激动和愉悦，大家一起分享着创意的成果。

最终，六年级组以 21 克桐木撑起 325 千克的重量勇夺本次头脑创新大赛冠军。校长的用意是培养教师的团队精神，更是培养教师的创新意识，还让老师过一个欢乐的教师节，真是一举三得啊！

坚韧——挺拔的脊梁

2011 年 5 月 10 日，迎来海淀区监测的日子。为了取得优异的成绩，老师们紧张地备战着，每个老师都想为学校的荣誉而战。

考试的日子到了，当天的空气仿佛凝固了，老师和孩子都紧张极了，可就在这时，楼道里出现了一个熟悉的身影：敬爱的郑校长，身穿鲜艳的红夹克，郑校长有个习惯，每当学校重大活动时，她就喜欢穿预示着祝福与成功的红色装。郑校长微笑着进出五年级的每一间教室，亲切地鼓励孩子们："孩子们，不用紧张，上届大哥哥大姐姐的监测成绩很好，你们也一样会取得好成绩的！"听了校长的话，孩子们充满了信心。

"只要你认真写好每个字，努力写上每个字，你就是最好的孩子。监测后，本学期期末考试就取消啦！"校长话音刚落，孩子们兴奋地欢呼起来，孩子们的心底荡起了幸福的涟漪。校长走到哪个班级，欢呼声就从哪里响起，就像传递幸福的海浪，从一班一直传到第二十班，而且一浪高过一浪。

监测当天，孩子和老师们哪里知道，此时郑校长的先生因为意外摔伤正躺在 999 急救中心的重症监护室，还没有脱离生命危险。校长自己心里承受着巨大的压力，却用微笑来抚慰孩子们，以减轻孩子们监测的压力。

当时，这件事校长只告诉了学校主要部门的四位负责人。郑校长要求他们："一定不能让老师知道，保持学校稳定，不能影响老师们的工作，你们每位领导做好各自工作，坚守岗位，谁也不许去看望。"

近两个月的时间里，郑校长白天在学校处理各种事务，晚上赶去医院陪护，在家庭遭受巨大不幸的时刻仍坚守工作岗位。在校长的关爱与精心陪护下，把自己的爱人从死神手里夺回，医护人员说她创造了奇迹。

坚定的信念，坚韧的品格，使郑校长没有请一天假。直到期末，老师们才知道事情的原委，许多老师流下了感动的泪水，并一个劲儿埋怨校长："您怎么不说啊，我们多想替您分担一些呀！"

2011 年 6 月 2 日，人大附小赴美参加世界头脑奥林匹克竞赛的师生，手捧世界亚军的金灿灿的奖杯凯旋！

还记得第一次参加比赛是人大附小师生因为爱护学校荣誉，而作出勇敢选择的结果。

2009 年 2 月，附小第一次在全国赛上争取到了去美国比赛的机会。在人大附小的师生眼里"头脑奥林匹克"是能够让任何参与的人迅速进步和成长为创新型人才的超级平台。校长已经认定，这项活动对于学生的成长、教师的成长，对于学校发展带来的好处是空前绝后的。

就在大家摩拳擦掌，紧张备战时，H1N1 病毒悄然而至并迅速蔓延，而决赛目的地——美国成为疫情最严重的国家！同期去美国比赛的北京市其他中小学纷纷被叫停！

一天下午，郑校长把相关教师请到了办公室，屋子里的空气仿佛凝固了一般，从未见过校长的表情如此凝重："现在 H1N1 病毒的疫情很严重！前几天海淀区其他学校已经接到教委通知，取消这次美国之行。我们去还是不去？我特别想听听你们的意见。别把我当校长，把我当朋友，说真话！"

带队的三位老师流着眼泪说："校长，如果把您当朋友，我们都练了那么长时间了，我们太想站到世界的赛场检验一下我们的实力，我们知道此行的风险，我们一定会保护好孩子们。如果把您当校长，我们服从，听您的。"

校长听了，非常感动，她眼角湿润了："宝贝儿们，我知道你们想给学校争光，我看到了你们这段时间的辛苦付出，我也能体会你们想拿世界冠军的决心和信心！这是我们学校第一次参加世界大赛，无论成绩如何，这次参赛经历对你们来说意义都是重大的！我心疼你们，但也尊重你们的选择！如果你们选择参赛，我支持你们！别担心我，大不了不做校长了！"

此时，老师们哭了！参与开会的老师说："此时此刻，我们的心都碎了！这是一个多么艰难而勇敢的选择啊！这也是我们的校长对师生的承诺！"

带着校长的厚爱，大家披荆斩棘，一路前行！人大附小连续四年在全国赛上遥遥领先，连续四年赴美参加世界总决赛并获大奖！

包容——宽厚的胸膛

"校长，观众的镜头不能拍了，老师们都卧倒了。"在一年暑期教师多元培训的会场，当全国著名班主任任小艾老师在主席台上做关于班主任的培训讲座时，郑校长突然收到了信息中心摄像梁老师的短信。

郑校长收到短信后，二话没说悄悄地走到了主控室，向会场望去，只见有的老师虽然身子直立但已经闭上了眼睛，有的甚至趴到了前面的椅背上。校长心想：这么重要的讲座怎么能睡着了呢？这对任老师多不尊重！可是她转念反思自己：是不是这次的培训内容安排得太满？老师们修整一个假期后连续培训了三天，这几天晚上老师们自发讨论经常到凌晨一点，可能是太累了，身体扛不住了！此时，郑校长心里非常矛盾，她既心疼大家，又想提醒大家马上坐好专心听讲座。

正在这时，任小艾老师在讲座中提到了中医养生，建议大家每天晚上十一点前上床睡觉，可以养精蓄锐。也许是听到了"睡觉"二字，闭目养神的老师突然条件反射般惊醒，当他们抬起头来看到郑校长正在主控室里默默地笑眯眯地看着自己时，都迅速调整好坐姿，睁大眼睛专心地听起讲座来。

当任小艾老师结束讲座离开学校时，校长边送她边非常抱歉地说："对不起，实在抱歉。""没关系，我非常理解老师们。郑校长，您真是太体谅老师们了！"

送走任老师后，郑校长回到会场，望着大家，不紧不慢地跟老师们说："有个事想和大家说说。刚才我看到有的老师在听讲座时实在忍不住打了个盹儿，我先做自我检讨，这次我们培训的内容安排得有点儿多，对于刚刚投入工作状态的大家的确不适应，下次我们一定做出调整。我在这给大家支几招，以后开会你如果困了，忍不住的时候，可以把头微微低下来闭一会儿眼，人家还以为你在低头记笔记；或者起身到外面去转一圈，凉风一吹就不困了，要不想睡睡不了太难受了。"校长的话音刚落，老师们响起了热烈的掌声。

老师们本以为郑校长会严肃地批评他们，但是没想到的是，校长先检讨自己，然后给大家克服困乏支招，郑校长的自律与宽容激起了老师心中的阵阵涟漪。

从此以后，人大附小每次教师集会再也没出现过教师"卧倒"现象。

拥抱，是郑校长的"招牌动作"，她用亲切、自然的拥抱，传递着亲情、友情和爱情。在老师们获得一点点成绩时，她的拥抱是那样振奋，给予老师赞赏；在老师们痛苦时，她的拥抱又是那样温暖，给予老师宽慰。曲淑梅老师记不得与校长拥抱了多少次，但校长那温柔、有力的拥抱，却在她心中留下了爱的温度，家的温馨。

2012年，曲老师迎来了一年级的新学生，小元就是他们中最特别的。与那些"小豆包"相比，他足足高出一头，就像个三四年级的大哥哥。一天下来，他的"特别"就表现得淋漓尽致了，他上课下座位，乱喊乱叫，美术课撕小朋友的画，体育课用跳绳打同学……一个月下来，科任老师反映的情况，同学家长的痛诉，已经让曲老师应接不暇了。但是，曲老师的内心告诉她，作为老师，教育好每一名学生是她的职责。

在一次次努力收效甚微时，曲老师想到了校长的"拥抱"，于是她开始了"爱他，你就抱抱他"的教育计划。

课间曲老师把他抱在怀里，与他聊天，这样既与他渐渐熟络，又占用了他招惹同学的时间；利用假期，曲老师去他家家访，在欣赏了他的"军舰画作"后，曲老师边竖大拇指，边把他拥入怀中；在他犯了错误时，曲老师不是简单地批评了事，而是分析错因，并请他为班集体做一件好事弥补。一次科任课上，他把纸撕成碎片撒得到处都是。曲老师一回班，一个个"小喇叭"就向她汇报了，曲老师听后拿起笤帚就扫，几位同学也来帮忙。正在与同学嬉戏追逐的小元看到了，仿佛想起了什么，马上跑到教室前，把黑板擦得干干净净。曲老师用手

　　机拍下了那个瞬间，小元笑得如此灿烂，曲老师不禁又给了他一个温暖的拥抱，并轻轻说："你真是个懂事的孩子，老师爱你！"在班级开展的"向着目标前进"的活动中，曲老师和小元一起根据他的优势与不足，制定出切实可行的小目标，与同学们一起在全班面前宣讲，然后通过一学期的努力，改掉自己身上的一点不足，由于目标小、针对性强，小元的积极性可高了。一学期下来，他真的改掉了用铅笔尖扎同学脑袋的不良行为。在学期末的庆功会上，曲老师给了他一个大大的拥抱，并告诉他"你真是个男子汉，做到了'一言既出，驷马难追'"。

　　一次，小元的妈妈跟曲老师说："曲老师，我特别怕接到老师的电话，因为我想，肯定是孩子又闯祸了，我上班都胆战心惊的！"作为母亲，曲老师深深明白有这样一个"特殊孩子"，家长的压力有多大，每次与小元妈妈交谈，她总是用愧疚和无奈的眼神看着曲老师。是啊，在当今这个信息时代，大家工作节奏都非常快，很多家长没有时间到学校面对面地与老师交流孩子的情况，电话就成为彼此沟通的桥梁，为了解除家长的担忧，曲老师时常会主动给小元的父母打"报喜电话"或发"彩信照片"，让他们明白老师在用爱的眼睛发现孩子的优点。每次，当曲老师满怀激情地道出孩子的优点、进步时，电话那头都会传来家长兴奋的话语和道谢声，一条细细的电话线让老师和家长的心贴得更近了……

记得，在圣诞节前夕，小元为全班每个孩子都准备了一块圣诞饼干，他也送给了曲老师一块天使图案的饼干，曲老师问他为什么送给自己这块，他天真地说："因为您像天使一样爱我！"孩子的话，令曲老师和他的妈妈非常感动，是啊，班主任什么都可以不会，但最应该会的就是爱每一个孩子，记住：爱他，你就抱抱他。

凝聚——相伴共成长

每当听到《为了谁》这首歌曲时，凡经历过 2005 年附小搬迁的老师都会情不自禁地热泪盈眶，脑海中浮现出 9 年前搬迁时那难忘的一幕幕情景。

"老师们，这次新校舍的开荒，我们决定不用保洁公司，由我们老师自己来做！" 2005 年 7 月底学校搬迁动员会上，郑校长向全校教师发出了号召。校长此举的目的是希望老师与新校舍建立感情。

8 月 2 日，附小全体教师在郑校长的带领下，冒着三伏天的酷暑奔赴新校舍进行清扫。教室、楼道里布满了装修时留下的污渍和水泥块，老师们"包产到户"，在行政组长的带领下，用从家里带来的铲子、扫帚、墩布，一块砖一块砖地清理，将自己组负责的区域清扫得干干净净。

"校长，您后背全湿了，用毛巾擦擦吧！" "秦老师，你怎么快成白胡子老头了。来，给你一个口罩。" "金老师，你的裤腿上全是白灰，像是刚下地回来的，我来帮您掸掸！" 每天中午当大家在食堂外的空地上吃盒饭时，尽管每个人都很疲惫，但是谁都不忘记问候一下同伴并给他们送去些许帮助。就连新调入的老师也融进了清理卫生的队伍中，分不清谁是老附小的，谁是新来的。

历经一周的奋战，老师们自力更生，最终完成了教学楼、学生宿舍、学校食堂的全部清理工作，拓荒清理面积达 23000 平方米。

"老师们，清理新校舍我们打了一个漂亮仗，接下来我们要回到旧校舍，整理打包，准备搬家！"在清理新校舍的最后一天劳动结束后，郑校长又向大家发出了号召。

8 月 16 日至 22 日，附小教师转战旧校园整理物品。此次搬迁共打包

3000 余箱；整理各类文件柜、衣柜、玻璃柜 500 余个；3 万册图书；46 架钢琴；200 余台计算机；50 多套多媒体设备；2000 多套学生桌椅；各类教学仪器、体育器材等不计其数。搬家车队历时 7 天共搬运 125 趟，附小教师及共建单位战士 300 余人参与搬运工作……

信息中心的老师们以《为了谁》的音乐为背景，把这次搬迁制作了纪录片。每当附小人看到它，依然会情不自禁地热泪盈眶。只要我们凝聚在一起，再大的困难，我们也绝不低头。

这已成为附小人的精神财富。

人大附小于 2005 年教师节成立了由 15 位市级以上骨干教师组成的教育教学研究会。经过 7 年的努力，人大附小教育教学研究会发展到 2012 年，已成为汇集各级各类骨干教师 72 人的学术团体，包括语文、数学、体育、艺术、科技、外语、班主任、超常儿童、国际理解教育 9 个分会。这些骨干教师除了利用业余时间，每月定期开展一次活动外，是学校教育教学重大活动与赛事的中坚力量。成就别人，提升自己，这是一支充满激情、充满智慧、充满战斗力的学术团队。

2013 年 4 月 10 日下午，韩丹老师收到了来自石秀荣老师的短信，通知她进入了海淀区第六届世纪杯教师基本功展示活动的复赛。带着惊喜、感恩和些许不安的心情，她开始了世纪杯第二轮的备战过程。

4 月 12 日晚上，韩丹老师收到了远在美国的郑校长的短信："宝贝儿，辛苦了！坚持 48 小时就是胜利！望在最后关头再接再厉，说课与答辩要立足学生发展，关注多种预设，至少有一个亮点，做好充分准备，用附小人的特质为附小荣誉而战。放松心情，享受过程。"郑校长特别有心，特意让韩丹在北京时间 22：56 收到这条短信，寓意是"爱爱，我顺"。

郑校长亲切、幽默的语言让韩丹那些许不安的心情逐步恢复平静。她知道，这不是一个人在战斗，整个附小团队都在做后盾！

15 日上午 8 时，韩丹老师的说课题目出来了：面积单位。于是数学研究会的骨干教师进行了明确分工，立刻开始行动。石秀荣老师和赵娣老师帮她梳理教材；蔡立革老师和赵凤奕老师帮她设计学生的前测题并进行分析；赵俊强老师和侯乐霞老师帮她一起进行教学设计。金立文老师虽然带着六年级

"走进十一"，但是也打来电话关心、指导。大家都围绕着"面积单位"这节课忙碌着，办公室里时不时传来争辩声。韩丹老师知道那是老师们在精益求精，因为俗话说，理越辩越明。当然，办公室里也充满了欢笑声，那是大家齐心协力又解决了一个新的问题。

上午10点左右，蔡老师和赵老师已经设计出来了4份不同的前测题，意在更全面地考察孩子们的实际情况。下午临近学生放学时，石秀荣老师和赵娣老师已经将教材分析这部分完成，并且为这部分内容做了简易的幻灯片。蔡立革老师和赵凤奕老师也完成了对学生的前测，并进行了细致的分析。

根据教材分析的结果和前测中出现的一些问题，老师们开始将教学设计进行调整。这时，学生已经放学，金立文老师回来了，贾海林老师、韩凤娥老师、杨晓英老师、李海燕老师、周艳明老师、于鸿老师和孙刃老师也过来帮忙了，韩丹老师深切地感受到了附小数学研究会的凝聚和强大。

吃过晚饭以后，老师们转战到了三层南面的一个教室继续研讨。为了让这节课呈现得更加精彩，老师们对每一个环节都推敲再三。比如，如何引入新知，是通过人为地创设一个情境来引入新知，还是直截了当地抛出这个问题；关于面积单位1平方厘米，是由老师直接介绍，还是让孩子通过将长度单位知识进行迁移，自己悟出来；如果选择后者这种方式，如何在课堂上实现这个目标。这些问题引起了大家的热烈讨论，教室里争辩声此起彼伏，大家的思维相互交流和碰撞，擦出了很多火花。

大家都沉浸在这种浓厚的研讨氛围中，浑然不知已经将近晚上10点了。贴心的沙海老师给大家送来了零食补充体力，刘大鹏老师在整理完自己做课的教案后，也来表示了关心。大家其乐融融、同心协力，一直到晚上10：30才逐渐散去，大家相约第二天在这间教室继续探讨。

4月16日上午，老师们通过讨论解决了前一天提出的关于新知引入的问题，接着金老师又提出了一个非常棘手但是却无法回避的问题：在这节课中如何让孩子能够自发地调动以往长度的经验，从1厘米迁移到1平方厘米，帮助孩子实现从一维到二维的飞跃。于是，另一场热烈的讨论又展开了，老师们都积极出谋划策，共同分享自己的想法，直至中午快12：30才离开教室去食堂吃饭。

截至 16 日下午 1：30，同样参赛的金立文老师、石秀荣老师和贾海林老师的说课题目全部揭晓，数学团队又迅速分散开来，对参赛选手分别提供帮助。

/三/ 管理文化成就幸福团队

管理大师曾经这样说："当你领导 10 个人的时候，你要走在最前面，领着大家去干；当你领导 100 个人的时候，你应该在中间，协调周围的各种关系；当你领导 1000 个人的时候，你必须在后面，掌握全局，把握方向！当你领导 10000 个人的时候，那么你唯一能做的事就是祈求上天保佑。"

我们接触的郑瑞芳校长，激情四射，能量无穷。人大附小的事事必躬亲，无所不能！老师说："现在人大附小也就区区 4000 人，我们郑校长啊，还能领导 40000 人！"还有老师说："郑校长就像太阳一样，散发出七彩光芒。"

郑校长说如果是 40000 人，那就是无为之治，当人数达到一定数量，除了制度发展的惯性之外，实际上是靠着一种"思想"在统领这个团队，而这种"思想"很大意义上就是一种文化特征在管理上的表现与应用。

咱们校长有力量

亲和力

数学老师于鸿眼中的郑校长是亦师亦友、温婉、慈爱又不失威严。说起郑校长的亲和力，她认为校长热情地传递着幸福和快乐。

新教师展示课，紧张的于鸿看到了"笑"长，她面带微笑，眼中尽是鼓励，眼神似乎在说："小姑娘，加油，相信你会带来一节精彩的课！"于鸿知道，"笑"长是个率真、包容的人，对于一个新老师，她一定更多给予的是鼓励和宽容。

学了两次游泳毫无起色，第一次近距离聊天，"笑"长告诉于鸿她也是近几年学会游泳的。于鸿说自己特别害怕游泳，"笑"长就笑着说："没事儿，你们年轻人学游泳肯定特别快，你一定能借着这次机会学会游泳。常游泳的人身材都特别好……"于鸿体会到一个人的潜力是无限的，只要去努力，就一定能战胜困难！

校长对老师们亲，跟学生就更亲了。

孩子们都亲切称校长为"校长妈妈"，经常有学生去校长办公室看望她，尽管工作繁忙，而她却对接待这些孩子乐此不疲。

一年级的学生在班里受了委屈，跑到校长室，就要和校长说，因为他说"我只和亲人说"；五年级每个班的孩子都会将本班菜地种的首次收获送来给校长品尝；六年级的毕业试卷上，学生在写给校长的信中，最后落款：您的亲生孩子某某……

一说到郑校长对学生的喜爱程度，语文老师赵老师立刻想到了一个最恰当不过的词：溺爱。

在校办的几个月时间，赵老师充分感受到校长对学生的溺爱。

2011年的一天校长找到赵老师："雪涛，你一会儿把这132块钱给六年级（10）班学生送去。"

赵老师拿过校长递过来的钱，调侃道："在人大附小可真是'有困难，找校长'。"

校长笑了："必须鼓励孩子，你看他们多棒，知道先上网查资料，还知道了什么土壤适合这种花；知道先测量，算出需要多少土、要用多少钱，你看用上了多少学科的知识……"

自从附小的七彩小菜地诞生后，这里就立刻成为校园中人气最旺的场所。

那天午饭后，校长和赵老师来到刚刚平整完的一块十字形菜地中，已有三四个孩子在挥锹铲地。

见校长来了，立刻一拥而上，"校长，我们已经上网查了，有一种七色花，我们想种！"

"校长，我们算过了，如果要种这种花，就得换土，一袋土的价钱是……整块地就需要……唉，我们钱不够！"郑校长认真倾听每一个孩子的发言。

郑校长不时点着头，当听到最后一句话时，她笑了。她摸着学生的头说："没事，你们算一算，看差多少钱，写下来交给我！"

后来，学生送来了一张小卡片，详细列出需要的土、需要的钱。校长看着小纸片，一边读一边笑靥如花地表扬着她的学生，那份得意啊！随后她拿出自己的钱包，拿出了 132 元钱……

需要开的会议一个接一个，校长每天忙得像个陀螺。

就在这时，六年级（10）班几个孩子拿着摄像机走进校长室，原来是为自己班的电影剧本《泡面记》邀请校长在里边客串角色。

没有剧本，小导演只口头陈述了一下剧情，郑校长认真地听着，临了还特意认真地问："我还需要做什么准备？服装上有什么要求？"

想着校长的日理万机，赵老师都替校长着急。

两天后，六年级（10）班的学生如约而至，简单为校长做了造型，拍摄开始。

校长极其认真地按照小导演的要求，一丝不苟地做动作、说台词，在自认为发挥不佳的情况下还主动申请再拍一遍……

最后校长的表演得到了小导演的肯定，导演率剧组撤退，留下了作为道具的一盒方便面给郑校长当"演出报酬"……

这样的镜头还有很多很多，每天都在发生着，赵老师总说："见过爱孩子的校长，但没见过这么爱的！"

凝聚力

郑校长留给大家的永远都是灿烂的笑容，而谁又知道她默默承担了多少呢？

当郑校长说到老师们的敬业精神和留下的编制问题时就会潸然泪下，对于附属小学特有的编制难题校长四处奔走，为了区级骨干教师的评选校长亲自去海淀教委争取名额！

校长的心中惦念着每一位教师，内心承载的更是学校的发展。因为编制问题，教师队伍不稳定，流动性很大，优秀人才留不住，也就谈不上凝聚力。

为了给老师们申请编制，解决编制，郑校长亲自奔走在学校与海淀教委之间，从引进特级教师到市级骨干，从调入专业人才到接收应届研究生，无一不渗透着郑校长的艰辛与心血。

迁入新校舍后，郑校长利用一切机会增强教师团队的凝聚力。2012年秋季学期，郑校长发出号召，以年级组为单位，组织大家进行附小游泳馆建馆三周年游泳比赛。比赛分为两部分，第一部分是全组老师每人都学会游泳，保证每人可以游50米；第二部分是每个年级组出10个人50米蛙泳计时比赛，总成绩相加，评出团体名次。

这两个部分关注了每个年级组的每一个人，不会游泳的老师要努力学习游泳，会游泳的老师尽量提高成绩，每一个老师都为了集体的荣誉而努力着。其实游泳是个说难不难，说简单却又让很多人望而生畏的运动。因为到建游泳馆三年的时候还没学会的老师，都是怕水的。学游泳并不难，怕水却很难克服，但是因为有着集体荣誉的激励，每一个老师都经历了由完全不能下水到学会憋气，由多种辅助工具到什么浮漂都不带，由只能游5米到后来的50米甚至500米的过程。

这个过程也许并不都是享受，但是因为心怀集体荣誉，最后每一个老师都学会了游泳。这里面有23岁从没下过水的应届毕业生，有颈椎常年疼痛的男老师，也有刚生完孩子的妈妈，还有55岁的老教师。游泳教师葛雪感觉他们每一个人都像是一名战士，为了自己的年级组战斗着。他们成功了。曾有一个老师对葛雪说："如果是为了我自己，我这辈子也学不会游泳，但是为了集体学我一定要学会。"

在学习游泳的课堂上总能看见郑校长的身影，她在百忙之中常来游泳馆和老师们一起游泳，安慰怕水的老师，指导不会的老师动作要领，鼓励刚学

会的教师去试试深水。有了郑校长的加油和鼓励，老师们的积极性更高了，每天来游泳的老师络绎不绝，中午、下午、晚上，老师们利用课余时间加快学游泳进度。

常常有人和葛雪说，自从学校组织了比赛，锻炼的热情高了，身体越来越好了，每天不游泳都不舒服了。我们也看到了应届毕业生有了运动的习惯，有颈椎病的老师颈椎也不疼了，年龄大的老教师进了游泳馆更是精神抖擞。

比赛过去半年后，每天来游泳的老师还是那么多，大家都知道了游泳的乐趣，郑校长希望大家锻炼身体的目的也就达到了。这次小小的比赛大家不光收获了健康，最重要的是增加了团体的凝聚力，老师们之间的感情越来越深了。

常常看到一个组的老师相约来游泳，游得快的教游得慢的。老师们之间的沟通越来越多，彼此的关系也因为游泳越来越好。大家还常常交流经验：我今天游了多少米，动作又轻盈了，我想学习新的泳姿……当大家都为了同一个目标努力时，那种幸福只有身在附小的老师们才体会最深，也正是郑校长让老师们真正懂得凝聚的力量。

感 染 力

周一的清晨，语文老师盛丽雅依旧匆忙，通往学校的路，照常拥堵。望一眼窗外停滞的车流，心提了起来。

"叮咚！"是短信。这么早，是谁？迅速打开浏览。"亲爱的老师们，现转发校长对大家的问候：各位老师、我的家人们，连日来我一直沉浸在感动与幸福之中！……亲，热烈地拥抱你！节日快乐！"节日？哦，开学连日奔忙，竟然忘了自己的节日。呵，长长的问候，厚重的心意！"拥抱""爱"，这几个字眼像被施了魔法，悄悄把焦躁的情绪抚平——心，柔软了，眼底有热热的水气浮上来。

附小这几年，常常被校长突如其来的短信"袭倒"，不知不觉间，由畏生敬，由敬生爱！

盛丽雅记得，刚来附小报到的时候，对周围的一切充满着向往，整天忙得晕头转向。有一天，她正抱着作业本疾走。

"盛丽雅！"一声热情的招呼。是校长，这位让盛丽雅内心崇拜却常远望的人，竟然就在眼前。她笑着说："前几天是你生日，我发的短信收到了吗？"

"啊？我的号码刚刚换了，没收到。"从来没有一位校长会给盛丽雅发短信致生日祝福，她一时有些发呆。"没关系，祝你生日快乐。你忙吧！"校长乐呵呵地走了。等她的背影消失了，盛丽雅才缓过神来，呀，一时紧张，都没说上一句感谢的话。一路上，盛丽雅都在琢磨：校长发我的短信里写了些什么呢？

在附小的生活就如山涧里的溪流一样，紧张又快乐。慢慢地，盛丽雅知道，学校的每位老师都收到过校长的祝福短信，即使校长身在异国他乡，那个寄寓着殷殷祝福的生日短信，总会准时送达。渐渐地，盛丽雅发现，校长是个极感性的人，校长热爱教育，热爱孩子，热爱她的老师们。而短信，是她和老师们"热恋"的方式之一。

孩子们出征国际赛事，会场的气氛让人紧张压抑。此时，一句暖人心肺的叮咛必定悄然而至，阴翳瞬间消弭，师生士气大振。

老师们挑战各类赛课，未知的课堂令人心生疑虑。此刻，一声真挚热切的问候足以消融心底的胆怯，自信和阳光重返课堂。

人生的重要时刻，或高峰，或低谷，或喜庆，或悲伤，校长总以她那特有的睿智、善感，让人感受到她的温暖和关爱，让你知道，有一把伞永远为你遮风挡雨。

校长常说教育是一件浪漫的事，校长自己又何尝不是个浪漫的人？校长的浪漫在于她的贴心，在于她的诗意，在于她的激情，在于她的创造力。作为附小的大家长，她正在履行着诺言：珍惜每一个与附小人相聚的时刻，分享每一个感性的瞬间。

记得，在 2011 年寒假过后的第一天，郑校长要为全校教师宣讲《人大附小十二五发展规划》。

那天，她穿了一件红蓝条的帽衫，一位老师开玩笑地说道："校长，您是因为今天要给大家宣讲十二五规划，特意穿的这件衣服吗？"

"怎么讲？"

"这衣服蓝底配红条，您不是在描绘附小十二五的宏伟蓝图吗？"一句话逗得校长哈哈大笑，于是在开会前，她特意让大家猜一猜她今天穿的这件上衣有何寓意。

真是无心插柳柳成荫。从那以后，本来就很注意仪态穿着的郑校长就更加注意各种会议的着装了。在每次全校集会或学校的重要时刻她都会穿着富有深刻寓意的服装闪亮登场。

红色代表祝福、吉祥、成功；学生外出比赛或修学旅行，教师外出教学比赛或教学交流，学生参加五六年级学业质量监测等，郑校长都会穿一件红色上衣前来送行。

蓝色代表蓝天，白色代表白云，在迎接海淀区对与人大附小合并后的原银燕小学教师进行教育教学督导时，校长身着印有花朵的蓝色连衣裙，白色短上衣，预示着在蓝天白云的映衬下原银燕小学的教师各个春暖花开。

在七彩教育同盟的启动仪式上，在学校首届"霓之星"电影节上，在人大附小首次参加四季青学区教师大会上，郑校长身着七彩连衣裙，预示着七彩教育理念已经播撒在更广阔的教育杏坛。

在2012年至2013年新学期的启动会上，校长穿着富有写意风格的斜裙为教师做新学年工作的部署，预示着新的学年校长将一如既往地坚持简朴的工作作风，将自己对教育的激情倾注在为附小做的每一件实事上，引领大家

创造更加丰富、更具深远意义的七彩附小生活。

特别值得一提的是郑校长还根据每个人的属相为老师们定做了教师休闲服，12个属相，12种颜色。学校为教师精心挑选了四季校服，而且努力打造学校的服装文化。老师们穿上这样的服装站在操场上，那简直就是人大附小独有的风景，"阳光、幸福、自豪、向上"写在每个人的脸上。

受郑校长耳濡目染，附小教师在衣着上也非常注重搭配，注重场合。在接待外校来访者听课时，在走出去与兄弟单位进行教学研究时，在带学生参加各级各类的比赛时，老师们都衣着得体，充分显示出人大附小的风范。不知不觉中，郑校长打造了人大附小的衣着文化。

咱们团队有能量

有人常常问郑校长："您哪来那么大的勇气和魄力常常做出创新之举？"每到这时，郑校长都不无自豪地说道："在我们班子里流行着这样一句话——校长的话理解的要执行，不理解的也要执行。虽然是句戏言，但我特别感动，特别幸福。因为它表达着一种信任，一种爱戴，一种无条件的支持。有这样一支具有很强执行力的干部、教师团队，凝心聚力，无限的能量在支持支撑着我，使我得以点燃自己的智慧，打造七彩的工作中心，建立七彩管理制度，开展七彩主题研究，创设七彩教师奖励，让七彩团队永远充满正能量。"

固 于 制

随着办学规模的日益扩大，郑校长在不断挖掘和充实七彩学校文化的同时，创新学校管理机制。2009年9月取消了教导处、德育处、总务处等部门，进行了管理组织机构的改革、重组，成立了十大工作中心。

说到改革，校长称有两个方面的意义：一是由常规型管理向发展研究型管理转变，二是由复合型管理向专一型研究转变。从而达到以生为本，满足需求；以师为本，挖掘潜能；以校为本，凸显特色的研究型、服务型组织机构。10个中心根据其管理职能被赋予不同的色彩，形成具有人大附小特色的管理文化。

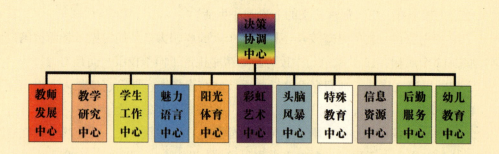

　　每个中心除被赋予不同的色彩之外，还努力打造本中心的七彩管理特色，创造性地开展工作。

　　每个工作中心都有自己的工作目标。

　　教师发展中心的工作目标是"做一件幸福的事"；教学研究中心是"做一件浪漫的事"；信息资源中心是"做一件有价值的事"；后勤服务中心是"做一件平凡的事"；魅力语言中心是"让世界走近我们"；学生工作中心是"铸就学生完美人生"；特殊教育中心是"特别的爱，给予学生快乐人生"。这些口号，描绘着人大附小的事业彩图。

　　为精简机构，更适应学校发展，本着学校七彩教育理念，2011年十大工作中心重组成立了七大工作中心。

形 于 色

每个中心的色彩里都代表一定的含义。

教师发展中心以"赤色"为代表色，象征教师是太阳底下最神圣的事业，每一位教师都怀揣炽热的情感投入自己为之奋斗的事业中，提升自己，培养学生。

教学研究中心以"粉色"为代表色，预示着教师们以浪漫的心态在课堂教学中成长，以柔和的性情参与团队校本研究，以优雅的姿态创造精彩课堂。

学生工作中心以"黄色"为代表色，每一个学生都是炎黄子孙，教育引导学生传承中华传统文化，永远记住自己是中国人。

阳光体育中心以"橙色"为代表色，预示着教师与阳光相伴，在绿茵场上，强健的身体挺拔地站立，活力四射，永远充满激情与朝气。

彩虹艺术中心以"紫色"为代表色，培养师生高雅艺术的修养，创造色彩淡雅、乐曲悠扬的艺术氛围。

魅力语言中心以"蓝色"为代表色，是大海和天空的颜色。"海内存知己，天涯若比邻。"语言是人们交流的工具，充满无穷的魅力，做友好交流的文化使者，需要学好外语。

头脑风暴中心以"青色"为代表色，预示着教师在培养学生科学素养的道路上，期待青出于蓝而胜于蓝，立志为国家培养创新杰出人才而努力的胸怀。

全纳教育中心以"白色"为代表色，预示着教师用自己的爱心，在孩子的一张白纸上，描绘美好的未来。

信息资源中心以"灰色"为代表色，预示着教师的工作效率像飞速发展的航天事业，既要有速度，又要有质量，还要有严谨的态度。

后勤服务中心以"绿色"为代表色，预示着我们的后勤服务一路畅通，时刻提示我们节约能源，创建环保的绿色家园。

成 于 行

取消"处"改为"中心"，这本身就意味着从行政管理转变为研究管理。郑校长希望每一个研究中心都能带着问题来工作，发现问题、研究问题、解决问题。以主题研究的组织文化，引领学校教育科研和教学执行力的提升，打开了高位发展之路。

从科学研究的角度进行剖析与梳理，从而得出解决问题的方法和策略，并将结论付诸实践，作进一步的验证，提升管理者的科研能力与执行能力，形成可持续发展的学校管理文化，打造研究型的领导团队。因此，每个工作中心都会在学期初确立研究课题，成为一学年的研究专题。例如，教学研究中心的研究课题是《减轻过重课业负担 促进学生健康成长》；头脑风暴中心的研究课题是《中小学科学探究学习与创新人才培养实验研究》；后勤服务中心的研究课题是《节约型校园建设研究》……

领导团队的科研意识、研究氛围，引领出一批致力于教学创新的研究型团队。

2013年4月，在海淀区举行的世纪杯学科说课竞赛上，让数学贾海林老师发现了一个独特的视角以及研究方向。

"贾老师，你的这节课说得很好，不知道上出来会是什么效果……"当海淀区数学评委孙京红老师充分肯定贾老师设计的《乘法表的复习课》的教学后，意犹未尽地补充道。

就是这句话点燃了贾老师的研究欲望，回到学校后就与数学团队展开了研究。

"校长，我们六年级数学团队打算做一次专题研究汇报，您看在哪？"一次在食堂门口碰到校长后，贾老师提出了自己的想法。

"哦……"校长稍一沉吟，主意来了，"这样吧，就在多功能厅，给全校老师做一次专场数学研究汇报……"

"啊，全校啊，我以为就数学老师参加呢。"贾老师兴奋地说道。

"再请位专家给做一下点评。"校长说。

"校长，既然小贾他们用的是北师大版教材进行专题讨论，那么就邀请编委张丹老师吧。"金老师这么建议道。

"好，走进编委更能了解教材的本质。"校长赞许说。

2013年7月，贾老师带领的数学研究团队，进行了主题《与教材深度对话》——"探索规律"复习课的设计与思考的汇报。

在这次专题讨论中，六年级数学团队先把课堂中的"规律"作切入点，然后在反复的复习中定义何谓"规律"，再从融汇着哲学层面、数学角度、新版课标、学生心理学等数学推理思维深入挖掘"规律"。在不同版本的教材对比中，也让张丹老师看到了教材的拓展空间。

在课堂教学中，孩子更能与教师擦出"火花"，使数学团队研究的触角碰到了更深层次的意义：乘法表代表了什么，这节课承载了什么。那就是数学中极限的思想，而这些内容直到高中的数学才会涉及。

课后，以贾老师为代表的数学团队与在场的所有老师分享了他们的研究历程，在谈到研究过程发生的感人故事时，几度哽咽落泪。郑校长在总结时说道："我特别理解这眼泪中汇聚的情感，这是苦尽甘来的泪水，当辛苦的付出得到成长的回报时，当研究的成果得到专家的认可时，为此付出的酸甜苦辣都是值得的。"

在这次会上，每位数学老师都得到一本书《贾老师的可爱作业》。这是郑校长为鼓励青年教师专业成长为教师出的第二本专著。

这次主题研究活动还在海淀区进行了展示，贾老师及团队特别感谢校长给予的平台。正所谓心有多大，舞台就有多大。

化 于 心

为了彰显七彩的办学特色，贯彻学校七彩教育理念，使老师享受做附小教师的幸福，激发老师们的幸福感和责任感，人大附小先后创建了七彩的教师奖励。

学校每年教师节评选师德"烛丹奖"；
五四青年节评选青年先锋"扬帆奖"；
五一劳动节评选劳动模范"旗帜奖"；
附小还创建了岗位创新"苹果奖"；
出谋划策"金点子奖"；
班主任"鸿雁奖"；
附小终身教师"传奇奖"。

每年的5月20日为人大附小"班主任"节。在"班主任"节期间，学校特别邀请全校学生和家长以及除班主任以外的所有任课教师，评选出"我最喜爱的班主任老师"，从最喜爱的班主任中评选出10名为"鸿雁奖"教师。

为人大附小更加科学和可持续发展，充分发挥老教师的丰富教育教学经验和老教师的爱校热情，使老教师的丰富经验在学校得以延续，让老教师感到"前人栽树，前人也能乘凉"，让附小教师一辈子有归属感，永远成为附小的主人，从2012年起设立人大附小终身教师"传奇奖"。

还记得2012年"五一"前夕，按附小惯例新一期的"五一劳动模范"评选开始了。在第一轮由各组推荐候选人时，郑校长便以全票被推选为候选人。

当郑校长得知这一消息后，立刻表态让出候选人名额，把机会让给其他教职员工。但是因为这是民主选举，需要严格执行民主程序，进入下一轮的差额选举。

在接下来的差额选举中，郑校长又以高票当选为2012年附小"五一劳动模范"。

当郑校长得知自己被评为附小劳模之后，再一次向工会评选小组提出请求，让出评选名额。工会评选小组在为难之际，倡议召开学校党政工团扩大会议，共同研究决定此事。

郑校长在会上谈起此事时，热泪盈眶，心中充满感动。她真诚感谢老师们对校长的理解与支持，感谢老师们对校长的肯定与关爱。但是她还是提议将这一宝贵的机会让给学校食堂厨师长刘学军师傅。

校长说："刘师傅是学校临时聘用的。自2005年附小开办学生食堂以来就在学校食堂工作，每天清晨，他最早起床开始投入工作，晚上待全部工作结束后，他亲自检查食堂水、电、燃气等重要设施，确认安全后才回宿舍休息。还有，食堂的门钥匙刘师傅每天随身携带，夜里睡觉时都压在枕头下面，以备突发事件应急处理。"

"令人感动的是，一位临时聘用的农民工竟能七年如一日默默无闻地对附小尽心尽力，无怨无悔！这份高度的自觉性和责任心，堪称劳动模范！"

在教师节表彰大会上，当刘学军师傅从校长手里接过"五一劳动模范"证书和3000元奖金时，激动得热泪盈眶，他双手紧紧握住郑校长的手，连声说道："谢谢校长，谢谢校长！"

在附小教师、后勤、食堂、保安、保洁等所有人都是一家人，都享受着尊重与平等的待遇，用郑校长的话说："我们只是岗位不同，而不是职位不同。让每一个附小人都生活得有尊严、有希望、有幸福感。"

第七章

七彩梦·教育梦·中国梦

校长心语

我经常想：人大附小发展到今天，有义务有责任承担教育均衡发展的社会重任，优质资源共享。这些年来，无论是成立七彩教育同盟，还是连续三年派出多学科教师到基础薄弱校支教，以及为兄弟学校进行无偿的教师培训，我们都无怨无悔。如果你把它当成一种资源，你就会觉得这些都是双赢的事，因为老师们在提升别人的同时也历练了自己，共同成长。

大校有大校的优势，小校有小校的精致，我们希望别人比附小做得更好。在每一次培训中，附小人都会毫无保留地把学校的七彩教育理念，把学校已经付诸实践的创新之举以及在今后发展中的思考与策略传达给大家。因为大家做的都是中国的教育，培养的都是中国的孩子。

大家都好，各有不同，相互提供正能量，共同实现七彩梦、教育梦、中国梦。

/一/ 均衡发展践行中国梦

七彩教育同盟 2011 之寻梦

"人大附小真是名副其实的优质校啊！这么多的优质资源应该让更多的学校分享。郑校长，以后您有什么活动一定要带上我们啊！" 2010 年秋天的一个上午，人大附小的校园里，唐山市玉田县教育局孙局长不无感慨地说道。

局长这一番发自肺腑的真诚话语使郑校长陷入深深的思考：是啊，近年来有很多学校提出希望和人大附小手拉手，更何况《国家中长期教育改革与发展规划纲要（2010—2020）》中特别强调了均衡发展是义务教育的战略性任务。人大附小作为一所最具影响力的素质教育优质校，理应为推进义务教育均衡发展，让更多的孩子享受优质教育而做些实事。于是她萌发了成立七彩教育同盟的设想。

"朱儿，马上召开班子会，我有一个新的想法要跟大家商量。"送走局长后，郑校长兴奋地对办公室主任朱靖宇老师说道。

郑校长把自己的想法告诉了各位领导，"邀请 6 所学校和我们一起成立七彩同盟"。郑校长的建议点燃了大家的热情，得到了大家热烈的响应。

"校长，那我们就叫七彩教育同盟吧。"

"对，在七彩教育理念引领下的七彩教育同盟。"

"好想法！"

说干就干，郑校长和她的领导集体就是这样雷厉风行！

经过前期的沟通和筹划，确定了 6 所不同地域、不同规模、不同特点的学校，有海淀区唐家岭小学（山后小学）、四川什邡国人小学（灾区震后学校）、唐山市玉田县伯雍小学（农村学校）、密云县石城镇中心小学（远郊学校）、石景山区树仁学校（打工子弟学校）、林业大学附属小学（林业部直属学校），人大附小变手拉手为与之牵手，在彼此尊重、平等的层面上，组成"七彩教育同盟"。

2011 年 4 月 2 日至 4 月 3 日，七彩教育同盟在北京海淀武青会议中心召开筹备会。参加七彩同盟筹备会的校长深深地被郑校长的大教育观、大爱所感动，纷纷表达了自己的感谢和感慨。

唐家岭小学校长张桂江说："感动——自 2008 年 1 月跟郑校长手拉手，人大附小给予了我们很多实实在在的帮助，想到这些点点滴滴，心中就有一股暖流。心动——郑校长的大教育观，让我们深受启发，深感幸运，我们愿意借助这个平台让自己的学校快速腾飞。"

国人小学校长夏绍明说："这次会议安排得非常紧凑，也非常务实。昨天晚上我躺在床上一段时间睡不着，我想回去首先成立国小讲坛，提升教师的素质；开展班级活动，矫正学生自身的问题；组织家校讲座，升华学校的办学质量。我们学校会按照今天会议形成的成果去计划我们未来的三年，去开展工作，争取为我们的七彩同盟添彩，把我们的黄颜色做好。"

林大附小校长高慧贤说："我也很高兴我们林大附小找到了这样一个组织，这个组织我觉得是干实事、说实话的，我也特别愿意加入到这样一个组织中来。两天会议使我产生了一个灵感，明确了我们学校的办学特色，定位在精品学校，不盲目地追求大规模，而是校长创新带动老师的创新，老师们创新带动孩子们创新，激起孩子们思维火花，在软件、硬件上得以保证的基础上打造精品！"

石城小学校长王喜明用三个"人"来说明表达自己的感受："第一个是'盟中人'，我感到很幸福。第二个是'梦中人'。我昨天没有睡好觉。突然有一种压力，不敢懈怠，要做很多的事，要自己分析自己学校的现状，然后理清思路，制订计划，加大提升业务的步伐。这是我梦中人的幸福。第三个是'情中人'，干的是工作，相处的是感情。我喜欢成为情中人。在干好工作的同时，我们能够成为真正的朋友、姐弟的那种情感，我觉得非常幸福。也有了这种工作的一种感情，回去之后，我还真是得好好地研究。希望在这面大旗下，享受着七彩阳光，实践着七彩教育。"

树仁小学校长赵生杰说："几位兄弟都说没睡着觉，我也是一样，我是最大的受益者，真得感谢郑大姐，确确实实她是不计较出身、不计较学校的身份，让我加入这一组织，真是感激不尽。我昨天晚上到十一二点也没睡着觉，四点来钟就醒了。"

伯雍小学校长周文清说："这次精神大餐可以说是回味无穷。作为玉田实验小学北分校，一个农民工子女入学的学校，今天找到了'家'。我们信守，谁的孩子在这上学，我们都得把他教好，这是我们的天职！比把本来都好的学生教好还伟大！"

会上研讨了《七彩教育同盟》的三年合作发展方案；制定了牵手誓言，确定了标识文化：盟徽、盟旗、盟歌、网络期刊；制定了详细的合作框架及成果展示的形式等。

大家在一起探索创新学校特色发展的新途径、新方法与新策略，用实际行动践行义务教育的均衡发展，共同创造教育的伊甸园。

"青苹果"的梦想

当王芳老师接到设计"七彩教育同盟"标志的任务时，脑子里似乎早就想到一种图案：一个"七彩"的由汉语拼音大写的首字母 Q 与 C 组成的青苹果的形象。因为这个青色的苹果预示着人大附小和其他 6 所学校共同联手打造一片崭新的教育新天地。

有了这个灵感就将最初设计的盟徽拿给学生看："这个苹果做我们七彩教育同盟的盟徽如何？"一个学生发现问题："老师，您这一口把苹果咬得也太狠了，一半儿苹果都没了。"这个回答引得孩子们哄堂大笑。王老师这才发现，一个由完整的大写字母 Q 与 C 组合而成的苹果图形确实失去了平衡。于是她挖空心思尝试了所有想法：把 C 变小行不行？把它们变个位置？重新组合？……就在王老师的创作陷入困境时，孩子们的想法给了她启发。

"老师，把 Q 挖空不就平衡了，还更像 Q 了。"就在这时，一个学生的提醒忽然让王芳老师茅塞顿开。是啊！何不还原字母的本来面貌。让两个字母环环相扣，寓意七彩同盟各校之间手拉手，团结合作？王芳激动地上前抱了抱那个学生："孩子，如果这个设计被采纳了，我就把挖下来的那块苹果奖励给你。"

经过修改，重新出炉的作品最终被确定为七彩同盟的盟徽。

七彩教育同盟 2011 之圆梦

2011 年 10 月 16 日上午 9 点 9 分，七彩教育同盟正式启动。启动仪式上，首先播放了《七彩教育同盟》各校 3 分钟视频宣传片，然后郑瑞芳校长身穿七彩连衣裙，在《最浪漫的事》钢琴旋律伴奏下，迈着稳健的步伐走上讲台，微笑环顾全场，讲述一件幸福的事。

在郑校长的发言中有四个关键词——合作、发展、探索、均衡，涉及学校成长、校长成长、教师成长的合作框架，体现了合作中探索创新学校特色发展的新途径、新方法与新策略，践行义务教育均衡发展的思想。

北京市委张建明副秘书长宣布"'七彩教育同盟'正式启动"，随着在场7所学校共350位教师代表倒计时的声音"五、四、三、二、一"，七校校长一齐触动了七彩机关，镶嵌着"七彩教育同盟"六个红色大字的电光球随即旋转，金色的花瓣从天而降，将会场的气氛推向高潮。接着，七校校长手执盟旗，全场教师庄严宣誓，同唱"七彩教育同盟"主题歌。

参会的海淀教工委张卫光书记兴奋而又激动地说："今天七校联盟又创造了一个新的苹果，我们希望这个有创造性的苹果能够给我们带来更大的惊喜，对我们的教育能够有更大的贡献。我今天非常高兴地看到七彩同盟表现出来的那份责任，那份对教育本源的认识。祝愿我们的七彩同盟办得越来越好，越来越红火！"

特邀专家人大附中刘彭芝校长说："郑校长让我非常惊喜，'七彩教育同盟'你们每所学校都很厉害，所以名字也起得很漂亮。你们这是改革，你们这是创新。祝你们七所学校腾飞，为我们国家的教育改革发挥更大的力量。"

特邀专家北京市教院校长研修学院副院长夏秋荣说："郑校长的发言洋溢着我们教育者的一种自豪，真是为祖国的教育事业腾飞做着不懈地努力和追求。这个梦中人、盟中人、情中人，就是我们各个学校今后拼搏腾飞的愿景所在，真的愿意和你们在飞翔过程中做出我的一点儿贡献和努力。"

品味"玉田白菜"

2011年12月下旬的一天，郑校长带领附小领导班子一行10人来到七彩教育同盟校——唐山伯雍小学进行教学指导。

郑校长与随行的教师走进了伯雍小学的课堂，品评了一节由三位教师同上的发表课——"由玉田白菜想到的……"

这节课，还要从半个月前附小承办的北京市三级课程建设研讨会说起。

那天，伯雍小学派出了多位教师来到人大附小，观摩了附小教师在北京市三级课程建设研讨会上展示的 9 节发表课，好奇、惊叹之余，老师们回学校后也开始了自己的尝试。

于是，这节围绕着"玉田白菜"，融品德与社会、综合实践活动、艺术等学科知识为一体的多学科发表课应运而生。学生先由玉田白菜的历史再到传统的做法，以"玉田白菜"为情感依托，通过生动的快板、舞蹈等艺术形式，诉说着对玉田白菜的朴素之情。

课堂里的孩子们对餐桌上的白菜是非常熟悉的，所以灵巧的手指立刻将"玉田白菜"塑造了出来，并且当场送给了前去的附小教师。

"老师们选取的'玉田白菜'这个点非常好，很有地域特点，这是你们玉田的精华，饱含着丰富的历史文化，希望你们继续研发，让它形成一门校本课程。"郑校长总是能够激发老师们的创新热情。

一节多学科整合的发表课，还引发了一个感人的故事。

已是后半夜了，一辆装满货物从京津唐高速路上驶来的大卡车，停到彩虹门前。漆黑的天空下，雪依然很急、很猛，随行的老师顾不上旅途劳顿，同附小后勤的师傅从车上卸下来一箱箱的货物，再搬进了食堂大厅，整整搬卸了两个小时，甚至顾不上喝一口热水，又随着这辆卡车风尘仆仆地消失在北京迷漫着风雪的夜色中。

"老师们，我们可爱的家人——伯雍小学昨天半夜从唐山运来了一大卡车的玉田特产。"校长莞尔道："今天咱们的饭桌上能品尝到充满爱的美味，下班后每位老师领四棵玉田大白菜，回家包饺子吃吧。"

课堂中我们领略到教师们敢于创新的实践精神，餐桌前附小的教师也感受到了源于伯雍小学真挚的情谊。

自从七彩同盟成立后，唐山伯雍小学先后 5 次共派出 18 名不同学科的教师到人大附小进行为期两个月或一个月，最短两周的培训。在每次临别座谈会上，老师们都依依不舍，和校长、指导老师热情话别，深情相拥，像一家人一样难舍难分。

在郑校长办公室的茶几上摆放着一只用1500多个彩色纸三角插拼的纸鹤，那活灵活现的样子使每一个看到它的人都禁不住会走上前去看一看，摸一摸；三楼行政办公区开放会议室的书柜上陈列着一幅装饰画：上面是由废纸搓成的小纸球涂上色拼制而成的两颗红心，红心下面贴着用小纸球拼成的四个字"感恩之心"。这两幅作品都出自河北唐山伯雍小学到人大附小接受培训的教师。每当看到它们，郑校长很欣慰，她觉得七彩同盟校的老师不但学习了人大附小的理念而且正努力践行，这正是她追求的梦想。

"七彩教育同盟" 2012 之起航

2012年10月27日至30日，在金色的秋季七彩教育同盟七所学校校长、教师代表还有湖北天门一小的罗校长欢聚在北京密云县石城镇中心小学，以"有效课堂"为专题进行教学研究，同时聘请北京师范大学余凯教授指导梳理八所学校的办学理念。

　　"七彩教育同盟"2012之起航走进石城中心小学，以科学发展观为指导思想和核心理论，推进义务教育均衡发展，实现同盟校之间"理念共享、资源共享、共谋发展"的目标，促进同盟校的共同发展。

　　第一天，八所学校的校长分别阐述了自己学校的办学理念，树仁学校——"爱满天下，求真务实"。林大附小——"学生幸福成长，教师幸福工作；提高生命品质，为终身幸福奠基"。唐家岭小学——"关爱每一个孩子，促进每一个孩子发展"。国人小学——"让真爱伴随学生健康成长，为学生一生的幸福奠基"。伯雍小学——"创设适合人发展的教育环境"。石城小学——"以教师的全面发展促进学生的全面发展"。天门一小——"为学生终身发展奠基"。人大附小——"七彩教育成就每一个学生都绽放"。

　　余凯教授针对同盟校的办学理念，以《学校文化建设：理念与实践》为主题，围绕什么是学校文化，从校园文化到学校文化，学校文化的结构与核心，学校精神文化的表述形式，学校应该建设什么样的文化展开办学理念的梳理。大家达成共识：学校文化是一所学校在长期的教育教学，科研与管理过程中所形成的，为全体教职员工所认同的作风、传统、观念、价值追求、行为准则、交往方式及生活习惯的综合。

　　第二天和第三天，与会者围绕有效课堂开展研究，人大附小蔡老师上个人多学科融合课《小故事 大学问》、赵老师上语文整合课"一拖一"阅读《螳螂捕蝉》；石城小学崔老师和李老师上多人多学科融合课《飞飞曲》、田老师上二年级数学课《探索规律》。各校教学干部分别介绍了自己学校在探索有效课堂方面的成功经验。

　　大家从白天研讨到夜幕降临都不愿散会，尤其郑瑞芳校长忘我的工作作风影响着同盟校的校长、老师们，为了七彩教育同盟的成长，大家在自觉自愿地共研讨、共提升；为了教育的均衡发展，郑校长在做一件善事、幸福的事，郑校长的团队在开拓、进取！

京川"一条龙"

　　"赵雪涛、张静、何磊你们仨身体怎么样？明天就要去国人小学送课了，你们能坚持吗？"

　　"关老师，我没问题！您就瞧好吧！"虽然刚刚经过了九寨沟盘山路的颠簸，但是小伙子就是小伙子，年轻力壮的青年教师何磊依然精力十足。

　　"关老师，我也没事，虽然东西全吐了，但是缓一宿就没事了，请您放心！保证完成任务！"平日活泼的张静虽然在盘山路上一直呕吐不止，难受得失去了往日的欢颜，但一听到关老师在担心明天的送课任务，便忍着胃痛坚决地说。

　　"您放心，我明天也会光彩照人地站在国人小学的课堂上，和张静、何磊一起舞起附小的作文一条龙。"刚才中途休息时，因高原反应头疼得要裂开似的赵雪涛老师也强打起精神，充满自信地答道。

　　2011年6月22日晚上，关旻老师一行16人由九寨沟到达四川成都，一路上由于高原反应以及山路的崎岖，16位老师中有14位教师出现了头疼、呕吐的现象。到达旅馆后，朱老师翻看着抓拍到的几个老师当时因头痛难忍而使劲撕扯自己头发的照片，有点儿不忍心便对关旻老师说："大家这一路上太辛苦了！要不一会儿大家都去休息，就我们两个听听明天将要做课的三位老师说课吧。"

没等关旻老师说"是",肖辉老师就带头说:"没事,朱老师,我们稍微休息一会儿就没事了,我们可以一块儿听说课。"

"对,多一个人多一份智慧,我们边听说课边学习,才不辜负郑校长对我们的期待和信任。"曲淑梅老师也不甘示弱地说。

看着老师们一张张真诚的面孔,朱老师耳边仿佛听到了校长的嘱托:"一定要把人大附小先进的作文教学理念和团队精神带到国人小学,不但要通过上课、研讨,使两校教师在业务上互相学习,共同成长,而且要让国人小学的老师深切地体会到我们不是一个人在战斗,每个做课教师身后都有一个团队!"

于是,大家稍事休息,就聚在一起再一次研磨所带来的三节作文研究课。

虽然这三节课由二、四、六三个年级组的老师多人次试讲打磨得很成型了,但是老师们又一次聚在一起认真细致地听了赵雪涛、张静、何磊三位老师的说课,并逐字逐句地帮他们梳理出第二天两校研讨时的说课稿。

看着老师们虽身体疲惫但片刻间就回到教学研讨状态,大家的"频道"转换得极其自如、快速,赵雪涛老师不禁发出感慨:"人大附小的老师真是训练有素啊!"

6月23日一早老师们来到国人小学,开展"低、中、高想象作文一条龙"的教学交流研讨活动。国人小学是七彩教育同盟学校之一,针对作文这个教学的难点,邀请人大附小送课上门。课堂精彩,师生互动,在有效的习作指导中,学生的兴趣被深深地激发出来,学生的自主表达也在课堂上呈现,令老师受益匪浅。

"七彩教育同盟"2013 之远行

在"七彩教育同盟"三年里的校长成长规划中,学习国内外先进经验是其中一项培训内容。

2013年4月,恰逢美国休斯敦独立学区对人大附小的郑校长发出访问邀请。郑校长想,这是七彩同盟校走出国门的好机会。与其自己学校去,不如让美国发邀请,邀请七彩教育同盟校长一起走出国门,共同感受美国的基础教育发展。主意想定,可是执行起来仍然有实际困难,以往的一切费用都由各校自行承担。但是，像同盟校"打工子弟"树仁学校，并没有资金保障支持赵校长出国访问。郑校长在屡次宣传七彩教育联盟时，曾多方寻求赞助支持，经过郑校长的努力，同盟校出国考察学习的日程，终于敲定了。

树仁学校的赵校长，是一个心思细腻的人，因为这次出访在他的人生中还是第一次，所以格外珍惜，无论走到哪里都用相机拍下值得他思考的地方。回去后在他的储存卡中有一千多张照片，并以颇有感触的笔端洋洋洒洒地书写下几千字饱含教育思考的见解。

在赵校长看来一个学校的校长更能展现学校的风采："和不同身份、地位、职业的人打交道，郑校长都落落大方、恰到好处；与市长交谈，郑校长依然谈笑风生、妙语连珠。用她的亲切、智慧征服了每一个人。"这是赵校长眼中洋溢着智慧与热情的郑校长。

在飞往美国的途中，寂静的机舱内，他发现郑校长仍然对着电脑屏幕一边思索一边敲打着键盘，一看表已经是凌晨一点多钟了，在十多个小时的航程中，郑校长足足工作了7个小时。在结束考察回国的途中，他留意到，郑校长又连续在飞机上工作了7个小时，直至电源耗尽。如此精力充沛与始终保持严谨工作状态的校长，赵校长感叹还是第一次见到。

七彩教育同盟可以带领同盟学校进入一个更宽阔，驶向更远目标的海平面。并肩同行中，看到郑校长对学校如此痴情与专注的工作状态，让赵校长感觉到一个学校前行的动力。此行，他不仅领悟了美国基础教育的理念，同时感受到郑校长如此工作的人格魅力。

四川什邡国人小学的夏校长说："郑校长提供的这次机会实在是千载难逢，能够来美国这个具有国际教育发展背景的国家学习，只有人大附小才能有如此的气魄，也只有郑校长才能有如此的韬略。"正是珍惜这样难得机遇，行事严谨的夏校长不仅关注美国学校的管理与教学，而且对硬件设施也非常感兴趣。在参观的过程中一把折叠的椅子勾起了他的兴趣，他连忙招呼同去的校长，共同动手，一起探个究竟。

/二/ 义务支教点燃教育梦

大爱擎起一片星空

"郑校长，我们协会有一个专门面向薄弱地区学校的'牵手计划——基层教师培训项目'，每年都组织中学英语老师志愿者利用暑期赴有关地区支教。我真希望也有小学教师参加支教活动。"

2011年4月，郑校长参加了教育部首批校长赴美培训活动，其间结识了中国教育国际交流协会的官员孙晓庆。在美期间，孙老师与郑校长谈起了这个支教项目。

"郑校长，这次我非常有幸结识您这位北京名校的校长，而且有幸成为您的室友。每天晚上看到您不是在电脑前面写啊敲啊，就是通过电话或视频与您学校的领导、老师谈啊聊啊，我真觉得您是一位想为教育事业做实事的人。所以，我诚挚地邀请您校加入我们这个项目。"

"孙老师，我们真是想到一起去了。作为北京市的一所优质学校，树立大教育观，优质教育资源辐射是我们应尽的义务和责任。另外，通过支教活动，还能历练教师，加速教师成长，这是一件双赢的好事，我举双手赞成！"

回到学校，郑校长召开了全校教师动员会，站在教育均衡发展、优质资源辐射的高度对这次支教活动进行了意义宣讲。散会后，全校各学科一百多位教师积极踊跃报名，教学干部及骨干教师带头先行，把这次支教当作一份崇高的责任和应尽的义务。

2012年暑假的湖北支教活动，郑校长亲自带队，先去湖北黄梅县，再赴天门市，辗转两地为当地中小学校长进行讲座。

郑校长的支教之行，8月9日晚上八点多从北京出发，在颠簸的火车上过了一夜，休息得并不好。第二天清晨到达九江，又乘坐了两个小时汽车才到达目的地——黄梅。在酒店放下行李，吃过早饭，来不及稍微的休息调整，就全力着手对当地中小学教师的培训。按组织方的原定安排，郑校长的培训被分别安排到两天的上午时段，这样郑校长可以有比较充足的休息时间。但是当郑校长了解到来参加培训的教师们每天都是从很远的地方驱车赶来时，她建议将第二天的培训提到了当天下午，免去了校长们的来回奔波。于是，上午的培训12点多结束，几乎没有午休，两点钟又开始了下午的培训。8个小时的演讲是那么精彩，激情洋溢，掌声雷动。郑校长的脸上丝毫看不出倦容，而是洋溢着追求教育梦想的幸福。

面对众多校长，郑校长先人后己。面对自己的老师，郑校长更是忘记了自己。黄梅的报告刚刚结束，郑校长不顾疲惫奔波到300公里外的天门市，那里还有几百名天门中小学校长等候郑校长做报告。8月12日下午郑校长与在天门支教的8名附小老师团聚了，热烈的拥抱，深情的问候，促膝的长谈，老师们生活遇到的困难，讲课遇到的问题，校长一一倾听。此时的她是老师们的主心骨，仿佛要在这千里之外为老师们顶起一片天。听着老师们的故事，看着老师们的成长，校长的脸上也洋溢着幸福的喜悦。

在结束了几天的培训之后，当地组织方给郑校长送来4000元的讲座酬劳，郑校长得知后，委婉地谢绝了。然而组织方走时悄悄把4000元留在了郑校长的住处。郑校长发现之后，又在第二天把4000元如数悄悄放在送站的车上，后发短信告知对方。

"支教不仅是锻炼教师的机会，也将成为附小教育文化的一部分，在全校教师培训会上，支教教师汇报了他们的支教经历、感悟与成长，感动了附小每一位教师。作为校长，我为有这样的教师团队而自豪！感谢你们——了不起的附小人！"每当郑校长谈起附小教师的暑期支教时都会发自内心地感慨着……

就这样，从2011年7月开始，两年间附小教师两次参与"牵手计划"活动，学校共派出6批7个学科共50名教师远赴湖北天门、赤壁、黄梅，安徽青阳等地支教。受到了三地教育局、教师进修学校的称赞；中国教育国际交流协会还特别写来了感谢信；湖北天门教育局黄局长及天门市领导先后两次来校感谢，高度赞扬了郑校长和培训教师的敬业精神和教学水平。

老师们深深地被郑校长无私的大爱所感染，由衷地爱戴着她，所有附小人都将跟随她在教育的路上前行，无怨无悔！

一个神秘的关爱电话

2011 年 7 月 15 日中午，当在天门支教的朱兰京老师像平日一样走进天门市进修学校的食堂时，眼前出现了令她终生难忘的场景。

平时吃饭的圆桌正中摆着生日蛋糕，生日蛋糕旁边有一个大大的盘子，里面放着桃子和李子。同行的金立文、赵俊强、乔华英、薛艳萍、梁葛妹老师以及当地的接待老师齐刷刷地站在桌子旁边一同唱着"祝你生日快乐，祝你生日快乐……"

原来就在昨天晚上，在天门支教的乔华英老师突然接到一个神秘人物的电话，告知 7 月 15 日是朱兰京老师的生日，让天门支教小分队的老师好好庆祝一下，而且一定要秘密行动，送给朱老师一个惊喜。这个幕后人物——就是心系教师的可亲可敬的郑校长。

五位小组成员经过商量，决定由薛艳萍老师负责购买蛋糕，桃子、李子，预示朱老师桃李满天下！而且中午吃饭前，先由乔华英老师故意缠着朱老师，让朱老师晚点儿到食堂用餐，金老师带着大家紧锣密鼓地为朱老师准备生日宴，当地负责接待的进修学校领导当听说今天有老师过生日时也特意准备了红酒。

当朱老师看到这一桌丰盛的菜肴，特别是看到大家真诚的笑脸、听到诚挚的祝福时，含着眼泪激动地说："这是我 45 年来过得最难忘的生日，我发自肺腑地感谢大家！老金，这一定是校长策划的！学校抗震加固那么多事需要她操心，再加上她爱人现在还在医院，可是她仍然惦记着我的生日，校长对我真是太好了！"

生日会后，朱老师心情久久不能平静，她给校长发去了表达满怀感激之情的短信："校长，非常感谢您的精心策划和特殊关爱。今天老师们给我买了蛋糕、桃子、李子，当地接待人员还给我们准备了红酒。另外有一个江苏的老师也过生日，她很羡慕我有一位这样悉心呵护老师的校长，其他学校的老师也十分感慨！这是我 45 年过得最难忘、最幸福、最珍贵、最让我惊喜的生日。谢谢校长，谢谢您的厚爱！"

校长即刻发回了最诚挚的生日祝福："在一个特别的地方做着一件特别有意义的事，迎来自己的生日，真是太值得纪念了。特别感谢你及老师们为校长所做的一切，祝福兰京生日快乐！十全十美！"

校长的特殊关爱、细心呵护一直陪伴朱老师激励着她和伙伴们出色地完成了校长的嘱托，圆满结束了天门支教工作。

无以为谢"锅盔"来报答

"来，薛老师，您休息一下，先品尝一下我们这里的特色食品锅盔饼。"薛老师轻启唇齿，松脆浓郁的饼，瞬间裹着香味征服了她的味蕾，她不由得称赞："比起每天早晨我们吃的热干面，这锅盔饼实在别有一番风味啊！"

"薛老师，你们这么热的天到我们天门来支教，真是太辛苦了！您对这里的饮食还适应吗？"递给薛老师锅盔饼的天门一小的张老师关切地问道。"嗯，还行，虽然每天的早点都是热干面或红豆粥，但我们吃得有滋有味，谢谢您的关心。"

"每天早晨都是吃热干面和红豆粥吗？""是啊，天门的市民不都是这样吗？我们这叫入乡随俗！现在我们也快成半个湖北人了！不过，这锅盔饼的确很好吃，名字也很有特点！"

这时，培训的铃声响了，张老师若有所思地回到了自己的座位上。

薛老师走上了讲台，将她在英语教学中的字词学习非常系统地传授给在场接受培训的老师们，当看到老师们聚精会神地听，一丝不苟地记时，薛老师讲得更认真更投入了！课上她还把自己的独门绝技——课堂英语小游戏贡献给大家，博得了老师们的阵阵掌声和笑声。

薛老师为参加培训的老师充满激情地讲解着、辅导着，张老师看在眼里记在心上。

第二天早晨，当薛艳萍和梁葛妹老师像往常一样走进培训教室，发现讲台桌上放着 10 个散发着饼香的锅盔。

"两位老师，你们对我们的教诲与帮助，我们实在是无以为谢，我发现前两天薛老师对我们这里的锅盔饼赞不绝口，所以今天特地四点从家里骑电动车到我们这里最有名的锅盔店排队买来了 10 个，让你们吃个尽兴。"流着满头大汗的张老师脸上挂着朴实的笑容亲切地说道。

薛老师和梁老师你看看我，我看看你，不约而同地笑了……在两位老师的心中，10张锅盔饼蕴含的情感只有她们自己心里知道……

我是这么理解幸福的

不知道是怎么回事儿，原本还好好的空调突然坏了，只有吊扇嗡嗡地转动着，使人没有一丝舒爽的感觉，还没有开始讲课李老师就一身汗水。

为了让天门的老师们更了解人大附小，课前李老师播放附小每年都在进行的一项传统活动——拜年。画面里领导、老师及其家人都是满脸幸福的笑容，虽然这些事情已经过去了一段时间，再次看时李老师仍然是从心底感到温暖。

短片很快就放完了，底下传来了阵阵掌声，当李老师环顾周围时，从他的左侧传来一句低语，声音虽然不大但却很清晰："可能每个老师都去看吗？作秀！"

来到天门后，支教的老师们想传递的不仅是正确的教育教学理念和经验。更希望将作为一名教师的幸福感传递给他们。因为，只有幸福地从事这份工作才会真正地体会到做教师的快乐。

可是事与愿违，李老师从开始播放生日视频等活动时这里的老师就有点儿抵触。他们在私下里说，你们的工资高、条件好，当然幸福。这里的老师甚至不满地说："站着说话不腰疼。"今天，这个问题再次摆在了李老师面前！

等下面的议论声渐渐平息了，李老师望着刚才说话的那位老师平静地说："我知道，大家对我们所讲的幸福有自己的理解。你们觉得我们挣得多，有资本谈幸福。其实，老师们，幸福是不需要资本的。我们的领导每年去给大家拜年带去的礼物就价钱来说是花不了多少的，但是老师们都知道这里面的情谊是无价的。您问是否每位老师会都看到，我告诉您，一年都看全是不可能的。我们有近300名老师，就算不休息，也看不过来呀。所以我们的拜年活动是每年轮流的。但是，我可以保证的是，每位老师都会被看到！我们再回到对幸福的理解上。

其实我想，幸福是一种心境。我们的工资比大家高，但是大家要知道，北京的消费水平也是数一数二的。你们这里的房价最贵的是五六千元。我们那里这样的价格就算是远郊也没有了。可是，我们依然快乐、幸福着！幸福是一种感觉，是一种对现状的接受与肯定及由此带来的快乐！幸福是无拘无束没有任何负担的心理。"

当李老师停下来时，台下出奇的安静，正当李老师忐忑不安的时候，台下的掌声响了起来。他已经知道，大家接受了他的想法。当从思想上消除了对幸福的小小分歧后，相信这里的老师会从培训中更平和理性地衡量幸福的价值，并在他们的教与学的生活中寻找到创造幸福的真谛。

黄梅人个个会吟诗

去黄梅县支教，那里的人民给张宏光老师留下深刻的印象。张老师发现黄梅人都很自信，说起自己的家乡，说起黄梅的教育，老师们那种自豪之情溢于言表。另外，黄梅人也很乐观、洒脱。当支教的老师提出想听他们唱黄梅戏的时候，马上有老师大方地走到台前，开口就唱，一点儿都不拘谨。当然，印象最深还是他们那种深厚的文化底蕴，那种诗人般的情怀。

刚刚抵达黄梅三小那天，教育局开动员大会，会上聆听了书记和局长的发言，感受到的是领导的威严。会后听到教育局的干部介绍说，黎书记是他们这里有名的诗人，张老师还将信将疑，一个政府官员，还有时间和闲情逸致吟诗作赋吗？没想到在后来某个晚上的联欢会上，黎书记当场作了三首诗，并请人现场朗诵，确实非常精彩。

联欢会上还听到黄梅县音协的会长为前去支教的老师唱了一首好听的歌曲——《黄梅飘香》，非常具有地方特色，听演唱人员介绍，这首歌的词作者就是在场的黎书记。

"说黄梅，赞黄梅，佛教禅宗发源地呀，依呀呀得喂。东方白莲展玉容啊，西山碧流生灵气呀，依呀呀呀得喂……"歌曲曲调优美，节奏鲜明，具有浓郁的黄梅戏的风格。《黄梅飘香》唱出了黄梅人的自信，黄梅人的快乐，还有黄梅人对家乡的热爱。

经过几天的朝夕相处，张老师发现不仅教育局的黎书记能作诗，在黄梅三小培训的老师们也能作诗，他们还能用培训老师的名字编成对联，用词恰当，对仗工整，令人钦佩，真是各个具有诗人情怀。

支教老师临走时又发现一位诗人，就是每天照顾他们食宿、出行的涂科长。支教老师返京的途中接到涂科长的送别短信——"当赞歌还在耳边回响，当牵手刚刚定格细看端详，当京城的春雨才润开黄梅的芬芳，兄弟，我们又天各一方……借源湖这一只酒杯斟满祝福的酒，借佛前这慈航普渡的一苇轻舟，送你一步登天，前程锦绣……"

这则短信太有诗意了！所以在这里呆了几天，连张老师也受到了感染，总有一种想作诗的冲动，最终还真憋出一句："支教，你是一粒火种，点燃了培训教师和学员那一颗颗心，让我们激情澎湃，热血沸腾！"

正如张老师在他的短诗中所表达的，支教犹如火种，在点燃希望的同时，也让激情与热血沸腾了起来。

在人大附小，七彩同盟的火焰早已点燃，彩虹门敞开怀抱迎接着南来北往，东西半球的拜访者，在向每一个胸怀教育梦想送去希望的火种时，我们支教的老师们也手持火把，照亮了距离我们虽然遥远，却同样追求教育梦想的人们。

58 岁的学员

七月的黄梅，空气像黏稠的液体似的，让人周身上下浑身不自在，即便是这样，并不宽敞的教室仍然挤满了人。

黑板前，汗透衣襟的高连峰老师时而奋笔疾书，时而妙语连珠，将教室内令人窒息的烦闷情绪一扫而光。

虽然教室内满是来自黄梅地区接受培训的老师们，却有一个人引起了张老师的关注。

一个头发花白的老者，端坐在讲台下方，仔细聆听着高老师的讲解，专注、严谨的神情让人不易猜出他的真实年龄，握笔的手在讲义上圈点批注，张老师还发现只要培训一开始，这位老师就会端坐在位子上，饶有兴趣地听课，从不随意走动，潮湿闷热的天气，让每一个人都似蒸桑拿一样湿透全身，但是他却连扇子也不摇一下，就那么任汗水在身上恣流着。

趁课间休息的空闲，张老师向这位老师询问道："老师，怎么称呼您啊？""哦，您好，张老师，我叫杨树泉，在这里教数学。"一口黄梅的乡土之音，让人平添一股亲近之感。

"杨老师，看您的年纪教龄应该也不短了吧？"张老师恭敬地问道。

"不瞒您说，我在这边教学也有37年啦，今年都有58岁了，再过两年就到了退休的年龄了。"提起自己的年龄，仿佛让人感觉到杨老师心底深处的一丝遗憾，"我们这一代人，鲜有人能够考取大学，像我这样半路出家教书的人不在少数，所以每逢有北京来人给我们培训，我都不错过。"

杨老师的话，让高老师心头一热："杨老师，在我刚才的讲课中，有没有让您觉得哪里还讲得不够透彻啊？"

"唔，高老师我十分喜欢您引入的内容，教学中的很多设想都是我今天才接触到的，一些我以往在教学中不好处理的问题，运用您的这些方法就迎刃而解了。"一脸满足感的杨老师这样说道，"高老师，真的希望您能把讲课中涉及的一些理论的支撑点以及应用多普及给我们，这在我们实际教学中的作用是很突出的。"

杨老师这么简单的要求，在高老师看来更是难能可贵，连忙应诺道："杨老师您放心，我会尽我所知，倾我所能，把我认为最有价值的东西介绍给你们。"

一位即将退休的老教师，始终执着奋斗在一线教学岗位上，这种老骥伏枥志千里的韧劲，深深感染着前去支教的老师们。在教育资源匮乏与闭塞的地区，有无数老师渴望着能够学习到先进的教学理论与方法，就是这样一个简单造福教育、奉献学生的愿望，使他们在培训中如获至宝、如醍醐灌顶，支教虽然艰苦，但是能为那里的老师们送去生津止渴的甘露，支教的老师情愿苦中有乐。

/三/ 资源辐射实现七彩梦

接触过郑校长的人，都被她的大教育观所感动。郑校长的大教育观体现在她的无私奉献，校长的无私有目共睹，感人至深。

还记得，来自新疆的双语培训教师，当倾听了郑校长精彩的讲座后，特别渴望能得到她的讲座文稿，但是又怕被拒绝而犹豫。但是当郑校长了解到他们的顾虑后，十分慷慨地说道："没问题，把 U 盘给我，我来给你们拷资料，视频你们也可以拷走。"

这只是郑校长推动共享教育资源的一个缩影，她无论走到哪里，在传播七彩教育理念的同时，也在激发教育同仁们的热情与渴望，而且倾其所有，与大家共享她在教育管理中的思考、行动与成果。

有人讲，这是知识产权。郑校长的观点，都是为中国的教育，都是为中国的孩子。希望点燃大家一点梦想，希望你做得比我们好。当然，也有人说，郑校长敢于把自己创新实践的成果给别人，说明她心中又有了新的思考，她永远不怕别人超越自己。

七彩的理念，七彩的校园，绽放七色花瓣的芬芳，吸引着来自各地的教育同仁，一起分享七彩理念带给教育的惊喜与启迪。

我愿追随这份幸福

2012 年 9 月 11 日，来自门头沟区育园小学的张凤茹老师走进人大附小，在这里进行为期 6 周的学习，她深深地被附小的"七彩精神"与郑校长创立的"七彩教育理念"触动，在结束时写下了万言的"七彩教育"感受。

"赤、橙、黄、绿、青、蓝、紫"对于感受到七彩校园的张老师来说，每一种颜色都寄寓着附小人的精神内涵。

"……感受人大附小的爱校情怀，更源自眼见耳听。和每一位附小的老师交谈，他们都会情不自禁、自然而然地说：这是校长领导得好，校长特别有创意。品读老师的话语，会被每一位附小人浓厚的爱校、爱校长的情怀动容。

人心齐，泰山移。红色是同一颗心——心怀附小，爱校是人大附小精神的领航！

……老师的微笑是亲切的，传递着热情。每一位附小老师见到我们都会冲我们点头微笑，走进班级听课，老师会微笑欢迎。特别是电教组董传新、梁晨老师，在忙碌的工作之余，帮我拷了许多课例光盘。

学生的微笑是天真的，传递着成长的幸福。在校园处处可见学生的笑脸。

橙色是同一种语言——微笑。微笑是一束阳光，传递温暖和友好；微笑更是一种力量，笑迎风雨后的彩虹。

……人大附小确实做到了——让每个孩子都得到最大化的发展，在应试教育这条路上挽救着一个个疲惫不堪的生命！有人评价：'这里的孩子像孩子！'这是对附小学生最好的评价，这是附小人大爱的体现。黄色是大爱，是厚德，承载着梦想。承载着附小的梦想，承载着孩子的梦想。

……在迎接四季青学区课堂教学评优课的备赛过程中，真正的研究令人感动。一位老师讲课，相关学科教师、同组教师、骨干教师、组长教师跟着主任反复听试讲，反复跟着评课，献计献策，周末还到学校一起说课。在备赛的过程中，朱兰京老师上引领课，英语学科请到教研员指导，语文学科学区王校长到校听高年级语文课，之前还有6个学科的特级教师到校讲课、评课。在这样的研究中，教师获奖重要，但更重要的是在专家的引领下，学科领导的精心指导下，年轻教师真的成长了，教师团队真的成长了。

绿色是真正的研究，坚韧不拔的开拓精神、研究精神就是希望，是附小挺拔的脊梁。

青色是同一种习惯——创新，创新是师生发展的希望，学校发展的希望，教育发展的希望。

……校长指挥老师高唱《附小精神之歌》。学校给老师成立工作室，给有摄影爱好的李会然老师出画册，给体育秦治军老师开研讨会，打造名师，给音乐吴刚老师独设MIDI教室，教学生作曲，选派优秀教师出国。别出心裁的生日，意外惊喜的节日，校长带着领导到老师家拜年。校长提出'前人栽树，前人也要乘凉'的理念，给退休教师出画册，带退休教师到平谷教师疗养院过教师节，带退休教师到日本旅行。

附小心系教师的生活，不仅仅是'衣食住行'，应该说学校给了老师全方位的幸福体验。在附小工作，教师唯有幸福，唯有奉献，唯有回报。

附小似海之蓝，天之蓝，蓬勃着一种生活状态——幸福。

……在9月五年级家长事件后，学校更需要稳定，学校更要继续发展，应运而生了一首歌——《附小精神之歌》，校长作词，吴刚谱曲。在庆教师节的聚会上，校长指挥全体老师唱这首歌；在班会上，学生学唱这首歌；升国旗仪式上，师生同唱这首歌。'十一'前，校长在操场指挥全校师生高唱这首歌。早晨，这首歌的视频在大屏幕上呈现，歌声在校园回响。

老师被这首歌激励着，一年级孩子说：'这首歌怎么这么让人感动呢。'家长说：'孩子回家就唱这首歌，这首歌真好听。'

教室里有附小精神板报，教室外墙上贴着学生做的附小精神小报。"

同样"爱教育如生命"的郑校长，让张老师领略到一个热心公益教育事业，一个拥有大教育观的学校管理者的魅力。

"……校长来到首师大初等教育院，给即将毕业的大四学生讲座，介绍自己的成长历程，介绍人大附小的七彩教育。其实，她是在引领即将走上三尺讲台的未来教育者，教育是理想，理想要执着；教育是未来，未来靠担当！

郑校长带领老师去外地支教，建立七彩教育同盟，到门头沟办分校，她将附小大爱的情怀辐射得更广、更远、更长。

郑校长说，华盛顿图书馆墙上有一句很有哲理的话：我听见了就忘记了，我看见了就记住了，我做了就理解了。她用国际视野在办教育。在郑校长的带领下，附小正在走在实现办学目标的路上……"

在这细腻而又让人感动的文字中，可以看到张凤茹老师也在心中憧憬着"七彩教育理念"，在汲取精神的力量后，她将携着希望与梦想书写自己的教育新篇章来到人大附小门头沟京西分校任教。

让孩子爱上你的课堂

每一年新学期伊始，无论是冬雪初融之时，还是在云淡风轻的9月，在蓝天下最美丽的校园，总能看到一些素未谋面的身影走进彩虹门，他们之中既有即将大学毕业的实习教师，也有在教学一线工作多年来到这里学习的农村教师。

2013年3月4日来自人大附中朝阳分校的白雪老师走进附小后，当结束了4个月的来校生活后她感悟道：

"……朱靖宇老师在准备世纪杯比赛的时候，对岩石这个内容很感兴趣，于是就开始试讲。朱老师的试讲，让我对如何讲解每单元的起始课有了深刻的改变。原来可能就是放放视频，问问学生知不知道，知道多少。而现在上起始课的时候就不是这么简单了，起始课调动的是学生对于整个单元学习的乐趣，只有将起始课上好，学生才会带着兴趣、带着问题去学习后面的知识。而如何调动学生的兴趣，就成为我们思考的重点。朱老师想到了一个十分可行的方法，就是通过画画、观察的方式，来诠释起始课。朱老师同时也付诸了实践，进行试讲。通过听课，现在基本上科学组的老师都在用这种方法讲起始课，并且取得了很好的效果。学生在课堂上很积极，同时在课后还一直'惦记着'上节课所讲的内容，起到了起始课应该达到的目的……"

2012年9月3日，来自北京市农村中小学教师研修工作站的于超群老师，在他关于《全心全意，打造美术新境界——浅谈导师李增君的教学特色》中，这样写道：

"……在李增君老师的美术课堂上，我看到了学生实实在在地在课堂上当家做主，但是老师的主导作用明显比传统的教授主体作用更具科技含量和难度。所以，她在教学中非常注意调动学生的自主性、活动性和创造性。在指导学生创作的时候，我发现李老师往往只会提一些建议，而不会动手帮学生，即使画也画在另外一张纸上，而不会把自己的想法强加到学生的作业中，非常尊重学生的想法，把学生作业变成真正的学生作业。所以，像'你来试一试！没问题的，你能行！''这个地方你想添点儿什么？'这些鼓励的话语常常在课堂响起。

对于作业的批改，李老师更是非常认真，总是面对面地告诉学生哪些地方画得好，哪些地方能画得更好，却因时间不够等原因未完成好，然后问问孩子愿不愿意稍微修改下，如把色彩涂完整，把空白处补上更有意思的背景，然后她再用红笔给改进后的作业判成绩。大多数孩子这时候都渴望老师能给自己的作业添上'A⁺'，因而认真地补完本次作业。这样的作业批改也许会耽误点儿时间，但却能够让一些不完美的作业变成一幅幅美好的回忆……"

在职业生涯中一个成功的教师固然需要术与法的经验的汲取与积淀，但是能够点燃他们对教育的激情以及支持他们走下去的，却是在与学生共同的课堂里感受到的职业幸福感。在课堂中倾注你的情感，让孩子爱上你，也爱上你的课堂，这是附小的教师一直都在努力做的事情，也希望能将这个信念传达给来这里学习的所有教师。

七彩校园盛开民族花

2012 年 4 月，人大附小接受了北京市教育学院新疆"双语"骨干教师培训班的实习指导任务。起初，当学校听市教育学院领导说要把这项工作当作政治任务来完成的时候，内心有些许的忐忑，但更多的是责任。

郑校长在北京市教育学院开完动员会回到学校后，立刻把负责此项工作的秦治军老师叫到办公室，对他说："小秦，市教院选取我们学校作为新疆'双语'骨干教师培训班的实习校，这是对我们的信任和期待。我们一定要精心制作一份具有人大附小特色的培训方案，让新疆教师不虚此行。"

"郑校长，您放心，我一定完成任务！"

接下来，郑校长亲自参与培训方案的制订，并敦促秦老师做好充分的准备工作。

一天，当郑校长再一次指导秦老师修改了培训方案后，神秘地对秦老师说："小秦，你给市教院负责老师打个电话，要一下来我校实习的新疆教师的照片。"

"照片？是每人一张吗？您做什么用？"

"对，每人一张，你先要，到时你就知道了。"

这天，当来人大附小实习的新疆"双语"骨干教师走进彩虹门时，在新疆风格音乐的伴奏下，校园的 LED 屏幕上滚动播放着这些新疆老师的照片，老师们惊喜之余有一种宾至如归的感觉。这就是郑校长让秦老师要新疆老师照片的秘密。郑校长就是这样，时时刻刻用她的智慧创造着一个个惊奇和喜悦。

到附小实习的新疆骨干教师个个虚心好学，都想尽可能多地了解人大附小的七彩办学理念以及成功经验，都想走近郑校长，亲耳聆听她那充满激情和智慧的讲座，都想多走进课堂听课、上课。学校的老师们也是倾情奉献，尽可能多地满足他们的需求，做七彩理念的传播者、引导者，让他们学有所得。特别是郑校长在百忙之中抽出半天时间为他们作专题讲座，使他们受益匪浅，不虚此行。

学员代表加娜尔·毛列别克在《我所认识的郑瑞芳校长》一文中不无感慨地写道：

"作为一个学校领导，我从未见过她摆领导的架子。她办公室的门永远是敞开的。走过她的办公室门前，常常可以看到学校老师们随意地在她办公室探讨事情，还有的聊起天来。最惹人注目的还是她办公室门口挂着的'笑长真豆'这幅作品。那是用一粒一粒豆子制作出来的郑校长笑着的头像。也许您会问，为什么会有这样的作品，并给这幅作品起这样的名字呢？在实习的日子我慢慢找到了答案。因为郑校长每天脸上带着笑脸，不管是对老师还是对学生都一样。面带笑容问候，面带笑容地与教师和学生交谈。在郑校长眼里，她觉得学校就是家，全校的师生都是一家人，所以不叫级别名称，都是老师身份的称呼。'笑长'是全校老师尊重她这位校长而表达的最情真意切的称呼。

用说教不如用行为教育。学校每个星期或每天都有各式各样的活动，有时还要接待来自全世界各地的老师和学生们，这些活动郑校长都要参加。有时她忙得连进自己办公室的时间都没有。这么忙，她还要跟老师们一起看学生们种的菜，和孩子们交流交流。别说孩子们小什么都不知道，但他们把郑校长平时对他们的关心都看在眼里，记在心上。他们种的草莓熟了，一定先让郑校长品尝；他们种好的菠菜让厨师做成凉菜带给郑校长吃，学生们觉得，校长平时很忙，吃些他们自己种的绿色环保的菜增加营养，就能健康。多么朴实的想法呀，这都是学生们对郑校长发自内心的尊重和爱戴。

郑校长在百忙中抽空为我们新疆班的老师亲自准备了讲座。上午工作很忙，一直拖到中午，她吃了几口饭就开始给我们讲座。我们先让她休息一会儿，她说你们的时间也很宝贵。从各方面详详细细介绍了学校，对我们不知道的或感兴趣的一些问题一一解答。她说你们到我们学校来实习是一种缘分，以后大家都是一家人了，所以将来再到北京来看看家人哦！将来有什么困难就说。因为我们是一家人。听到这句话大家心里都暖洋洋的。这就是中国人民大学附属小学的郑校长。

郑校长的办公室布置很让我感动。首先是墙上贴的原任校长们的照片，我从来没看过这样的景象。她本人说，没有他们哪儿来的中国人民大学附属小学现在的发展，这一切离不开他们的功劳。永不忘记前人的足迹，把他们作为自己的榜样。其次是办公室中的老师、学生送的礼物。有的礼物小得不起眼，可郑校长说，这是学生自己动手做的，有对我的爱，我要好好保存这些用心做的礼物。"

2012 年 5 月，第一批来人大附小实习的新疆"双语"骨干教师沐浴着七彩阳光，在蓝天下最美丽的校园里寻觅着、汲取着、思考着、成长着，满载而归。2013 年 4 月，人大附小又迎来了第二批到校实习的新疆"双语"骨干教师，他们同样浸润在人大附小七彩的阳光雨露里，民族之花在七彩校园幸福绽放。

2007 年 4 月，人大附小成为新疆新市区培训基地，先后为新市区培养干部教师 40 余人。

踏雪寻"芳"

2012 年 3 月 12 日，初春的暖阳还没有融化深冬的积雪，来自湖北天门市小学一行 10 人踏上了北上的列车，终于能够实现走进令他们心驰神往的彩虹门，并且能够一睹附小人心中神奇的"郑笑长"，身临其境的感受七彩教育的魅力。

天门市第一小学的校长，在谈到收获时，感触道：

"……经过两周的学习培训，人大附小前卫的思想观念，先进的办学理念，求真务实的作风，追求卓越的进取精神和教师们强烈的事业心与责任感，认真细致的工作态度，积极上进的工作作风，乐于奉献的工作精神，都给我留下了深刻的印象，为我树立了标杆，也让我找到了前进的方向和动力。

这次跟岗培训，机会难得，受益终身，让我开阔了视野，提升了教育境界，改进了思维方式，丰富了教育情感，同时也让我领略了名校大气包容的风采，感受到了附小人的思想魅力、才华魅力和人格魅力，激发了我学习工作的热情和斗志。在这次培训中，我不仅学到了很多知识和思维方法，而且还收获了珍贵的友谊，我将以这次跟岗学习为新的起点，努力学习，扎实工作，团结率领全校教师为天门教育事业作出更新、更大的贡献！衷心祝愿人大附小蒸蒸日上，前程似锦！期待我们天门市第一小学在人大附小的影响和感召下明天更加美好……"

湖北天门市实验小学雷红心老师，在他的《永恒的魅力——我心中的郑校长和人大附小》一文中这么解读郑校长：

"……凡是接触过郑校长的人都会被她深深地折服。她做人的品格、对老师的感情、对事业的热爱以及高度的责任感、使命感让我由衷地钦佩。她的办学过程中一些鲜活的事例滋养着我的心灵。'宝贝儿，你双手都放在口袋里，万一身体不平衡，伤了门牙那就不漂亮哟！'这是她教育学生的无数感人情景之一。从中我深刻地感受到她全新的教育理念与爱心。从老师们口中一声声'我们的校长'和'校长，我们爱你'中我感受到了老师们对她无比的爱戴与尊敬。在老师们心中，她如春雨，滋润师生的心田；像春风，吹拂着满园桃李。她敢于承担责任，别人不敢做的事她敢做；她勇于创新实践，别人不愿想的事她尝试了；她乐于关爱师生，开办附小幼儿园，这些别人不愿做的事她乐于去做；她勤于追求'七彩'，事必躬亲，乐此不疲……"

天门市实验小学，胡梅秀老师在听到郑校长饱含教育梦想的讲座时，这样描述道：

"……3月12日上午，郑校长给我们作了精彩的讲座，聆听她三个多小时的讲座，我们的眼前仿佛呈现出一顿顿色香味俱全的大餐，让你受用不尽，回味无穷。倾听她用了近30年智慧和心血换来的实践成果的阐释，我感到由衷的佩服和敬仰。她的讲话深刻，生动，引人入胜。这些理念使我们不仅领略了一所全国知名小学的风采，更让我们从中感受到了郑校长创造七彩校园、七彩课堂的艰辛与幸福。"

湖北天门的老师们，带着他们对郑校长的期盼与对教育的企盼走进彩虹门，在即将结束时仍然觉得意犹未尽。在这所七彩的校园内，所见的每一个面孔都是那么生动可爱，所闻的每一件事物都令人感觉有趣。在他们踏着皑皑白雪来到这座七彩的校园后，感受到了郑校长与附小人在梦想的道路上不懈追求着。

从此我心中有个你

郑校长的大教育观也体现在她真挚的包容上。

承办银燕小学，使那里的所有师生与人大附小的师生完全融合在一起，共同沐浴七彩教育阳光，共同分享，共同成长，是郑瑞芳在践行大教育观下的推动共享教育资源的坚实的一步。在银燕师生走进人大附小不满一年的时间里，发生了许多令人难忘的动人故事。

2012年的五一劳动节表彰会上，银燕的刘佳老师，在第一次迈入彩虹门后，附小人的热情就立刻融化了她的紧张与不安。

"……一个周五，在郑校长的安排下，我们银燕小学的所有老师走进了彩虹门。当我走进门还在东张西望时，一个看上去非常和蔼可亲的老教师向我走来（后来我才知道他并不老，只是头发白得早了点儿），并非常绅士地将我带到了参会场地。坐在座位上，说实话我有些忐忑，因为周围都是不认识的人，而且黑压压的一片。环顾四周，所有银燕的老师现在的心情大概都和我一样吧，面部表情都有些尴尬和不知所措。不过，这样的情况并没有持续太长时间，因为人大附小的老师们太热情了，拉着手就聊了起来，从日常教学聊到家长里短，大家似乎一见面就熟络了起来。看着周围那一张张洋溢着热情与关怀的脸，我怎么就觉得似曾相识呢？啊，这不就是和郑校长一样的笑脸吗？顿时，心中有一股暖流缓缓涌动……"

在颁奖典礼上，当在银燕工作了 26 年的熊希平老师，接过校长颁给他的奖杯后，激动之情瞬间让他的心与附小走得更近了。

"……一阵阵热烈的掌声，打断了学校领导金老师那声情并茂的颁奖词：'下一个获得烛丹奖的教师是熊希平。熊希平同志从教以来，无论在什么岗位上，都兢兢业业、踏踏实实。在教育及教学工作中曾获得……'

话音未落，受之有愧的心情已油然而生。我在银燕小学工作了 26 年，今年 6 月已正式退休。这些年来，我只不过干了我应该做的工作，虽然现被附小返聘，却还没有为附小尽一份力，而领导却给了我附小师德最高的荣誉。

我知道，在我的身边比我优秀的教师还有很多很多，他们更有资格获这个奖。虽然能领奖的毕竟是少数，可是这不能掩盖他们的伟大，他们付出的辛勤汗水。

'快，熊老师，该你上去领奖了。'旁边的小詹推了我一下，打断了我的思绪。

站在台上，笑容可掬的郑校长把证书和奖金递到了我手中。面对台下几百名教职工，我心潮翻滚，百感交集。人大附小承办银燕小学以来的一幕幕又浮现在我的脑海……"

在这里不但有梦想，更有家的温暖，走进这里的每一个人都能体会到这时刻萦绕在你心中的温暖。当心中有了这样的幸福归宿，走到一起的教师们，就成了亲密无间的战友，并在每一个融洽的日子里，携手并肩建设共同的家园。

都是中国的孩子

2012 年的教师节庆祝大会令每一位人大附小教师难以忘怀。

在庆祝大会上，敬爱的郑校长在经历了开学初"五年级校舍调整风波"

后第一次与全校教师见面,她风采依旧,宝石蓝纱裙,白色的小外衣,"老师们,看到我,你们想到了什么?"满面春风的校长没有被那次风波击倒,"今天我特别挑选了这件衣服,看到它如同蓝天、白云,这就是我此时的心境。我们附小人永远不能忘记阳光总在风雨后,风雨过后见彩虹!人生路上有两件事最值得骄傲,一是从辉煌中走出,二是在逆境中奋起,必要的时候要勇于放弃,

放弃也是一种大气。在这次风波中,受伤害最大的就是孩子,孩子是无辜的,我们附小教师代表着人民教师的光辉形象,因此,无论经历怎样的风雨与屈辱,我们一

定要善待每一个孩子,一如既往地用心去爱、去呵护、去关心、去包容每一个孩子……"

这就是人大附小的校长,面对五年级个别家长的不理解,她也曾伤心落泪,也曾感到为难,但她没有任何退缩,她以她宽厚的胸膛、挺拔的脊梁诠释了附小坚韧的精神。

本来已到知天命年龄的郑校长,从2012年5月11日海淀区教委正式宣布由人大附小承办银燕小学以来,为了义务教育均衡发展,为了实现真正的教育公平,为了优质教育资源的共享一直在忙碌奔波。在她的精心部署和规划下,短短的时间内,两校区师生已经成为相亲相爱的一家人。

为了将七彩文化理念融入银燕校区,校长和领导们经过整整一个假期的奋战,对银燕校区进行了装修和改建。其实,郑校长本可以在银燕校区挂个牌子,派个领导,但在郑校长心中所有的孩子都是中国的孩子,无论是领导的孩子,工人的孩子,还是进京务工人员的孩子,都是中国的孩子,都应享

有在蓝天下最美的校园读书，享受优质教育资源的机会与权利。

郑校长始终坚持自己的信念，教育公平是社会公平的基础，均衡发展是义务教育的核心。面对要求学生返回校园上课的五年级家长，郑校长依然用她的大爱去理解家长："个别家长可能暂时不能理解教育均衡发展，这是社会问题，需要时间，家长不想让孩子离开我们的校园，说明我们的学校办得好啊！我们要理解家长！"

当五年级的孩子们又回到我们的校园，7年来刚刚有个空间大一点儿的校长室腾了出来，她不能让孩子们受一点儿委屈！

郑校长的大教育观更体现在她放眼教育的发展。

七彩教育同盟只是拉开共享教育的序幕，而每一个七彩同盟校再与薄弱校携手发展，做到教育均衡的辐射，才是郑校长成立七彩教育同盟的最长远的目标。

为了让更多的孩子上好学，郑校长于2012年5月与门头沟区共同签署了承办人大附小京西分校的协议，也就从这一刻起，人大附小的大家庭又多了新成员。

签署协议后，郑校长便经常往返两地，筹划未来学校的每一个细节，而且亲自率领教学干部深入课堂。

2013 年 7 月，当京西分校的老师们身着与人大附小教师同样的七彩属相服走进彩虹门，步入蓝天阁多功能厅期末总结会场时，会场上响起了热烈而持久的掌声。那是京西分校的老师们第一次感受郑校长及所有家人们最无私、最真挚的感情，在这里他们找到了情感的归属。

聆听了郑校长的期末总结后，京西分校的老师们按捺不住沸腾的热血，纷纷向校长发来感受幸福、期待未来、充满希望的短信。一位即将退休的老师，仍然渴望在人大附小任教 5 年，延续她的职业生涯。

郑校长作为一个具有教育梦想、激情与智慧的学校管理者，一个拥有大教育观的教育专家，正在推动教育资源共享的道路上不懈追求，脚踏实地地前行。

相信在不久的将来，七彩教育理念将在通州的基础教育中发挥其应有的作用，为整个中国人民大学体系、为国家、为社会做出更卓越的贡献。

后记

七彩的烙印

时间过得真快啊！转眼 6 年过去了，当年在人大附小西边那块开阔的绿地上遇见的小男孩，马上就要小学毕业了，今天爸爸妈妈特别身着盛装来参加孩子的毕业典礼。

不一会儿，一个头戴博士帽，胸前斜挎七彩绶带，绶带上挂满了附小的七彩证章：爱心章、责任章、阳光章、感恩章、礼仪章、创新章、理想章的小男孩，跑到夫妻俩眼前。

"爸爸妈妈，我毕业了！"

"儿子，祝贺你！"

"妈妈，刚才从郑校长手中接过毕业证书的时候，我对校长说了一句话。你猜猜？"

"校长，谢谢您！"小男孩摇摇头。

"校长，我爱您！""这话早就说过了！"

"校长，我不想毕业！""这话有人说了。"

"那妈妈猜不着了，你快告诉我们吧。"

"我说：校长，百年校庆，我一定回来看您！校长深情地拥抱了我，对我说，宝贝，爱死你了！妈妈，我们也拥抱一下吧！"

母子俩紧紧拥抱在一起，幸福洋溢在一家三口的脸上。

　　"哎，百年校庆心愿卡上，你写的是什么呀？你们学校一百年的时候，你要成为什么样的人呢？"爸爸问道。

　　"我已经把心愿卡投入学校封存的心型箱里了，您就等着瞧吧！"

　　此时，恰巧天边出现了一道绚丽的彩虹，与彩虹门交相辉映，是啊，当所有的一切都已淡忘，只有色彩才是记忆中最深的烙印……

附录：

表 1 人大附小 2005–2012 年度报、刊报道一览

序号	报、刊名称	发行时间	内 容
1	北京晨报	2005 年 12 月 26 日	2005 教育年度人物——郑瑞芳：追求卓越的女校长
2	中国教师报	2006 年 5 月 24 日	专题——郑瑞芳：创造适合于儿童发展的教育环境
3	北京晨报	2006 年 10 月 16 日	教育资讯——北京知名教育机构展示
4	北京晨报	2006 年 11 月 6 日	教育资讯——06 北京教育年度人物榜
5	法制晚报	2007 年 1 月 20 日	本市时事——期末考试变身"智力闯关游戏"
6	北京青年报	2007 年 1 月 21 日	人大附小进行考试改革：父母陪学生"同闯智力关"
7	北京晨报	2007 年 1 月 21 日	市情——小学考试变闯关游戏
8	中国教育广播电视报	2007 年 3 月 5 日	阳光专版——阳光伙伴，迎接挑战
9	中国教育广播电视报	2007 年 3 月 12 日	头版——《阳光伙伴》活动全面启动
10	中国教育广播电视报	2007 年 3 月 12 日	阳光专版——"阳光伙伴"感言
11	中国教育广播电视报	2007 年 3 月 19 日	头版——阳光伙伴启动仪式在京隆重举行
12	北京晨报	2007 年 5 月 14 日	教育周刊——人大附小与乌鲁木齐新市区签订交流培训协议
13	中国教师报	2007 年 6 月 6 日	创新课堂——预习后的课堂也精彩
14	北京晨报	2008 年 1 月 17 日	教育周刊——人大附小举办首届"七彩杯语文亲子阅读竞赛"
15	北京晨报	2008 年 1 月 17 日	教育周刊——北京最具品牌影响力的教育机构
16	北京晨报	2008 年 1 月 24 日	年度金榜教育机构卷——人大附小：让孩子们享受童年的幸福
17	京华时报	2009 年 9 月 22 日	北京社区——小学生 DIY 废品装饰教室
18	现代教育报	2009 年 11 月 16 日	课改——三地教师一台"戏"

表 2 人大附小 2010 年度报、刊报道一览

序号	报、刊名称	发行时间	内 容
1	北京晨报	2010 年 2 月 24 日	都市新闻——人大附小学生登台汇报作业
2	北京晨报	2010 年 2 月 25 日	教育周刊——人大附小率先取消寒假作业本
3	北京晨报	2010 年 3 月 25 日	教育焦点——人大附小学生课题研究结论：宋朝一两白银约合人民币 400 元
4	北京晨报	2010 年 3 月 31 日	教育专题——"2010 京城百所特色校"展示
5	人民政协报	2010 年 4 月 26 日	头版——人大附小开展为玉树灾区捐款活动
6	人民政协报	2010 年 4 月 27 日	国内新闻——防灾避险，科普知识进校园：地震逃生和紧急避险演练
7	北京晚报	2010 年 5 月 4 日	世博新闻——北京花车惊艳世博园
8	北京晨报	2010 年 6 月 17 日	教育专题——"2010 京城百所特色校"展示
9	温州都市报	2010 年 10 月 23 日	都市新闻——"京浙闽"三地教师聚首温州
10	温州都市报	2010 年 10 月 25 日	专题新闻——"京浙闽"三地名师聚温，教学研一台好戏登场
11	温州日报	2010 年 10 月 27 日	今周教育综合——第四届京浙闽教学研讨会三地名师共话：如何让学生做最好的自己
12	中国教师报	2010 年 10 月 27 日	图片新闻——人大附小送课打工子弟学校
13	中国教育报	2010 年 10 月 28 日	新闻——名校送教到民校
14	北京晨报	2010 年 11 月 4 日	教育视点——综合实践周首次亮相京城小学
15	现代教育报	2010 年 11 月 8 日	课程特色校本——小学生变身"研究生"：人大附小推出综合实践周，学生开展 144 个小课题研究
16	海淀教育	2010 年 12 月 1 日	封面人物——人大附小校长 郑瑞芳
17	海淀教育	2010 年 12 月 1 日	校长思考——三种"心"态成就阳光教师队伍 郑瑞芳
18	海淀教育	2010 年 12 月 1 日	名师观点——如何把数学课上得有后劲 钱守旺
19	海淀教育	2010 年 12 月 1 日	插页——人大附小专版：创建特色鲜明的优质学校，追求乐教会学的理想校园
20	中国教师报	2010 年 12 月 8 日	专题——人大附小的生态教育团队：记人大附小团队建设

表3 人大附小2011年度报、刊报道一览

序号	报、刊名称	发行时间	内 容
1	中国教育报	2011年1月4日	《现代校长》周刊年度校长榜——郑瑞芳：回味本命年的幸福
2	校长治校——教育创新研究丛书	中国新闻联合出版社2011年5月	1.郑瑞芳校长作为本书封面人物及主编 2.创造适合于儿童发展的教育环境 3.丰富学生情感体验，打造学生阳光心灵 4.教育因欣赏而精彩 5.三种"心态"成就阳光教师队伍 6.人大附小简介
3	北京晨报	2011年6月2日	图说六一——花朵绽放：人大附小六一"小妙会"
4	海淀教育报	2011年6月7日	海淀特教——中国人民大学附属小学资源教室情况及评价
5	北京晨报	2011年6月9日	北京校长——北京中小学校长2011印象：人大附小校长 郑瑞芳
6	中国教师报	2011年8月24日	教育家周刊——郑瑞芳：做"有心"的教育
7	《辅导员》杂志	2011年第10月(中)	1.郑瑞芳校长作为本期封面人物 2.封二：中国人民大学附属小学京娃京剧唱响金色大厅 3.目录故事——郑瑞芳：让孩子成为孩子
8	北京晚报	2011年10月13日	科教新闻——人大附小开展"珍爱生命教育"
9	北京晚报	2011年10月14日	体育新闻——走基层：人大附小足球队
10	北京晨报	2011年10月20日	教育动态——人大附小开展"珍爱生命、快乐成长"主题大队会
11	中国教育报	2011年10月25日	《现代校长》周刊——人大附小牵头成立"七彩教育同盟"
12	中国教育报	2011年10月25日	今话题——郑瑞芳：与教师一起学游泳
13	现代教育报	2011年10月26日	校园——七所小学共结"七彩教育同盟"
14	北京晨报	2011年10月27日	教育视点——人大附小牵手6所小学，让更多孩子享受优质教育
15	《北京市基础教育课程建设优秀成果专辑》(一)丛书	中国劳动社会保障出版社出版2011年10月	先进校总结部分——七彩课程成就学生七彩梦想
16	中国教师报	2011年11月2日	国内新闻——"七彩教育同盟"搭建区域合作平台
17	北京晨报	2011年12月22日	教育动态——人大附小推出"七彩课程"多名教师跨学科同上一节课
18	中国教师报	2011年12月28日	国内新闻——北京市三级课程整体建设现场研讨会"多学科融合教学"受好评
19	《教育科研引领学校发展》丛书	北京科学教师出版社出版2011年12月	教育科研助推教师专业成长与教学改革——让科研引领教师走上专业发展的道路

表4　人大附小 2012 年度报、刊报道一览

序号	报、刊名称	发行时间	内　容
1	《辅导员》杂志	2012 年 2 月 11 日（中）	封三——人大附小：新春赴美演出"奶茶香"甜沁人
2	人民政协报	2012 年 2 月 22 日	教育在线变革记录——创建师生幸福成长的理想校园：人大附小的教育创新改革探索
3	现代教育报	2012 年 2 月 27 日	课程——秦治军：分层教学打造不一样的体育课
4	中国教师报	2012 年 4 月 25 日	头版——教育的"饮茶原理"
5	北京日报	2012 年 5 月 26 日	北京新闻——学生减负从学校抓起，市教委要求中小学作业要"可爱起来"
6	北京晚报	2012 年 5 月 27 日	头版报道人大附小"小妙会"——校园"妙会"
7	现代教育报	2012 年 5 月 29 日	教师周刊栏目——校长视点"让孩子更像孩子"—人大附小校长郑瑞芳
8	现代教育报	2012 年 5 月 30 日	时闻北京——校园新发现"六一"小妙会：人大附小学生家长齐上阵，义卖捐赠贫困生
9	天门日报	2012 年 7 月 19 日	要闻·综合——市教育局与名校教师牵手培训基层教师
10	天门日报	2012 年 8 月 17 日	专刊——"牵手计划"走进天门—市教育局开展"牵手计划。基层教师培训项目"掠影
11	中国教育学刊	2012 年 10 月 5 日（总第 234 期）	封底——创造适合于儿童发展的教育环境：中国人民大学附属小学
12	《大家教育》周刊	2012 年 10 月 15 日（第 40 期）	特别关注——天门市实施"牵手计划"基层教师培训项目纪实
13	北京晚报	2012 年 11 月 2 日	生活——人大附小国际生态学校垃圾分类
14	北京晨报	2012 年 11 月 8 日	教育焦点——爱琢磨的体育教师有了个人专著
15	中国教育报	2012 年 11 月 21 日	新闻·综合——学习贯彻十八大精神办好人民满意的教育：郑瑞芳校长发言"美丽教育让师生幸福成长"
16	城市周刊	2012 年 11 月 27 日（第 225 期）	教育·观点——跑道上有片别样的天：访人大附小体育教师秦治军
17	现代教育报	2012 年 11 月 28 日	启蒙／乐园——童画长廊：附小幼儿园学龄前儿童作品
18	北京晨报	2012 年 12 月 13 日	教育动态——人大附小探索"可爱作业"推行作业分层和自主实践
19	中国教育报	2012 年 12 月 19 日	教育展台——人大附小举办秦治军成长之路研讨会
20	现代教育报	2012 年 12 月 19 日	启蒙／文汇——瓶瓶乐
21	现代教育报	2012 年 12 月 26 日	启蒙／教学——十八大报告学习心得：蒙英惠

表5 人大附小 2013 年度报、刊报道一览

序号	报、刊名称	发行时间	内 容
1	《中小学管理》杂志	2013 年 1 月	一所让人迷恋的学校
2	城市周刊	2013 年 1 月 15 日（第 231 期）	教育——让社会认可更多特色学校：海淀区小学"四个十工程"评选结果出炉
3	京华时报	2013 年 3 月 5 日	教育·热点减负进行时——人大附小探索"可爱作业"
4	人民日报	2013 年 3 月 10 日	两会特刊——9 岁女童的环保心愿
5	北京青年报	2013 年 3 月 12 日	北京艺评——人大附小"创造适合师生幸福成长的七彩课程"
6	北京晚报	2013 年 4 月 2 日	科教【减负进行时】——人大附小让作业"可爱"起来
7	语言文字报	2013 年 4 月 24 日	书法·教材——如何训练低年级学生的读贴能力
8	《当代校园》杂志	2013 年 5 月	封面人物——人大附小校长郑瑞芳；封二——人大附小 七彩教育成就师生七彩梦想
9	现代教育报	2013 年 5 月 15 日	启蒙教学——教师心声：美丽的夏天
10	语言文字报	2013 年 5 月 29 日	书法·教材——用汉字构型规律指导教学
11	北京晚报	2013 年 6 月 1 日	欢度六一——人大附小"六一"小妙会
12	语言文字报	2013 年 6 月 12 日	书法·教材——让孩子学会独立行走：字格在教学中的合理使用
13	北京晚报	2013 年 6 月 29 日	体育——马布里篮球训练基地在人大附小成立
14	中国日报	2013 年 6 月 28 日至 7 月 4 日	联合国"中国梦，低碳中国"2013 气候主题展览人大附小学生李泓燕代表学生发出节能低碳倡议
15	新京报	2013 年 11 月 4 日	校长印象——人大附小校长郑瑞芳"把孩子喜欢当作办学标准"
16	中国少年报	2013 年 11 月 6 日	天下 CTN——男孩女孩一起来过节
17	北京晨报	2013 年 11 月 21 日	教育视点——人大附小七彩课程实现"人人绽放" 一年级小豆包课程精彩亮相
18	北京晨报	2013 年 12 月 26 日	"2013 京城百所特色校"名单展示

表6 人大附小2009-2012年电视媒体报道一览

序号	日 期	频 道	栏 目	内 容
1	2009年5月5日	海淀台	海淀教育	水艺芳游泳馆揭幕
2	2009年5月5日	BTV1	北京您早	水艺芳游泳馆揭幕
3	2009年11月9日	BTV1	北京新闻	第三届京浙闽教学研讨会
4	2010年3月3日	央视新闻	新闻直播间	外国人看两会
5				央视采访外交苏珊
6	2010年4月18日	北京青少	北京男孩	附小孩子学习刘京生事迹
7	2010年5月4日	BTV1	魅力首都闪耀世博	人大附小送祝福
8	2010年9月2日	中国教育1台	中国教育报道	心系舟曲伙伴 共创绿色家园 开学典礼
9	2010年9月2日	BTV1	北京新闻	心系舟曲伙伴 共创绿色家园 开学典礼
10	2010年9月10日	北京交通广播	103.9兆赫	教师节专访
11	2011年6月1日	央视少儿	新闻袋袋库	第一届小妙会
12	2011年6月1日	央视新闻	东方时空	第一届小妙会
13	2011年10月20日	海淀电视台	海淀教育	建队62周年"珍爱生命快乐成长"主题大队会
14	2011年10月13日	BTV财经	首都经济报道	建队62周年"珍爱生命快乐成长"主题大队会
15	2011年10月13日	央视少儿	新闻袋袋库	建队62周年"珍爱生命快乐成长"主题大队会
16	2011年10月13日	央视新闻	新闻24小时	建队62周年"珍爱生命快乐成长"主题大队会
17	2011年10月18日	BTV体育	体坛资讯	校园足球——学习训练两不误
18	2011年10月24日	海淀新闻	海淀教育	七彩教育同盟启动仪式
19	2011年10月16日	央视新闻	整点新闻	七彩教育同盟启动仪式
20	2011年12月18日	BTV1	新闻晚高峰	北京市三级课程整体建设研讨会
21	2011年12月22日	BTV体育	体坛资讯	人大附小游泳队——校园中的游泳明星

22	2011 年 12 月 22 日	北京体育台	体坛资讯	水娃游泳队喜获北京市中小学游泳比赛团体冠军
23	2012 年 1 月 28 日	中国教育 1 台	童眼看世界	五年级 1 班主题班会
24	2012 年 1 月 31 日	中国教育 1 台	幸福快乐阳光	我校李峥老师访谈
25	2012 年 2 月 22 日	央视新闻	整点新闻	"真爱生命，健康成长"大队会
26	2012 年 5 月 15 日	BTV1	北京您早	人大附小环保节约校餐余垃圾处理
27	2012 年 5 月 28 日	BTV1	北京您早	第二届小妙会
28	2012 年 6 月 6 日	央视少儿	新闻袋袋库	第二届小妙会
29	2012 年 9 月 20 日	中国教育 1 台	教育十年	假期小课题研究
30	2013 年 6 月 29 日	BTV6	天天体育	马布里篮球训练基地在人大附小成立
31	2013 年 11 月 20 日	北京交通广播	103.9 兆赫	"整合课程、科学减负、促进发展"——北京市小学"减负"交流研讨暨人大附小现场会
32	2013 年 11 月 29 日	北京新闻频道	北京新闻	"整合课程、科学减负、促进发展"——北京市小学"减负"交流研讨暨人大附小现场会
33	2013 年 12 月 3 日	央视新闻频道	新闻直播间	人大附小融合教育
34	2014 年 3 月 7 日	中国教育 1 台	中国教育报道	特殊的孩子也需要春天

表 7 人大附小 2007—2013 年典型发言

2008 年 12 月	海淀区第三届心理周大会
	《丰富学生情感体验　打造学生阳光心灵》
2009 年 10 月	北京市第四届特殊教育大会上发言
	《让每一个孩子在灿烂的阳光下微笑》
2010 年 4 月	海淀区第四届心理周大会
	《教育因欣赏而精彩》
2010 年 11 月	海淀区教学工作大会
	《以开放的视角　探索学生自主乐学的途径》
2010 年 12 月	海淀区寒假工作会
	《凝心聚力谋均衡　彰显特色促发展》
2011 年 3 月	北京市随班就读校长论坛
	《每个孩子都重要》
2011 年 6 月	北京市基础教育国际研讨会
	《多彩的工作中心成就孩子七彩的梦想》
2011 年 11 月	北京市基础教育课程教材改革实验工作总结大会
	《七彩的课程成就孩子七彩的梦想》
2011 年 11 月	北京市减负工作会分论坛
	《立足学生发展 减负促学生多元快乐成长》
2011 年 11 月	海淀区教委和新加坡教育部合作圆桌会议
	《创建师生幸福成长的理想校园》
2011 年 11 月	海淀区教师培训总结大会
	《让教师培训成为一件幸福的事》
2011 年 12 月	北京市三级课程建设研讨会
	《创造适合师生幸福成长的课程》

2012 年 5 月	海淀区"课程整合 自主排课"阶段成果研讨会
	《七彩课程促师生多元成长》
2012 年 12 月	海淀区小学减负增效工作研讨会
	《创新学习方式 减负成就美丽教育》
2012 年 12 月	海淀区教育大会校长论坛发言
	《创造师生幸福成长的美丽教育》
2012 年 12 月	北京市"减轻学生过重负担"项目推进会
	《创新学习方式 减负促多元成长》
2013 年 5 月	北京市心理健康交流会暨海淀区第六届心理周启动
	《心灵之花在学校七彩文化中幸福绽放》
2013 年 6 月	北京市融合教育启动仪式
	《用爱创造七彩教育 用情绽放融合教育》
2013 年 7 月	北京市遨游计划实施研讨会
	《创造师生幸福成长的七彩课程》
2013 年 10 月	2013 年中国基础教育发展高端论坛
	《国际视野下的七彩教育》
2013 年 10 月	2013 年 10 月第八届京津沪渝四城区教育研讨会
	《毕业课程——孩子的最爱》
2013 年 11 月	北京市"课程整合、科学减负、促进发展"减负研讨会
	《整合课程 科学减负 成就孩子的七彩梦》